乡见如故 万象更新

广东乡村振兴驻镇帮镇扶村纪实（2021—2024）

南方农村报社 编著

南方日报出版社
NANFANG DAILY PRESS
中国·广州

图书在版编目（CIP）数据

乡见如故　万象更新 ：广东乡村振兴驻镇帮镇扶村纪实 ：2021—2024 / 南方农村报社编著. -- 广州 ：南方日报出版社，2025. 3.

ISBN 978-7-5491-3002-3

Ⅰ. F327.65

中国国家版本馆 CIP 数据核字第 2025XV0623 号

XIANGJIAN RUGU WANXIANG GENGXIN

乡见如故　万象更新 ：广东乡村振兴驻镇帮镇扶村纪实 ：2021—2024

编　　著：南方农村报社
出版发行：南方日报出版社
地　　址：广州市广州大道中 289 号
出 版 人：周山丹
出版统筹：谭亦芳
责任编辑：巫殷昕
装帧设计：非　吾
插画作者：马焕远
责任校对：阮昌汉
责任技编：王　兰
经　　销：全国新华书店
印　　刷：广州市人杰彩印厂
成品尺寸：185mm×260mm
印　　张：23
字　　数：400 千字
版　　次：2025 年 3 月第 1 版
印　　次：2025 年 3 月第 1 次印刷
定　　价：88.00 元

投稿热线：（020）87360640　　　读者热线：（020）87363865

发现印装质量问题，影响阅读，请与承印厂联系调换。

乡见如故
万象更新

2021—2024

本书编委会

主　编： 严　亮　程新清

副主编： 张　璐　洪继宇　周晓凤　王伟正　张锦标

编　委： 苏晓璇　陈会玲　黄　婵　肖婉琦　戚晓娴　刘　涵　邓宝盈　林伊晴　杨　雪　杨娉婧　李瑞雪

序 言

驻镇帮扶靶向发力
锻铸乡村振兴成色

作为经济第一大省的广东，在新时代乡村振兴“赶考”路上迈出的步伐、交出的答卷常常引人瞩目，而今又有沉甸甸的成果集结面世。《乡见如故　万象更新》这部关于“帮扶”的纪实之作，读来耳目一新，是值得“赶考者”从中取经、“阅卷人”检阅成果的生动答卷。

“脱贫摘帽不是终点，而是新生活、新奋斗的起点。”习近平总书记反复强调，要巩固好脱贫攻坚成果，推动脱贫攻坚和乡村振兴有机衔接。新时代赋予新任务，新征程需要新作为。2021年，广东启动乡村振兴驻镇帮镇扶村，正是巩固拓展脱贫攻坚成果、接续推进乡村全面振兴的创新举措。从驻村帮扶升级为驻镇帮扶，通过建立“党政机关+企事业单位+科研力量”组团结对帮扶机制，为镇域注入更加多元的帮扶力量，以镇为单元更好统筹整合各类帮扶资源。2023年以来，随着“百县千镇万村高质量发展工程”的大力实施，广东不断强化乡镇联城带村的节点功能，深化拓展省内帮扶协作，建立纵向支持、横向帮扶、内部协作相结合的机制，驻镇帮镇扶村随之升级，为镇域高质量发展增添新动能。

广东这项帮扶工作，实质上是关于山海协作机制的创新实践和深化拓展。如果说粤港澳大湾区是“海”，那么粤东粤西粤北地区则是“山”。从城乡区域发展不平衡的实际出发，广东需要深化山海协作、推进城乡融合，顺应城市化与逆城市化双向互动的新趋势，充分发挥湾区对山区、城市对农村的双重带动力，这也是“百千万工程”创新体制机制的破局之举。在这个过程中，驻镇帮镇扶村就是一项比较精准的措施。因为乡镇作为联城带村的关键节点，是统筹新型城镇化和乡村全面振兴的重要切入点，镇域发展能级既关乎城乡融合的深度，又关乎乡村振兴的成色，通过帮扶来促进城乡之间人才、资本、产业、消费的流动，乡镇是很重要的承接环节。

细览书中记录的驻镇实践，有三重帮扶价值尤为可贵。其一，构建起镇域经济的“造血”机制，通过富民兴村产业项目的引进和培育，拓宽了村集体经济发展和村民增收的渠道；其二，探索出乡村治理的共富路径，从“猪肉奖”激发内生动力到非遗IP激活文化价值和新业态，展现出物质精神双富裕的实践智慧；其三，培育了城乡要素双向流动的融合生态，推动金融助理、科技特派员、高校志愿者等多类人员驻镇，实质是构建起城乡之间资金、技术、人才等要素的流动通道。这些探索与浙江“两进两回”机制有异曲同工之处，为推动农业农村现代化提供了宝贵经验。

正如山海协作最动人的是山海情，书中展现的帮扶情谊让人动容。从这些驻镇干部身上，我们能看到“舍小家为大家”的情怀，“日久他乡成故乡”的眷恋，以及“功成不必在我、功成必定有我”的胸襟——印证了那句“乡村振兴，关键在人、关键在干”。更难得的是，他们干出了方法论。工作方法从哪里来？从一线调研中来，没有调查就没有发言权、没有决策权，每一项“靶向发力”的帮扶举措，都来自工作队走村入户的“精准把脉”；从群众中来，走好新时代党的群众路线，聚焦解决群众急难愁盼问题，真正把工作做到老百姓的心坎上，外来的工作队才能打开局面、赢得支持、树立口碑；也从失败中来，一个成功落地的项目背后，可能是一波三折、千难万阻，而在真正干事创业的驻镇干部身上，可以看到啃硬骨头的担当、攻坚克难的勇气和不畏失败的韧劲。

一茬接着一茬干。推进乡村振兴，要坚持绵绵用力、久久为功。当前广东“百千万工程”加力提速推进，新一轮乡村振兴驻镇帮镇扶村工作接续开展。期待广东驻镇帮扶工作取得新成效，不断开创城乡区域协调发展新局面，在乡村振兴“赶考”路上交出更加精彩的广东答卷。

（作者为广东省“百千万工程”智库专家、浙江省委高质量发展建设共同富裕示范区专家咨询委委员）

目录

综 述

万名干部组团帮扶 三年驻就镇兴答卷

——写在广东乡村振兴驻镇帮镇扶村工作开展三周年之际

2021年6月，广东驻镇帮镇扶村的号角吹响，一项全面推进乡村振兴的创新性工作正式展开。1190支驻镇帮镇扶村工作队，扎进广袤的岭南大地，全省上万名干部跨越山海、奔赴一线，如同星星之火，掀起了乡村振兴燎原之势。

从“驻村帮扶”到“驻镇帮镇扶村”，广东率先探索，建立“党政机关+企事业单位+科研力量”组团式、造血式、共赢式帮扶机制，传承延续脱贫攻坚时期定点帮扶、对口帮扶和社会帮扶经验做法，充分发挥帮扶对象乡镇上连县、下连村的纽带作用，旨在破解城乡二元结构，加快实现农业农村现代化。

守底线防返贫、治撂荒强产业、育人才促善治、保民生增福祉……驻镇三年里，工作队穿行在村头巷尾、田间地头，解民忧、办实事，定格了无数感人瞬间，走出了多元发展路径，留下了一批生动成果，推动镇村同建同治同美取得显著成效。

以“保民生增福祉”起笔　守牢防返贫底线

脱贫摘帽不是终点，而是新生活、新奋斗的起点。接续帮扶，乡村振兴路，一个不落下。摸底数、找症结、挖根源、列清单，建立常态化帮扶机制，“坚决守住不发生规模性返贫底线”是所有工作队的首要任务，也是最重要的任务。

在揭阳市揭西县金和镇，防止返贫监测对象从三年前的388户640人缩减到如今的1户5人，这是工作队扎实开展动态监测和帮扶工作取得的成效。该工作队在全省率先设立30万元防返贫突发困难救济金，累计帮助72户家庭渡过难关。

“感谢工作队帮助我们的孩子治病，让她重返学校读书。”回想起两年前的场景，金和镇山湖村的杨伟富、吴锦镕夫妻记忆犹新。彼时，他们15岁的女儿杨洁儿确诊恶性滑膜肉瘤，急需医药费，不得已向社会求助筹款。工作队在号召社会各界积极捐款的同时，为他们发放防返贫突发困难救济金2万元，解决燃眉之急。

围绕巩固拓展脱贫攻坚成果，各地工作队持续完善防返贫监测和帮扶机制，探索不同方式。

驻潮州市饶平县大埕镇帮镇扶村工作队设立防止返贫动态监测和帮扶专项资金，筹集300万元。

驻汕头市潮阳区金灶镇帮镇扶村工作队协调开设“粤菜师傅”“家政服务”等劳动技能培训班，通过就业推荐、设置公益性岗位等措施，为196名脱贫人员提供就业岗位。

驻韶关市浈区江十里亭镇帮镇扶村工作队划定“绿、黄、橙”三条线，分级分类帮助脱贫群众，及时发现、及时帮扶，因户施策、因人施策。

肇庆市封开县建立“未贫先防”长效机制，率先创设“防返贫综合保险”，为1万名群众筑起防止因病因学因灾致贫“防火墙”。

…………

民惟邦本，本固邦宁。聚焦民生关切，工作队充分发挥组团式帮扶力量，撬动社会资源，办好民生实事。

驻肇庆市广宁县洲仔镇帮镇扶村工作队进驻不到半年，便把一根“网线”从省城牵到了小镇，为孩子们带来了“云课程”。组团单位发挥高校资源优势，在洲仔中学和洲仔中心小学分别打造英语支教点，还在小学开展压花云支教项目，每周邮寄压花材料，线上指导孩子们完成一幅幅压花作品。

在教育帮扶上，驻清远英德市连江口镇帮镇扶村工作队的投入是方方面面的。建操场篮球场、升级改造学生宿舍、打造拥有3D打印的“未来教室”……在改善硬件的同时，也推进软件建设，用艺术启迪孩子们的美好心灵。“我们支持组建的连樟小溪童声合唱团，还登上了星海音乐厅的舞台进行表演。”队长黄江波言语间难掩自豪。

工作队聚力托举，民生保障底线愈加牢固。三年间，工作队引导各组团单位和爱心企业采购农产品59.6亿元，发动社会力量向帮扶地区捐款110.7亿元、捐物折款

21.7亿元。优质资源要素不断涌向乡村，镇域教育、医疗、养老、文化等公共服务水平逐步提升。

以“建设和美乡村”行笔 绘就宜居宜业画卷

漫步岭南乡村，举目绿意盎然，村道干净整洁，民居焕然一新，田园如诗如画。这是各地工作队深入推进农村人居环境整治，奋笔绘就的和美乡村新图景。

“建设一个新南丰。”驻镇不久，在完成清拆200多间泥砖房的任务后，驻肇庆市封开县南丰镇帮镇扶村工作队队长刘强写下愿景。三年间，南丰的镇村人居环境提升像是按下了倍速键。清拆后的闲置地变成了小公园，枝头青翠的树苗与披上米色“新衣”的农房相得益彰。村庄从“拆”到“建”、由“净”变“美”，“建设新南丰”的愿景化作一幅幅具象的画面。

在韶关市翁源县官渡镇，工作队补上了圩镇基础设施短板。2022年6月，官渡镇遭遇洪灾，多处水利、道路、桥梁等基础设施严重受损，工作队成功争取500万元资金，推动损毁设施重建，并谋划推进新镇区排水防涝综合整治项目。针对六里片区道路下沉破损、排水排污系统落后等问题，工作队会同官渡镇有关部门多次研讨协商，对街道进行系统谋划、整体设计、一体打造，推动打造美丽圩镇示范点。

梅州市丰顺县留隍镇骑楼古街的新生离不开工作队的支持。这条分布300多座骑楼、长约800米的古街，昔日曾是留隍商贸中心，极具潮客文化特色，但经过岁月的洗礼，建筑外墙斑驳，路面坑洼，“三线”杂乱。为更好地保护传承历史文化，工作队积极助力当地实施骑楼古街改造项目，筹集资金1800万元，并向牵头单位省住房城乡建设厅申请历史文化资源保护专项经费700万元，还推动留隍镇成功申报广东省历史文化街区。

美丽环境催生美丽经济。留隍骑楼古街的下一步发展，或许可以在茂南鳌头的飞马夜市上窥见。

华灯初上，绵延300米的飞马夜市热闹起来，霓虹灯下，100多个摊位整齐有序。飞马夜市地处鳌头东部，是附近村民去圩镇购物办事的必经之路，日常人流量颇可观，但过去交通拥挤、秩序缺乏。2022年8月，驻茂名市茂南区鳌头镇帮镇扶村工作队联合飞马村委会，沿河堤路开辟专门的摆摊区域，引导摊主们整洁摆摊、有序出摊。规范化的飞马夜市越来越旺，入选茂名市夜消费“十大特色商圈”，成为当地“网红”打卡点，带动500多名村民实现家门口就业。工作队还引入“艾米5G智慧农业项目”，将飞马桥头广场及连片的200多亩稻田打造成数字化农业基地，为夜市引来更大客流。

兴旺的飞马夜市，藏着以善治促发展的振兴密码。不只是飞马村，在各地工作队的精心擘画下，宜居宜业和美乡村不断涌现，乡村“美丽颜值”逐渐转化为“经济价值”。

以“造血式帮扶”收笔　答好增收共富考题

把产业发展起来，让村民们富起来，是所有工作队的共同愿景。驻镇期间，他们深调研、挖资源、补短板、引投资，因地制宜谋求产业发展，以“造血式”帮扶赋能产业振兴，铺就了一条条增收致富路。

“镇内较大卤鹅企业10家，个体卤鹅经营主体108家，全市范围磷溪籍乡亲卤鹅经营主体426家……”初到潮州市湘桥区磷溪镇，工作队便针对当地卤鹅产业开展了专项摸底调研。

调研之后，是更细致的产业谋划。工作队提出“溪口卤鹅”产业发展建议，引入200万元帮扶资金，重点支持特色产业发展，推动制定奖补政策文件，成立磷溪卤鹅协会等，树立并擦亮“卤鹅之乡”品牌。工作队还发挥科技特派员团队力量，将卤鹅的保质期从3天延长到1个月，为长时间远距离的储存运输提供保障。

“品牌叫得响，产品才能卖好价。”品牌对于产业发展的重要性，驻潮州市潮安区文祠镇帮镇扶村工作队队长邓广志了然于胸。举办橄榄文化节、湾区展销会、主题书画展……工作队为文祠橄榄搭起了“出山路”。昔日潮州市外无人晓的橄榄文化，如今闯进湾区响彻天。橄榄酒、橄榄汁、橄榄醋、橄榄普洱茶……文祠橄榄精深加工产品愈加丰富，全产业链年产值超7亿元。

驻清远市佛冈县水头镇帮镇扶村工作队打响了“魔力”小镇的名头。工作队以“工业+互联网+现代农业”思维，为当地魔芋产业开辟了“新赛道”。通过引入高新科技企业，深度开发魔芋产业，将加工链条延伸至食品、医药、涂料等领域；投资4.66亿元建设产学研全产业链，实现全产业链产值过亿，带动参与魔芋种植的农民增收560余万元。

闲置土地“活”起来，村集体腰包“鼓”起来。茂名市茂南区鳌头镇北淦村有花生种植的传统，在工作队的推动下，村里盘活闲置土地建设花生油厂，年产量达60万斤，年销售额达39万元。在茂名化州市新安镇，工作队组织完成2500余亩撂荒地整治，打造了6个水果产业示范基地，推进退桉种果超1.5万亩，全镇水果种植面积近8万亩，年产值13亿元。

在壮大本地特色产业之外，工作队还因地制宜引入产业项目。“四会砂糖橘每年只有11、12月上市，发展多元产业，才能给黄田镇带来更多就业机会和市场活力。”驻肇庆四会市黄田镇帮镇扶村工作队队长梁柱深知，为乡镇引进一家企业能带来链条式的利益。2022年，工作队引进佛山资本，投资2000万元建立了广东森犇森畜牧业有限公司，打造集饲料种植、自繁自育、养殖、屠宰加工于一体的肉牛产业链，每年带动村民种植饲草2000亩，按每吨饲草600元计算，可带动村民每年增收约360万元。

驻茂名市电白区观珠镇帮镇扶村工作队则以电商为切入口培育新业态。投入帮扶资金30万元扶持万草斋（茂名）农业电商服务站，通过直播和短视频，推介荔枝、奇楠沉香茶、奇楠线香等特色农产品，线上渠道年销售额超800万元。

驻镇三年，全省工作队引入企业新增投资1178亿元，推动一批批优质产业项目落地生根。遍地开花的特色产业，如同源头活水，正源源不断地滋润着广袤大地，让乡村真正活起来、强起来。

三年时光转瞬即逝，第一批驻镇帮镇扶村工作队收队，新的队伍接过驻镇帮镇扶村的“接力棒”，扛起乡村振兴的“千钧担”，乘着“百县千镇万村高质量发展工程”的东风，朝着城乡区域协调发展的目标，共执“组团帮扶”之笔，书写高质量发展新“粤”章。

（刘　涵）

上篇 纵览：跬步江山即寥廓

2021年6月，省委、省政府印发《广东省乡村振兴驻镇帮镇扶村工作方案》，广东创新开启史上规模最大的帮扶行动，全域全覆盖全面推进全省1127个乡镇、近2万个行政村全面振兴。

全省1190支驻镇帮镇扶村工作队，上万名干部奔赴一线，俯身下沉到广袤的乡村大地上，积极投身到乡村振兴驻镇帮镇扶村工作中去。历经三年，一千多个日夜，他们的足迹遍布岭南乡村，以实际行动诠释了党群连心。

时光的刻度记下：2812名科技特派员、1万多名乡土专家技术帮扶1.4万多个村，引导各组团单位和爱心企业采购农产品59.6亿元，发动社会力量向帮扶地区捐款110.7亿元、捐物折款21.7亿元，引入企业新增投资1178亿元，落地一批优质项目……

南粤千镇万村，处处新气象；乡里千家万户，人人享福祉。

驻清远英德市连江口镇帮镇扶村工作队：

办好“小事”换“巨变”

“2021年6月29日”——对于这个日期，广东省委办公厅和恒健控股公司驻清远英德市连江口镇帮镇扶村工作队全体队员印象深刻，这是他们来到连江口镇的第一天。

为了更贴近村民生活，想他们所想，队长黄江波带领队员们在粗石坑村租下了一栋闲置民居作为驻镇宿舍。

春去秋来，工作队践行着“帮助一个人、改变一个家庭、温暖一座村庄”的帮

广东省委办公厅和恒健控股公司驻连江口镇帮镇扶村工作队

工作队为连江中学修建的绿茵场改善了学生们的运动条件

扶理念，一干就是三年。大到引入3.66亿元的玻璃厂收购项目，发展鳜鱼工厂化养殖项目，小到帮助患病孩子进城看病、修缮低保户家庭房屋，从巩固拓展脱贫攻坚成果，到发展富民兴村产业，再到提升教育医疗公共服务，连江口镇处处留下了工作队的帮扶印记。

设大病救助基金保“医”路畅通　助儿童合唱团登上省城大舞台

到访连江口镇的那天，工作队员田思劭正要送小豪去佛山中医院接受膝盖外翻矫正手术。两年前，患有先天性胫骨假关节和高弓足的小豪在工作队的帮助下已经接受过一次手术，术后恢复不错。

五年级的小豪乐观开朗，脆生生地跟田思劭打过招呼后，就轻车熟路地打开车门钻上车，他已经跟这个大哥哥很熟了。像这样带着孩子们往返广佛与连江口镇就医购药，队员们也同样轻车熟路了。

车尾箱里，多家医院开具的病历和各类购药发票攒成了厚厚一沓。这些支出来源于工作队在镇政府账户设立的大病救助基金，三年来已经救助了7名患罕见病和慢性病的儿童。在改善就医环境上，工作队积极促成了连江口卫生院与佛山中医院结对共建，并通过筹备资金捐助，更新升级了当地的医疗设备。

小豪家不远处就是连江中学和连江口中心小学。四月细雨绵绵，中学的绿茵场上，学生们刚列完队就迎来了一场小雨，体育课只能取消，学生们嬉闹着跑回教室。“多亏有工作队修建了运动场，孩子们的运动条件改善了许多。”连江中学党委副书记黄云玲说，以前的操场连水泥都没有铺，只有在举行运动会和体育考试时才会用石灰画上跑道，“更别提下雨了，整个操场都是泥。”

在教育帮扶上，工作队的投入是方方面面的，他们坚持硬件和软件建设同步推进。“我们支持组建的连樟小溪童声合唱团，还登上了星海音乐厅舞台去表演。”黄江波言语间难掩自豪，在基础教育之外，他们还为孩子们播撒下艺术的种子。

工作队的付出换来了学校的斐然成绩——“2023年，连江中学国家级示范高中的上线率同比进步17个名次；小升初考试中，连江口中心小学重点初中上线人数占全市乡镇招生总人数10%，英德市总分第一也来自我们这里。”工作队队员胡沛华还在中心小学挂职，对中小学的情况如数家珍。

800万投资鼓起11个村“腰包”　3.6亿收购保住400多人饭碗

“在养殖基地务工比外出打工好太多了。”下午3时，在连樟村鳜鱼工厂化养殖生产线工作的陆师傅准时来到基地喂食，他边挥洒鱼粮边感叹，“多亏了工作队引进项目为我们创造就业岗位。”

在生产线上的工作轻松却不简单，除了喂食以外，陆师傅还要巡检供氧、水质净化等设施，观察鳜鱼生长情况。随着鱼粮撒下，鱼儿们跃出水面抢食，长势喜人。落成11个月的养殖基地成功投产，2023年为连樟村增加了79.2万元的村集体收入。

“发展壮大农村集体经济是帮扶工作的一个重点。”工作队队长黄江波深知，产业振兴是乡村振兴的根本，让农民的腰包鼓起来才是硬道理。省委办公厅、恒健公司筹资800万元，与佛山禅城紫南村合作投资工厂化循环水驯苗养殖基地项目，运用“反向飞地”运营模式，2023年为11个行政村每村增加集体经济收入16万元。

发展禾虫养殖产业、培育“连樟一号”品牌、引入鳜鱼工厂化养殖生产线……三年来，工作队在产业发展上不断摸索。除了创造就业岗位，他们还保住了400多名

工作队引进的鳜鱼工厂化养殖项目为当地村民增加了就业岗位

工人的“饭碗”——促成了广东明轩实业有限公司对英德市鸿泰玻璃有限公司的收购。

2023年4月，英德市鸿泰玻璃有限公司“爆雷”停产，工人们被拖欠工资长达半年之久。而这笔高达3.66亿元的收购，从牵线搭桥到双方达成意向仅仅用了18天。

成功签订合同的那天，玻璃厂新老板曾超轩在附近的农家乐包了二十余桌宴席，请所有工人吃饭。第二天，生产线就开始有序恢复，月底便有产品出货。为了让玻璃厂尽快复工复产，工作队专门成立了协调组，派出两名队员全天候协助处理各类困难问题，工作队队员、驻连樟村党建工作专干陆志鹏就是其中一人，“拖欠的工资和离职人员的补偿费用基本在当月就结清了，有效化解了工人讨薪问题。”

复产后的玻璃厂将为英德市增加十分可观的税收。“2023年6月复工后，玻璃厂半年工业产值超3亿元。”生产总监符红军介绍，现阶段玻璃厂一条900吨生产线满负荷生产，日产18000重量箱玻璃。

邓文标在乡村CEO培训班上进行小组讨论

联动珠三角明星村“授业”　扶持本土乡村CEO“出道”

只有人才振兴，乡村振兴才有可持续发展的力量，培育壮大基层人才队伍也是工作队关注的重点。

育人才的第一步是结对子。工作队将目光瞄向了闻名遐迩的佛山禅城紫南村，推动紫南村与连樟村深化结对共建，在加强基层党建、培训镇村干部、联动发展产业、完善乡村治理等方面全面对接合作。紫南村出资为连樟村招聘2名党建专干和1名产业专干，培育村“两委”后备干部和乡村致富带头人。

同时，工作队还努力为连江口镇培养本土的乡村运营专业人才，退伍军人邓文标就是其中之一。在紫南村的支持下，2023年，他和连樟村党总支书记陆飞红及另一名村民一起，参加了中国农业大学与腾讯公司联合举办的乡村CEO培训班。

“来这里办企业，就要带动一方。”这是曾超轩挂在嘴边的一句话。鸿泰玻璃厂的办公室内到处可见连樟村的土特产，墙上挂着“连樟一号”红溪香米的宣传海报，办公桌和茶歇区都摆放着“连樟一号”黑米和禾虫香米的产品。逢年过节，厂里都会采购稻米、茶叶等农产品作为员工福利发放，为连樟村带来了数万元的收入。2024年6月，厂里600吨产能的生产线完成技改升级，投产后增加100多个就业岗位。工作队正着手组织成立鸿泰玻璃厂工人党支部，实现在产业链上建支部，在产业链上育新人。

外帮内扶下，连江口镇正逐步实现从“被动输血”到“自我造血”的转变，朝着“向外输血”的目标迈进。

驻镇一周年时，田思劭在自己的视频号上发布了一条题为“振兴路上 有你有我”的视频，配文道：“去年的今天我们来到这里。我们已经在这里度过了漫长的366天，还有729天需要一天天地过……我们在努力做好一件件小事，但做好每一件小事其实也很不容易。”

三年时光转瞬即逝，回望此路已是硕果累累。工作队所做的一件又一件“小事”，让连江口镇发生了巨大变化，在乡村振兴答卷上留下了浓墨重彩的一笔。

如今，乘着“百县千镇万村高质量发展工程”的东风，带着省委办公厅和恒健控股公司驻镇帮镇扶村工作队的帮扶印记，这座粤北小镇正以更大的信心、更足的底气，向着乡村振兴的新征程砥砺前行。

（刘　涵）

驻清远英德市连江口镇帮镇扶村工作队成员

◆黄江波	队长，“百千万工程”帮扶协作驻英德工作队队长，来自广东省委办公厅
◆李剑辉	队员，驻连樟村第一书记，来自广东省接待办
◆蔡炯福	队员，驻下步村第一书记，来自广东恒健控股公司
◆王国瑞	队员，来自广东恒信基金管理有限公司
◆田思劭	队员，来自广东省建筑设计院
◆李　泽	金融助理，来自中国农业银行广东省分行
◆胡沛华	驻下步村书记助理，来自广东省委办公厅
◆陆志鹏	连樟村党建专干（由紫南村出资招聘）
◆黄嘉惠	连樟村党建专干（由紫南村出资招聘）
◆邓文标	工作队产业专干（由紫南村出资招聘）
◆李金婷	高校志愿者

驻韶关市新丰县遥田镇帮镇扶村工作队：

三载勤耕结硕果

人均生产总值由25175元提升到32357元，脱贫户年人均可支配收入从1.4万元提升到1.7万元，村集体经济平均收入从2021年的30.4万元提升到2023年的46.8万元……韶关市新丰县遥田镇这份亮眼的成绩单，离不开广东省人大常委会办公厅、省环保集团有限公司驻遥田镇帮镇扶村工作队三年间的积极探索与辛勤耕耘。

从聚焦民生的深切关怀到围绕产业的谋划培育，从乡村建设的绣花功夫到基层治理的创新举措，工作队始终以群众利益为出发点，在这片热土上精耕细作、挥洒汗水，带领父老乡亲们过上新生活，推动当地乡村振兴事业迈上新台阶。

守牢底线　织密民生保障网

习近平总书记强调，“乡村振兴的前提是巩固脱贫攻坚成果”“坚决守住不发生规模性返贫底线”。三年间，工作队抓好守牢防返贫底线这件大事，采取各类帮扶措施，使遥田镇脱贫攻坚成果得到进一步巩固拓展。

坚持底线思维，加强监测防返贫。工作队认真落实中央“四个不摘”的政策要求，进一步完善《遥田镇关于健全防止返贫动态监测和帮扶机制的实施方案》，定期对脱贫户开展走访摸排和“回头看”，确保脱贫户不再返贫。脱贫户年人均可支配收入从1.4万元提升到1.7万元，为巩固拓展脱贫攻坚成果奠定了坚实基础。

融合主题教育，精准帮扶暖人心。工作队将乡村振兴与主题教育紧密结合，携

遥田镇河道两岸经过美化提升，成为群众休闲娱乐的好去处

手遥田镇党委、政府，共同健全防止返贫监测和精准帮扶机制，并协调组团单位投入超过100万元，用于脱贫户的危房改造、奖教助学以及乡村振兴车间的创办，多渠道提高脱贫群众的收入水平，确保乡亲们的生活水平稳步提高。

积极对接资源，解决群众饮水难。工作队积极对接组团单位，争取到资金等方面的扶持，全力推进联丰村的党建工作和自来水改造工程。这一举措成功解决了4个村民小组近200户村民的饮水难题，赢得了村民们的广泛赞誉。村民们自发制作了答谢牌匾，上书“思民生、解民难、办民事、暖民心”，以此表达对工作队的感激之情。

招商引资　产业兴旺促共富

过去三年，遥田镇一个又一个项目成功落地，家门口的就业机会如雨后春笋般涌现，村民们的腰包逐渐鼓起来，生活水平显著提升。这一系列喜人变化的背后，是工作队以“时不我待、分秒必争”的昂扬斗志，秉持“一天当作两天用、三年事情两年干”的高效执行力，全力以赴协助镇党委、政府开展招商引资与项目落地工作。

树立大农业观念，深耕“米”字产业保粮安。工作队积极协助遥田镇推进高标准农田建设，通过“小田变大田”，大幅提升粮食生产效率。同时推动建设优质大米加工基地及蔬菜烘干、保鲜中心，全力发展粮食加工产业，深度挖掘粮食产能潜力，为乡村产业振兴奠定了坚实基础。

积极招商引资，激活镇域经济新动能。在工作队的积极推动下，2023年遥田镇成功引进8个招商引资项目，总投资额高达3.4亿元。这些项目的落地实施，极大地促进了镇域经济的发展。在韶关市2024年第一季度镇域经济考评中，遥田镇的排名一跃成为全市60个一般乡镇中的第20名，较2023年第四季度进步了32名。

推动项目落地，打造产业发展新高地。工作队全力推动蛋鸡、肉鸽养殖，南药种植等一批产业项目落地生根，其中绿色水产（牛蛙）养殖示范基地全年出栏量达32.6万斤。这些项目的成功实施，不仅为遥田镇带来了可观的经济效益，更使其成为投资兴业的热土，吸引了更多企业和人才的关注与入驻。

设立强镇富村公司，不断壮大村集体经济。在桃源村，工作队创新成立了全县首个村级强镇富村公司——新丰振源农业发展有限公司。2023年，公司营业收入超过150万元，创造了40余个家门口的就业岗位，带动村民增收50余万元。桃源村集体经营性收入实现了飞跃式增长，从2021年的30万元提升至2023年的230万元。

此外，面对遥田镇发展资金紧缺带来的巨大挑战，工作队扎实开展调查研究和工作谋划，主动对接省、市、县相关部门以及专业咨询机构，推动遥田以镇为实施主体申报乡村振兴领域地方专项债券，助力新丰县“遥田河谷岭南特色乡村经济带”地方专项债券成功发行，破解乡村振兴资金瓶颈。

补齐短板　和美乡村展新颜

学生们搬进了宽敞明亮、设施完备的标准化宿舍楼；镇内道路不断拓宽，变得平坦通畅；村庄环境显著改善，处处散发新的活力与生机。工作队扎实推进镇村人居环境整治提升和基础设施建设完善，切实提升了老百姓的获得感和幸福感。

完善路网建设，推动交通动脉畅通。遥田镇是新丰县最边远的乡镇，工作队刚进驻时，一道发展难题摆在眼前——境内无高速铁路、高速公路以及国道通过，现有道路通行能力不足，严重制约当地经济社会发展。工作队主动作为，充分发挥组团单位优势，凝聚四级人大代表合力，成功协调多方资源，推动搁置12年的X852线重启建设，并于2023年底打通了对接清远市和珠三角地区的东西向通道。

补齐民生短板，提升群众生活品质。针对群众关切，工作队协调组团单位投资逾两千万元，新建现代农业服务中心、遥田中学宿舍楼、消防站等设施，并争取中国移动广东分公司投入1000多万元在遥田镇新建18个4G基站和19个5G基站，实现三个100%（所有行政村以上区域100%覆盖5G网络、100%覆盖4G网络、100%覆盖有线光纤网络），极大改善了镇村长期通信不畅的难题。

培育典型镇村，打造农文旅融合精品。工作队以培育第二批“百千万工程”典型镇为契机，做好圩镇风貌、步行街改造、河岸提升等规划设计，积极推进美丽圩

工作队以培育第二批“百千万工程”典型镇为契机，积极推进美丽圩镇建设

镇建设。自江下村被列入首批“百千万工程”典型村培育名单以来，工作队积极参与包村工作，依托中组部组织振兴试点，围绕产业发展、环境整治、公共服务、文化传承四大领域，全力推进江下村成为农文旅深度融合的特色示范村。

创新路径　基层治理添活力

三年间，工作队持续开展社会治理创新实践。以红色文化为底色，匠心描绘红色美丽乡村代代相传的精神图腾；以党建结对帮扶为主线，用心书写夯实基层党组织战斗堡垒的生动篇章；以大数据、云计算等现代技术为支掌，精心研制“数字遥田”系统，为人民群众的生命财产安全筑起一道坚实屏障。

依托红色文化资源，推动乡村组织振兴。以江下村组织振兴建设红色美丽乡村试点为契机，工作队推动江下村建成红色文化展厅，于2023年6月29日正式揭牌。投入使用后各有关方面开展红色教育100余次，接待党员干部、青少年超过1500余人次，引导广大党员干部群众不忘历史、不忘初心，让红色基因代代相传。这一举措不仅丰富了乡村文化内涵，更为乡村振兴注入了新的活力。

深化党建结对帮扶，强化基层组织建设。组团单位各党支部与遥田镇党委及各村党支部结对共建，推动提高村级党组织创造力、凝聚力和战斗力，以高质量党建引领高质量发展。同时切实发挥好三名驻村第一书记和工作队党员先锋模范作用，有力推动土地流转、征地拆迁等工作，全力保障重点项目落地和解决群众急难愁盼问题。

探索数字治理模式，提升基层治理效能。工作队主动对接中国移动通信集团广东有限公司，推动建成“数字遥田”信息化系统。该系统覆盖全镇范围，设有智慧乡镇管理系统、平安乡村视频监控系统、无人机巡航系统、智慧乡镇应急指挥中心以及数字农业营销平台5大模块，通过大数据、云计算等新技术，快速、高效地发现各类突发事件，有效解决森林防火、防洪防汛、基层治安等问题。

（谢晓莉）

驻韶关市新丰县遥田镇帮镇扶村工作队成员

- 秦　羽　队长（2021.7—2023.7），来自广东省人大常委会办公厅
- 陈　巍　队长（2023.9—2024.7），来自广东省人大常委会办公厅
- 陈俊成　队员，驻桃源村第一书记，来自广东省人大常委会办公厅
- 王　鑫　队员（2021.7—2022.5），来自广东省人大常委会办公厅
- 张　帆　队员（2023.9—2024.7），来自广东省人大常委会办公厅
- 王韶华　队员，驻联丰村第一书记，来自广东省环保集团有限公司
- 谢小浩　队员，驻江下村第一书记，来自广东省环保集团有限公司
- 邓昌川　队员，来自广东省环保集团有限公司

驻揭阳市揭西县金和镇帮镇扶村工作队：

扬长克短激活本土“造血”潜能

“驻到实处、帮到点上、扶到根上”，这是驻揭阳市揭西县金和镇帮镇扶村工作队的行动宗旨，也是他们驻镇三年的生动写照。

2021年7月，由广东省政府办公厅、粤海集团组团的工作队入驻金和镇。三年里，他们汇聚帮扶资源，努力补齐发展短板，重点解决基础设施、教育条件、产业发展等问题。曾经的落后山村，在工作队组团式、造血式、共赢式的帮扶下发生蝶变，群众的获得感、幸福感不断增强。

“派驻以来，我们始终把群众对美好生活的向往作为我们工作的动力，在帮扶工作中扬长汇资源、克短办实事，努力为群众多办好事、多办实事。”工作队队长蒋健表示。

防返贫 “13+13+13”结对帮扶

“感谢工作队帮助我们孩子治病，让她重返学校读书。”回想起两年前的场景，山湖村村民杨伟富、吴锦镕夫妻记忆犹新。2022年6月13日，一篇《紧急救助山湖杨洁儿倡议书》在工作队员和村民们的朋友圈里不断被转发，杨伟富、吴锦镕15岁的女儿杨洁儿确诊了恶性滑膜肉瘤，急需医药费。

了解情况后，工作队在号召社会各界积极捐款的同时，还向他们发放了防返贫突发困难救济金2万元，帮助其缓解生活压力。“他们还专门为我孩子补习功课，辅导她考上了重点高中。”吴锦镕说。

三年来，工作队建立常态化监测机制、帮扶机制和兜底机制，牢牢守住不发生规模性返贫底线，同时工作队在全省率先设立30万元防返贫突发困难救济金，累计帮助72户农民家庭渡过难关，切实巩固拓展脱贫攻坚成果。

为实现组团帮扶全镇村覆盖，工作队创新开展了“13+13+13”结对帮扶行动，组织广东省政府办公厅各处室党支部、粤海集团各子公司党委与金和镇13个行政村党组织签订结对共建协议。

自结对以来，组团单位党组织纷纷赶赴金和镇，推动落实修缮村道、改造校园、资助学生、建设党群服务中心等16个民生实事项目，合计投入资金超280万元，用心用情解决群众急难愁盼的实际问题。

置产业　设立帮扶车间产牛肉丸

在金和镇和东村，65亩农田在一年内由缺水的撂荒地变身为焕发新生的“希望田”，首年亩均产量超600斤，在实现生产机械化、规模化的同时成为村集体增收来源之一。

工作队队员沈莹琪（中）定期为学生开展公益书法课

工作队组织开展科技进校园活动

“金和镇人多地少、耕地碎片化、部分耕地撂荒，要将土地更高效地利用起来，有效破解谁来种地、怎么种地的问题。”工作队队员蔡一鸣表示。农业生产社会化服务全面提质增效，是实现农户与现代农业发展有机衔接的重要经营模式。工作队配合金和镇助其打造全省农业生产社会化服务示范镇，集中连片推进农田实施生产托管。

“2023年累计完成服务面积6339亩，服务户数近500户，群众参与积极性明显提高。”托管单位揭阳市供销兴禾农业科技服务有限公司负责人林鹏沛介绍，通过机械化种植、节水灌溉、精准施肥、农机化等技术手段，提升了农产品品质和安全性，让更多中小农户受益。

如今，金和镇在山湖村、和东村建设了全过程托管示范点和撂荒地复耕示范点，山湖村以“村集体+合作社+服务组织”模式，通过土地置换等方式整合零散土地，提供优质的全过程托管服务，激活了闲置土地，帮助农民增收。

在工作队看来，“造血”的关键，是要激活产业动能，让效益可持续。“产业兴旺要结合地方特色发展乡村特色产业，有效解决当地农民的增收问题。”为摆脱产业基础薄弱的窘境，工作队结合金和镇的传统饮食习惯，从东莞引入潮膳之味食品厂，并安排自筹资金100万元设立帮扶车间生产高质量牛肉丸，每年为山湖村集体提供5%分红，壮大村集体经济收入。

“有了这个加工厂，我每月不仅有了4000元的稳定收入，而且离家近，工作生活两不误。”脱贫户杨少宜说。如今，金和镇形成了特色产业，有了自己的“土特产”，同时带动40余人稳岗就业。

强教育　百年校舍焕然一新

初夏午后，金和镇山湖村世乔学校里书声琅琅。在这座有近百年历史的山村学校，崭新的运动场与古朴的宗祠建筑交相辉映。

“刚派驻到村里时，我们调研发现村里小学都是水泥操场，教室、厕所都很破旧，学生们参加集体活动时都没有统一的校服。”提起三年前见到的学校老旧残破的景象，工作队队员、驻山湖村第一书记林中文还历历在目。

面对基础条件薄弱的教育环境，2021年9月，工作队开展教育帮扶、补齐短板，投入130万元改造山湖村世乔学校的教学设施并修建校舍，两年来，教学场地和厕所

工作队积极开展教育帮扶，修缮校舍设施、采购教学物资、改造运动操场等

得以改造升级，解决了校园建筑老旧残破、掉砖掉瓦等一系列安全隐患问题，同时新建了书画室、音乐室等多功能教室。

针对镇村中小学普遍存在的短板弱项，驻揭西金和镇帮镇扶村工作队投入超500万元资金，同时发动箭牌公益基金会、广州城市职业学院、省青联体育界别、省公益事业促进会等社会力量共同参与，筹集100余万元资金，修缮校舍设施、采购教学物资、改造运动操场，让孩子们享受到“看得见、摸得着、感受得到”的教育条件。

（崔文波）

驻揭阳市揭西县金和镇帮镇扶村工作队成员

◆蒋　健　队长，来自广东省政府督查室
◆叶剑发　队员，驻仙坡村第一书记，来自广东省政府办公厅
◆李华忠　队员，来自粤海集团资经公司
◆林中文　队员，驻山湖村第一书记，来自粤海集团党群部
◆王艺霖　队员，来自广东省政府办公厅
◆水　森　队员，来自广东省政府总值班室
◆胡　懿　队员，驻仙坡村书记助理，来自广东省政府办公厅
◆王鹏程　队员，驻仙坡村书记助理，来自广东省政府办公厅
◆王弘恩　队员，驻和西村书记助理，来自广东省政府办公厅
◆闫伟卓　队员，驻山湖村书记助理，来自广东省政府办公厅
◆蔡一鸣　队员，驻山湖村主任助理，来自广东省政府办公厅
◆唐晓敏　科技特派员，来自广东药科大学
◆林蔚南　金融助理，来自中国农业银行揭西金和支行
◆沈莹琪　高校志愿者

驻云浮市新兴县太平镇帮镇扶村工作队：

创新帮扶机制惠民生

干净整洁的水泥路、错落有致的平房、随风起浪的金色稻田、一张张幸福温馨的笑脸……在云浮市新兴县太平镇，处处洋溢着乡村振兴的勃勃生机。

2021年7月，由广东省政协办公厅与中国南方电网公司共同组成的工作队进驻太平镇。防返贫保底线，促产业加动力，带文旅兴教育……三年来，工作队为太平镇打开了更多发展空间，注入了更多生机活力。

创新机制　巩固拓展脱贫攻坚成果

入户走访，把工作做到村民家门口。太平镇全镇有886户脱贫户和防返贫监测户，早在驻镇初期，工作队就与镇政府共同完成了所有脱贫户和监测户的入户走访工作。为了确保村民们得到切实的帮助和关爱，工作队制定了一系列精细化的帮扶措施。

建立一个崭新模式。2022年，工作队创新探索建立起“防返贫互助资金”工作机制——以消费帮扶模式为主，以社会捐赠和帮扶项目捐助为辅；重点帮扶五类困难群众，即“五助”——助困、助病、助残、助学、助老。该工作机制颇有成效，被列入了广东省2022年乡村振兴驻镇帮镇扶村典型案例。

消费帮扶，为太平镇“土特产”打开新销路。工作队按照“组团单位+渠道公司+本地企业+农户”的模式选取太平镇内优质农副产品，注册“新兴·太平”商标，打

驻云浮市新兴县太平镇帮镇扶村工作队合影

造24个品牌单品，在广东省政协和南方电网的内部销售平台、京东商城、新兴县县直单位及帮扶企业食堂采购等渠道销售帮扶农产品。截至2024年5月，累计销售11万余件农副产品，帮销金额328.56万元，其中提成8%的金额注入“防返贫互助资金”。

2023年，工作队与太平镇政府、新兴县六祖慈善会共同推动成立了“新兴县太平镇驻镇帮镇扶村慈善帮扶专项基金”，旨在拓宽帮扶人群，拓展帮扶渠道，规范帮扶管理。

利用“防返贫互助资金”相关款项，工作队针对白内障病患开展了“光明行动”计划：在帮镇扶村资金专户中设立了“光明行动”专项资金，对低保户、复员（退伍）军人、残疾人等重点对象补助其白内障手术自费部分，实行手术费全额减免。截至2024年6月，“光明行动”已助太平镇127名困难群众免费完成白内障手术，充分体现了“以人为本、关怀群众”的工作准则。

培育产业 激活乡村振兴动能

产业振兴是乡村振兴的重中之重，工作队致力于为太平镇培育发展特色农业产业。基于当地的自然条件，工作队协调引进了云浮市首个高效设施蓝莓项目，首期项目占地193.11亩，共带来200多个就业岗位，2024年起，该项目每年向马山社区居委会支付赞助费8万元。工作队队长岳靓介绍：“蓝莓是精品水果，效益比较好，我们工作队已经研究进一步扩大种植规模，推进二期项目建设。”截至2024年6月，工作队已协调相关方达成了初步合作协议。

此外，工作队还抓住了光伏这个风口。充分发挥组团帮扶优势，以悦塘村为试点，投入270万元，推动公共屋顶光伏建设。利用十个公共屋顶，共铺设光伏板近3800平方米，总装机容量486千瓦，截至2024年5月，已发940万度电，收益超42万元。

乡村旅游火爆的当下，发展生态农文旅是个香饽饽。工作队积极推广乡村旅游，整合生态旅游资源，激发村民投资创业热情，积极推进建设“小而精”的特色民宿项目——“大唐苏园”，促进太平镇生态农旅产业发展。工作队与投资方已完成对广东徽宿文旅发展有限公司、广东华伦美斯实业发展有限公司等企业的实地考察，并将实施方案上报。

“软硬”兼施　提升公共服务品质

三年来，工作队着力补齐镇村基础设施短板，不断提升公共服务水平，增强群众的获得感、幸福感。

工作队积极申报南方电网公司“6・30”帮扶资金共计620万元，用于悦塘村、水浪村六大民生项目建设，着力改善农村生产生活条件。工作队还协调属地供电局

工作队与科技特派员团队到田间试验点开展送技术下乡活动

投资，新建和改造20台变压器、3回10千伏线路、24.42千米10千伏线路。为了拓展资金渠道，工作队协助太平镇成功申报广东省农业社会化服务示范镇项目、广东省新型农业经营主体能力提升示范镇项目，获得支持资金共计459万元，为建设太平镇提供了强劲的金融保障。

硬件提升了，软件也要跟得上。工作队从乡村基础教育实际需求出发，为新兴县教育局成功申报7个“南网知行书屋”，给各乡村小学建设一批设施完备的小型图书馆。为培养文明阅读习惯，工作队推动乡村学校统一建立“南网知行书屋”管理办法，并发起“同读一本书”系列活动，引导小学生们有效使用书屋的图书和多媒体资源。

（唐瑞谦　李　艳）

驻云浮市新兴县太平镇帮镇扶村工作队成员

◆岳　靓　队长，来自广东省政协文化和文史资料委员会
◆张汝峰　队员，驻悦塘村第一书记，来自中国南方电网公司后勤事务管理中心
◆贺　宇　队员，驻水浪村第一书记，来自广东省政协外事侨务委员会
◆景　涛　队员，来自云浮供电局计划发展部
◆梁　铿　队员，驻石岗村第一书记，来自云浮新兴供电局
◆张新长　金融助理，驻稔村镇芦村第一书记，来自中国农业银行新兴支行
◆梁小珊　金融助理，来自中国农业银行新兴支行
◆刘梦溪　选调生，来自广东省政协联络工作委员会
◆陈青瑜　选调生，来自广东省政协办公厅
◆段国唯　选调生，来自广东省政协农业和农村委员会
◆张露曦　选调生，来自广东省政协经济委员会
◆伍心榆　高校志愿者，来自共青团云浮市委员会
◆谭心怡　高校志愿者，来自共青团云浮市委员会
◆林悦欣　科技特派员，来自广东省农业科学院果树研究所
◆黄国滋　科技特派员，来自广东省农业科学院茶叶研究所
◆彭智平　科技特派员，来自广东省农业科学院农业资源与环境研究所

驻清远市佛冈县水头镇帮镇扶村工作队：

开创“五谷丰登”新局面

“如果在外两三年没回来，路都不知道怎么走了！这几年水头变化太大了，我以前从来不敢想有一天家乡能变得这么美。”家住清远市佛冈县水头镇的崔清艳由衷感慨。

2021年，由广东省纪委监委机关牵头，国家开发银行广东省分行、广州中医药大学共同组成的驻镇帮镇扶村工作队进驻水头镇，开展为期三年的帮扶工作。

“帮扶工作有时限，我们要做的不是输血而是造血，关键要打造一支带不走的

焕然一新的水头镇

水头镇药王谷生态康养度假中心

帮扶队伍。”三年来，工作队秉承这一信条，协同镇党委谋划了50多个乡村振兴重点项目，推动水头镇从一个落后山区小镇蝶变为全国农业产业强镇、省“百千万工程”首批典型镇、省乡村振兴示范镇。

打造特色“五谷”产业

“这里环境好、空气好，我在这里休养，血压都降下来了，感觉身体比以前好了不少。”2024年6月，来自广州的李伯经朋友推荐，成了水头镇药王谷生态康养度假中心医养服务的首批体验官，舒适的医养服务令他印象深刻。

水头镇药王谷生态康养度假中心的医养楼及其配套的国医馆，是依托广州中医药大学医疗帮扶团队的技术支持建起来的，可以为入住客户提供医疗、康复、养老等综合服务。2023年年底开业以来，该中心已服务超12万人次。

谁能想到，这座被山水环绕的生态康养度假中心所在地，曾经饱受周边的环保问题困扰。2021年以前，水头镇砖厂、碳素厂等粗放型企业生产过程中的粉尘、烟尘和噪声带来严重污染，排污不达标的养猪场散发严重异味，让村民们苦不堪言。

工作队进驻以后，携手地方党委政府加大力度依法拆除侵占农田违建、破坏生态环境等建筑，以大健康产业为主攻方向，打造“中医药+卫生医疗+养生养老”的现代乡村服务业——“药谷”；按照“以城市新消费驱动现代农业发展”的思路发展魔芋产业，打造“魔谷”；建设农光互补共生循环产业链，打造“光谷”；建设智慧农贸交易中心，搭建全省农产品资源对接平台，打造“E谷”。

三年时间，造福生态也造福于民的药王谷生态康养度假中心建起来了，魔芋产业、光伏产业、智慧农贸交易中心也相继兴起。在“魔谷”“药谷”“光谷”“艾谷”“E谷”等特色“五谷”产业的带动下，水头镇乡村产业实现从0到12亿元的突破，工商登记在册企业数增长2.8倍，吸引超3500名群众返乡及外来人口就业创业。

补齐公共服务短板

“短短三年，乡道马路变得这么整洁漂亮，甚至在家门口就能挂上省城医院的专家号。”提起镇村的巨变，水头镇新联村党总支书记黄泽炎依然觉得不可思议。

面对三年前水头镇破败停滞的落后面貌，进驻以来，工作队和镇村干部坚持优化镇村布局规划，深入推进人居环境整治，统筹乡村基础设施和公共服务设施建设。

针对水头镇长期缺乏公共文化活动场地的困境，工作队和镇村干部拆除旧有农贸市场，新建群众文化广场，使之成为全镇承办各类赛事活动及村民群众休闲娱乐的重要阵地；面对圩镇通行主干道狭窄、会车难等问题，工作队和镇村干部打造功能与颜值兼具的四大“网红桥”，一河两岸铺设10.5公里彩色沥青的绿道网……

如今，水头多功能市场里，商贩营业环境整洁干净，乡村超市货架上商品琳琅满目；傍晚的群众文化广场经常能看见村民们跳广场舞以及孩童嬉闹的身影；群众遇到困难也能在一站式党群服务中心得到高效便捷的解决。

针对水头旧卫生院设施陈旧、医疗配套服务欠缺的状况，工作队依托组团单位广州中医药大学的技术力量，选派医疗专家团队助力，新建卫生院，创建全省一流的中医药特色基层卫生院，引进经络体检仪等先进设备，让村民在家门口就能享受高水平医疗服务。

“小小一间宿舍挤14个孩子，饭堂午餐只有青菜和肥猪肉，正是长身体的年纪，营养怎么跟得上？”工作队得知水头中学的情况后，筹集了750万元社会资金新建宿舍楼、饭堂；通过公益基金为1600余名在校学生提供20万瓶牛奶；在全镇3所小学开设“四点半课堂”，由乡村振兴青年志愿者团队为学生提供课后辅导、兴趣培

水头中心小学学生饮用公益基金供应的纯牛奶

养、心理关爱等服务，守护农村留守儿童健康成长。

“教育和医疗事业的发展是乡村振兴规划至关重要的环节，直接关系到群众的生活质量与幸福感。很高兴能通过我们的努力，给水头人民创造更好的生活条件。”工作队队员吴泽文说。亲历水头巨变让他下定决心再留三年，以第二批驻镇帮镇扶村工作队队员的身份继续投身水头镇乡村振兴事业。

留下一批高素质人才

“乡村富不富，关键在带头人强不强。”面对进驻之初水头镇村人才梯队断档现象，工作队坚定信心要为水头留下一批高素质人才。

对内着眼本土育才筑基，通过建设镇级人才数据库，紧扣产业发展、基层治理、壮大集体经济等需求，工作队全面摸排返乡大学生、青年创客、致富带头人等各类人才，累计实名登记超过4200人，确保全镇人才底数清晰。通过深度改革镇村党组织抓党建促乡村振兴考核制度，工作队切实打造乡村振兴坚强堡垒，突出考核组织动员群众和带领群众致富的能力，根据考核结果推动选优配强各级党组织领导班子。2023年，水头镇有6名实绩突出的领导班子成员得到提拔重用，1名村党支部书记因集体经济发展停滞被劝退。

“如今，水头镇全体镇村干部精神面貌焕然一新，团结拼搏、敢于争先，能够以昂扬的斗志投身水头镇各项建设，服务好人民群众。”镇党委书记吴春来自信地说道。

对外广开“才”路引智赋能，工作队通过“编印一个政策包、召开一场座谈会、组织一场招聘会、送出一封归乡信”等“四个一”活动宣传推广水头发展好态势，三年来累计吸引硕士以上学历人才回乡参与乡村建设80余人。同时围绕“五谷”产业相关企业，工作队精准对接存量企业和新引进企业用工需求，项目建设高峰期提供就业岗位达4769个，面向社会各界招募多层次人才，汇聚专家、高校、企业等多元人才力量，为当地群众提供高水平医疗、农业、规划设计等服务。

三年过去，工作队在水头种下的帮扶“种子”已然结出累累硕果。站在新起点上，水头镇将保持昂扬向上的奋进姿态，奋力续写乡村振兴新篇章。

（赵少君）

驻清远市佛冈县水头镇帮镇扶村工作队成员

- ◆谢少举　队长，来自广东省纪委监委
- ◆肖伟鸿　队员，驻王田村第一书记，来自广东省纪委监委
- ◆柯　辉　队员，驻新联村第一书记，来自国家开发银行广东省分行
- ◆黄国富　队员，驻铜溪村第一书记，来自广州中医药大学
- ◆吴泽文　队员，驻西田村第一书记，来自广州中医药大学
- ◆陈志宏　队员，来自广东省纪委监委
- ◆李　瀚　队员，来自广东省纪委监委
- ◆刘　阳　金融助理，来自中国农业银行广东省分行
- ◆凌婧文　驻王田村书记助理，来自广东省纪委监委
- ◆吴　凡　驻王田村书记助理，来自广东省纪委监委
- ◆高　琳　驻王田村书记助理，来自广东省纪委监委
- ◆林舒茵　“三支一扶”人员
- ◆彭伟杰　高校志愿者
- ◆周依才　高校志愿者
- ◆赵少君　高校志愿者

驻潮州市潮安区文祠镇帮镇扶村工作队：

文化橄榄入湾区　畲乡文化传四方

“我们来文祠镇驻镇头一个月，就把22个行政村走遍了。”广东省委宣传部二级调研员、驻文祠镇帮镇扶村工作队队长邓广志说，由于常年上山下乡，工作队的车在不到3年的时间里，开了9万多公里，爆胎、侧翻都碰到过。帮扶路上，历尽艰辛。

2021年7月，广东省委宣传部、南方报业传媒集团驻潮州市潮安区文祠镇帮镇扶村工作队成立。三年来，在工作队的帮扶下，橄榄进湾区、村落焕生机、畲乡换新颜。文祠镇一跃成为南粤“水果之乡”，橄榄全产业链年产值超过7亿元；橄榄文

驻潮州市潮安区文祠镇帮镇扶村工作队

2024年1月14日，由广东省委宣传部、南方报业传媒集团牵头设立的潮州文祠消费帮扶驿站在广州市广州大道中289艺术园区正式揭牌

化、畲乡文化从潮州市外无人晓到湾区江边响彻天。

用“橄榄文化”打造“文化橄榄”

“品牌叫得响，产品才能卖好价。我们也想要打造自己的‘菠萝的海’‘新会陈皮’。”邓广志说。

为此，工作队充分发挥文化资源优势，立足本土资源禀赋，策划举办橄榄文化周，带领本地企业到广州参加展销活动，搭起文祠镇土特产与粤港澳大湾区产销对接的桥梁。

“潮州橄榄一定要走出去。”为了让政府放心，工作队四处取经、废寝忘食做出更具说服力的活动方案；为了让企业安心，工作队反复研讨、费尽心思提供更多的福利优待。最终，活动得到了各级部门支持，省、市、区、镇各级部门很快拧成了“一条绳”，潮州橄榄文化节活动如期成功举办，展销产品销售一空。

2023年12月27日，广州市越秀区北京路步行街人声鼎沸，2023潮州橄榄文化周湾区展销活动引爆了市民们的热情。这是潮州橄榄再一次来到粤港澳大湾区核心城市开展文化周系列活动，擦亮潮州（文祠）“橄榄文化”品牌。

石以砥焉，化钝为利。连续三年举办的橄榄文化节（周）活动，吸引了60多家企业、银行、科研机构参与，促成50多项合作，意向金额超4000万元，擦亮了“文祠橄榄”招牌，促进三产融合，文祠镇原滞销的橄榄收购价提升5倍。橄榄文化周已经成了政府和企业催着办的香饽饽，“文祠橄榄”这张金色名片正越擦越亮。

盘活资源发展农文旅

文祠橄榄曾在20世纪90年代卖出高价，在文祠镇更有“一棵橄榄树供养一个大学生”的佳话，橄榄成为人们心中“吉祥”的代名词。然而，时过境迁，这样的辉煌再难看到。

“我们村有很多古橄榄树，由于树冠高、采摘难，经济效益不明显，一度处于失管状态。”文祠镇坑美村党支部书记、村委会主任张少龙说道。

工作队了解情况后，协同文祠镇党委、政府在坑美村发起“百亩古橄榄园主”线上竞拍活动，联合媒体进行宣传策动。根据规则，竞拍底价为一年15万元，拍下即可成为百亩古橄榄园主。园主享有百亩橄榄1年的经营权，竞拍所得归橄榄园所在村坑美村集体所有。

“工作队组织这个活动帮我们盘活了这些古树资源，有利于增加村集体经济收入。”张少龙介绍，由于古橄榄树具有深厚的历史文化底蕴，又有优越的自然环境加持，有人愿意出高价包下这100亩古橄榄园。

随着文旅融合发展，坑美村不仅引来了“园主”，还有一批批游客。在社交媒体平台上，坑美村一家名为“不远茶咖”的饮品店火了，相关帖子点赞数近千。文祠镇多个村庄都涌现出文旅爆款。

2023年中秋、国庆假期，文祠镇所在的潮州市拿出了一份亮眼的“文旅成绩单”：潮州市13个A级旅游景区接待游客238572人次，同比增长68.39%。

工作队利用文祠镇良好生态和秀美风景，积极整合自然风光资源，对区域内池塘、栈道进行“微改造”，培育婚纱摄影、休闲旅游等业态。建成后，成批游客涌入，带动村集体增收和百姓致富。

以文铸魂，以文化人。工作队还充分发挥宣传文化系统的优势，升级改造新时代文明实践所（站）、开展基层主题宣讲、给文祠中小学校捐赠4000册图书、组建二十四节令鼓队等，极大满足了群众精神文化需求。

擦亮畲族发源地“金招牌”

潮州凤凰山是海内外畲族同胞的祖居地、寻根地，文祠镇李工坑村是该区域一个重要的畲族村。

“前世之宝，后世宝之。”在邓广志看来，守护畲族文化的“根”与“魂”，是工作队任务的重中之重。在工作队帮扶下，李工坑村确立了“自然风光+畲族文化”的旅游发展思路，着力打造具有少数民族特色的宜居宜业宜游和美乡村。

在保护传承发展畲族文化上，工作队采购了用于文化会演、重要场合展示的畲族服装，支持畲歌畲语培训活动，推动畲族文化传承发展。李工坑村被列入省少数民族特色村寨，挂牌成为“海峡两岸少数民族源流交流点”。

2023年12月8日，海峡两岸民族文化交流会暨潮州市推进凤凰山区域高质量发展座谈会在文祠镇李工坑村开幕，来自全国的300余名畲族宗亲代表齐聚凤凰山。

“此次盛会的举办，搭建起了民族文化交流交融、绚丽绽放的舞台，既展示潮州民族团结进步创建成果，促进海峡两岸各民族交往交流交融，也为凤凰山区域高质量发展注入新动力。”潮州民族文化研究中心副主任、韩山师范学院潮学研究院教授石中坚表示。

为打造美丽畲乡文旅线路，工作队利用凤凰山作为中华畲族发源地的优势，高标准谋划建设位于凤凰山脉的李工坑村畲族文旅景区，提升村容风貌。

工作队打造的李工坑畲族文化展览馆，成为溯源畲族文化的重要阵地

两年来，随着畲乡文化弘扬发展，文祠镇李工坑村已成为海内外人士旅游、研学、考察的目的地，累计接待游客超8万人，带动该村腊肉、蜂蜜、茶叶等农产品销售，据不完全统计，销售收入达1500万元，村民获得感、幸福感显著提升。

驻镇帮镇扶村近三年，工作队助力文祠镇22个村达到省文明村创建标准，323户农户被评选为星级文明户，他们从老百姓眼中的“生面孔”，变成无话不谈的“娘家人”。工作队汇聚磅礴之力，书写帮扶真情，用脚步丈量文祠之美，探索文化赋能乡村振兴路径，以昂扬奋斗之姿为“百县千镇万村高质量发展工程”赋能添彩。

（林健民）

驻潮州市潮安区文祠镇帮镇扶村工作队成员

- 邓广志：队长，来自中共广东省委宣传部
- 胡文松：队员，驻石坑村第一书记，来自中共广东省委宣传部
- 张建明：队员，驻李工坑村第一书记，来自南方报业传媒集团
- 王贤原：队员，来自南方报业传媒集团
- 苏仕日：队员，来自南方报业传媒集团
- 何懿鑫：队员，来自南方报业传媒集团
- 许东宜：队员，来自南方报业传媒集团
- 张瑞霖：队员，来自南方报业传媒集团
- 陈耀斌：金融助理，来自中国农业银行潮州分行
- 洪培鹏：金融助理，来自中国农业银行潮州分行
- 苏湘琪：“三支一扶”人员
- 邱媛湲：“三支一扶”人员
- 李桂贤：高校志愿者
- 曾泽煌：高校志愿者
- 黄　甜：驻中社村书记助理，来自中共广东省委宣传部
- 何　昊：驻楠木村书记助理，来自中共广东省委宣传部

驻汕头市潮阳区关埠镇帮镇扶村工作队：

激活振兴“家底子”　鼓起村民“钱袋子”

自2021年7月进驻以来，由广东省委统战部、广东省交通集团组成的驻关埠镇帮镇扶村工作队立足汕头市潮阳区关埠镇实际，聚焦“百千万工程”所需，全面推进乡村振兴所急、农民群众所盼事项，积极统筹各类资金和力量支持，累计参与申报实施帮扶项目59个，总投资6493万元，整治村庄环境、兴建农田水利设施、建设民生项目、发展特色产业，用心用情用力助推关埠镇乡村振兴，为“百千万工程”高质量发展蓄势赋能。

人居环境提颜增质　产业发展助力增收

走进榕江边的溪西欧村，沿着环村水系步行道漫步前行，只见河流两岸风景宜人，波光粼粼的碧水与蓝天白云连成一片，成群的水鸟在河面上翩翩起舞；一条条四通八达的硬底化道路，直通每户村民的家，房前屋后绿树成荫，家家户户栽花种菜……一幅和谐优美的乡村画卷徐徐铺开。近年来，工作队投入1500多万元，帮助溪西欧村开展人居环境整治，助力产业发展，因地制宜培育“百千万工程”省级典型村。

“我们在工作队的大力支持下，补足基础设施短板，打造绿美区级示范公园、治水广场、环村步道等，村容村貌发生了翻天覆地的变化，很多游客前来打卡。”溪西欧村党总支书记黄少春介绍。为促进产业发展，工作队牵线搭桥，将6亩多闲置

溪西欧村完成环村水系整治、步道铺设

田地盘活建设成为“多宝茄树园”，引进具有科普研学、农业观光、特色采摘等功能的多宝茄树种植项目，200多株宝茄树苗长势良好，助力村民增收致富。

上仓村也迎来新变化。作为革命老区村，上仓村有着丰富的红色文化底蕴。工作队引入碧桂园集团投入1000万元，以“红色+生态”为主题打造上仓村，整环境修沟渠，修缮“南委事件”地下党员转移工作站旧址，恢复红色历史建筑原貌。在工作队的大力支持下，上仓村引进效益更优的稻虾共种养小龙虾生态互补生产项目，增加了村集体收入。

“关埠镇基本农田占比高，如何提升土地种植收益是关键。”工作队队长刘伟表示。在工作队的引导下，种植大户利用水稻晚造收割后到来年早稻种植的空档期种植芥菜，种植面积超400亩，并由汕头本地企业兜底包收，平均每亩可增收2000元以上。

教育医疗双驱并进　民生福祉温暖人心

自筹资金超千万元实施教学环境提升改造项目26个、设立50万元严重精神障碍患者救治基金、向村级卫生室捐赠价值14万元的常用药品、建立完善覆盖全镇31个村（居）的治安视频监控系统……除了农村基础设施建设，教育、医疗等民生项目也是工作队大力推进的重点，切实增进当地民生福祉。

堂后幼儿园原址在一个破旧的祠堂，每遇风雨，屋内漏水积水，办学环境堪忧。工作队了解情况后，积极筹措资金166万元，新建堂后侨心幼儿园，并发动爱心企业捐赠桌椅、玩具，为幼儿提供舒心的学习成长环境。

“老百姓对基层的医疗需求、对优质专家的需求非常迫切。”工作队队长刘伟介绍。通过争取各方资源支持，工作队向关埠镇卫生院捐赠负压救护车、健康体检一体机、胃肠镜消毒系统和碳13检测仪医疗设备，向村级卫生室捐赠价值14万元的常用药品，不断改善群众就医条件。为让家庭经济困难的严重精神障碍患者及时得到救治，工作队设立50万元严重精神障碍患者救治基金，带动外出乡亲支持20万元，已惠及家庭25户36人次，补助金额超14万元。

三年来，驻关埠镇帮镇扶村工作队干部扎根乡村，发挥各自专业技能优势，深入群众听民意、解难题，实施了一批惠百姓、可持续的乡村振兴项目，推动乡村面貌发生巨变，绘就乡村产业发展图景，为“百千万工程”注入生机与活力。

展望未来，信心满满。工作队队长刘伟表示：“我们按照省‘百千万工程’和乡村振兴驻镇帮镇扶村工作总体部署要求，围绕助推乡村振兴这个总目标，发挥组团单位的优势作用，统筹用好驻镇帮镇扶村资金、争取专项债券资金，以及组团单位自筹资金这三方面的资金支持，聚焦当地的实际情况和群众所需所盼，全力助推

“南委事件”地下党员转移工作站旧址新貌

驻汕头市潮阳区关埠镇帮镇扶村工作队合影

当地巩固拓展脱贫攻坚成果，提升镇村公共基础设施和公共服务能力，推动乡村产业发展，进一步提升抓党建促乡村振兴的水平。”

（林伊晴）

驻汕头市潮阳区关埠镇帮镇扶村工作队成员

- 刘　伟：队长，来自广东省委统战部
- 陈泽伟：队员，驻上仓村第一书记，来自广东省委统战部
- 成尚锋：队员，驻溪西欧村第一书记，来自广东交通实业投资有限公司
- 林楚光：队员，来自广东潮汕环线高速公路有限公司
- 林俊龙：队员，来自广东南粤交通揭惠高速公路管理处
- 郑　虹：队员，驻上仓村书记助理，来自广东省委统战部
- 陈鑫涛：金融助理，来自中国农业银行广东省分行
- 陈志强：高校志愿者
- 黄丽曼：高校志愿者
- 陈　熹：高校志愿者

驻揭阳普宁市南溪镇帮镇扶村工作队：

强化科技赋能　培育新质生产力

锣鼓声响，一鼓起头，二拍敲击，三节叩响红旗开，一艘艘龙舟宛若蛟龙跃出，两两争喧豗，劈波斩浪，奋勇争先……这是一年一度普宁市南溪水乡龙舟竞渡情景，也正如广东省科学技术厅、保利发展控股集团驻揭阳普宁市南溪镇帮镇扶村工作队三年帮扶工作写照——一年打基础、两年强赋能、三年冲目标，赓续前行，创

一年一度普宁市南溪水乡龙舟竞渡情景。杨浩彬　摄

优创强。

三年来，工作队协同镇党委、政府实施乡村振兴财政资金项目预算总金额约6987万元，自筹资金累计投入超过1900万元，落地科技成果转化项目11个。南溪镇成功入选省级休闲农业与乡村旅游示范镇，成为“百千万工程”典型镇培育对象。

筹措资金促建设

自进驻以来，工作队立足南溪镇实际，着力从党建质量、产业发展、基础设施、科教建设等各方面投入资金开展精准帮扶。为提升公共基础设施和服务能力，工作队协同镇党委、政府，投入自筹资金200万元，建设南溪镇党群服务中心。

南溪镇党委委员、武装部长陈腾飞介绍，镇人才驿站、派出所、市场监督管理所、医保、社保、民政、婚姻登记、计生等部门已入驻新建成的党群服务中心办公，中心设置9个窗口，设备先进，极大地方便了村民办事，提高了办事效率。

同时，工作队发挥组团单位科普资源优势，建设以“求知、科学、探索”为主题的南溪镇青少年科技馆，助力提高青少年儿童的科学文化素质。

“三年来，工作队共争取到组团单位和社会力量资金支持超1900万元。”队长邓业标相信，接下来甬莞高速公路广太互通至南溪连接线建设工程建成后，通过打造周边环境，完善配套设施，南溪镇将迎来更大的发展机遇。

开展培训促就业

南溪镇位于普宁市东北部，总人口12.94万人，常住人口10.07万人，原省定贫困村6个，监测对象430户1479人。

健全防止返贫动态监测和帮扶机制是巩固拓展脱贫攻坚成果的首要任务。工作队针对防返贫监测对象制定并落实“一户一策”帮扶措施，设立20万元专项资金用于防止返贫监测，面向困难家庭子女实施精准帮扶工程——保利“星火班培训就业”。

作为保利“星火班培训就业”第8期学员，“00后”方锦悦家境贫寒，中专毕业后了解到该项目并报名参加，之后成为保利粤湾公司客服部一名员工。“有幸参加了星火培训班，让我实现稳定就业，得以减轻家庭经济负担。”方锦悦对当地政府和工作队的帮助表示感谢。

“截至2024年，南溪镇累计有8名人员完成培训并成功留岗。”工作队队员兼驻平苏村第一书记陈浩佳说。

培育产业促增收

“南溪镇行政村数量多，辖40个行政村和1个社区，人均耕地少，土地流转难度大，村集体经济较为薄弱。”工作队队员兼驻登峰村第一书记蔡建新介绍，为了增加村集体经济收入，工作队新建登峰村农贸市场，并在登峰小学停车棚顶、南岩古寺居士楼顶安装光伏设备，既不给村民造成影响和负担，又能充分利用公共设施。

此外，工作队引进中国华南植物园和仲恺农业工程学院专家团队，以南溪镇登峰村为试点，盘活林下资源以及废弃闲置小学，通过“科研院所+村集体+农户”的模式发展林下经济，种植红松茸、灵芝等食用菌。

“由工作队提供技术和启动资金，村民自愿无偿提供林下用地，2023 年我们推动登峰村林下种植6亩红松茸，通过广东省科技基础条件平台中心工会采购和电商销

南溪稻田。杨浩彬　摄

工作队引进专用粤科达101、粤科达202等高端樱桃番茄品种及“华南型樱桃番茄工厂化生产（水培）关键技术”等配套高效栽培技术进行示范推广

售，成熟的鲜菇每斤售价达到15元，亩产值2万余元，加上灵芝孢子粉的销售收入，为村集体带来收益超15万元。”蔡建新坚信，登峰村培育发展食用菌特色产业，将构建起“联得紧、带得稳、收益久”的联农带农长效机制，探索出一条可复制、可推广的乡村产业发展之路。

科技赋能促发展

南溪镇传统产业以水稻、淮山、红薯种植为主，工作队聚焦培育发展农业“新质生产力”，推进一二三产业融合发展。

三年来，工作队实施一批科技赋能产业示范项目，陆续开展“稻—葵轮作高效农业生态种植及农业特色产业提质增效”帮扶项目，通过品种引进、土壤改良、增益植物种植等管理技术提升南溪镇农田生态环境；打造南溪镇大陇村淮山种植示范基地，创新大陇淮山地上模具栽培模式，有机融合健康种苗繁育、土壤生态调控、养分资源管理、病虫害绿色防控等技术以降低劳动强度和种植成本，联农带农超过300户；建立“普薯32号”健康种苗中心及扩繁基地和5000平方米高端水果型樱桃番茄工厂化（水培）生产的现代农业科技示范基地。

产量和质量提升了，发力深加工，提升附加值，拓展产品市场销售渠道，延长产业链价值链便是关键。

为此，工作队投入资金150万元，引进广州宝桑园生态科技有限公司建设普宁南溪特色农产品产地初加工研究与示范生产线，面向当地农户收购农产品作为原料，开发能满足市场需求的茶饮配料、冻干休闲加工产品。

工作队充分利用揭阳市名特优新农产品展销会、普宁市青梅产业大会等平台，推动产销对接，借助电商平台和社交媒体等提升产品销量。

同时，工作队用实际行动为绿美广东生态建设增绿添绿。“我们引进广东省农业科学院环境园艺所专家团队，打造美丽河道与人居环境品质示范带；联合本地企业普宁市吉之旅旅游资源开发有限公司围绕南溪水乡核心旅游区，打造新型可持续发展的花海景观观光点，激发‘农业+旅游’产业潜能。”邓业标说。

曾经的南溪镇，河道淤堵、道路尘土飞扬；如今的南溪镇，水泥船变乌篷船，大港码头游人如织，“南溪水乡”名片进一步擦亮。

（许东宜）

驻揭阳普宁市南溪镇帮镇扶村工作队成员

◆邓业标	队长，来自广东省科学技术厅
◆蔡建新	队员，驻登峰村第一书记，来自广东省科学技术厅
◆陈浩佳	队员，驻平苏村第一书记，来自保利发展控股集团
◆谢　凯	队员，来自保利发展控股集团
◆蔡壮喻	金融助理，来自中国农业银行普宁支行
◆安玉兴	科技特派员，来自广东省科学院
◆高小宁	科技特派员，来自广东省科学院
◆孙东磊	科技特派员，来自广东省科学院
◆宋佳歌	科技特派员，来自仲恺农业工程学院
◆方艳容	高校志愿者
◆蒋宗纯	高校志愿者
◆陈冰燕	高校志愿者

驻清远英德市黎溪镇帮镇扶村工作队：

激活干事创业“镇”能量

闻“汛”即行，直击前线。2021年6月28日，一支由广东省公安厅、中国东方资产管理股份有限公司广东省分公司、广东警官学院共同组建的工作队满怀热情地踏入清远英德市黎溪镇，开启了一段助力乡村振兴的帮扶之旅。

三年里，工作队围绕“五大提升”工作目标，汇聚多方力量，自筹帮扶资金达1395万元，动员社会各界捐赠49.97万元。他们与黎溪镇党委、政府并肩作战，共同推进乡村振兴工作，落实驻镇帮镇扶村项目资金达3627万元。

项目帮扶　解群众急难愁盼

进驻黎溪镇后，工作队协同镇党委、政府编制《黎溪镇域乡村振兴规划（2022—2025）》，扎实推进帮扶项目落地生根、开花结果，解决群众急难愁盼问题。

“想要把乡村振兴工作干好，就不能只要嘴皮子、做样子，一定要扑下身子埋头苦干，才能获得群众认可。”工作队队长欧阳锋表示。三年间，队员们坚持走村入户，了解村情民意，用心用情解决群众实际难题。

聚焦民生需求，工作队争取组团单位先后投入约316万元用于“平安黎溪”建设项目，安装电子监控设备实现黎溪镇电子视频监控全覆盖，点亮“慧眼”，为镇村居民生活和交通安全提供有效保障；投入297.38万元建设黎新村党群服务中心及综合养老服务站，优化群众办事环境，提升党建服务水平。

清远英德市黎溪镇

此外，工作队发动社会力量和慈善机构广东狮子会捐助资金约24万元，支持黎溪镇社区康园中心升级改造、黎明村路灯安装项目建设；投入约61万元建设湖溪小学公厕1座、黎新村公厕2座等，进一步提升镇村公共基础设施水平。

因户施策　筑牢防返贫底线

为增强脱贫群众内生发展动力，让脱贫攻坚成果更加巩固，成效更可持续，工作队建立健全防返贫机制，以节前走访慰问为抓手，共计投入33.7万元，对全镇低收入家庭459户进行走访慰问，落实教育、医疗、住房等帮扶措施，切实解决脱贫户实际困难。

2021年8月，工作队下村调研发现，大坪村民黄烈香为镇防返贫监测户，多年无户籍，无法享受各项待遇，为此，工作队联合英德公安民政等部门，跨省协调为其重新办理落户、结婚、转户以及办理身份证等手续，顺利解决困扰其多年的户籍办理难题。黄烈香十分感谢工作队，其在深圳大学读书的女儿表示要专门送一面锦旗给工作队。

除此之外，工作队发动社会爱心人士资助湖溪村女孩曾彩娇上学，避免其因家庭变故而辍学；积极争取组团单位资金，帮扶低保户曾国庆就医治疗。同时，工作

驻清远英德市黎溪镇帮镇扶村工作队

队筹集资金为困难群众修缮房屋，整理电线电路，消除村民住房安全隐患等。截至2024年，全镇原12户防返贫监测户中，有6户返贫致贫风险已稳定消除。

多措并举 发展壮大特色产业

产业振兴是乡村振兴的重中之重。三年来，工作队立足黎溪镇自然资源禀赋，多措并举大力发展特色产业，助力企业、农户增收。

为不断提高农户种植技术，助力种植业高质量发展，工作队联合省农科院发挥科技特派员力量，举办农业特色产业技术培训班，并到实地开展技术指导，派送水稻、玉米、蔬菜种子及肥料等。

为推动消费帮扶走深走实，工作队发动“朋友圈”力量、网络平台直播带货等渠道，帮助农户销售水果玉米产品超2万斤，以实际行动带动种植户持续增收。

“我们在铁溪村建设奇趣农场，种植阳光玫瑰葡萄、水果牛奶玉米、马铃薯、菜心、红柚子等农作物，帮助农户增收，同时解决村里近50名闲置劳动力就业问题。”工作队队员兼驻铁溪村第一书记钟东荣介绍，2022年11月，工作队成功引入社会资本190万元，与当地企业通力合作，建设黎溪电子商务中心，为黎溪农副产品销售、人才培训和乡村振兴文化宣传推广提供优质服务。

2023年9月，黎溪镇铁溪村奇趣农场荣获“英德市示范农场”称号，并成功争取到示范农场帮扶资金10万元，2024年5月被评为广东省标杆家庭农场。

扎根基层　在农村舞台发光发热

坚决守住安全底线是干好工作的前提。2022年5月至7月，黎溪镇连续遭遇3次汛情“大考”，工作队以“汛”为令，闻“汛”而动，日夜奋战在抗洪抢险一线，与镇村干部下沉到所派驻村和村民家中，转移群众、排查隐患、抢险救灾，确保人民群众生命财产安全。工作队队员杜宏山荣获“广东省防范应对近20年最强5月暴雨表现突出个人”荣誉称号。

群众利益无小事。工作队队员兼驻黎新村第一书记刘桢曾带领村委干部前往乐广高速公路管理中心，协调解决深水埗村民反映的高速公路噪声扰民问题；深入研究和解决好影响和谐稳定的突出矛盾和问题，破解工作难点，夯实社会和谐稳定基石。

“有汗水也有泪水，有压力也有动力，有争辩也有理解。”回望驻镇三年，欧阳锋感慨道：“我们始终坚持人民至上，扎根基层干事创业，帮扶期满后全体队员平安归队。”

（许东宜）

2022年6月，工作队和村干部到铁溪村大围村小组参加抗洪抢险

驻清远英德市黎溪镇帮镇扶村工作队成员

- ◆欧阳锋　队长，来自广东省公安厅
- ◆刘　桢　队员，驻黎新村第一书记，来自广东省公安厅
- ◆黄晓叶　队员，来自广东省公安厅
- ◆钟东荣　队员，驻铁溪村第一书记，来自广东警官学院
- ◆吕冰信　队员，来自广东警官学院
- ◆杜宏山　队员，驻松柏村第一书记，来自中国东方资产管理股份有限公司广东省分公司
- ◆苏　坚　队员，来自中国东方资产管理股份有限公司广东省分公司
- ◆蒋向群　金融助理，来自中国农业银行广东省分行
- ◆魏忠冉　金融助理，来自中国农业银行广州分行
- ◆熊毅俊　科技特派员，来自广东省农业科学院
- ◆魏岳荣　科技特派员
- ◆周陈平　科技特派员
- ◆邓雅文　“三支一扶”人员

驻阳江市阳东区塘坪镇帮镇扶村工作队：

集中精力做好三件事

2021年，由广东省民政厅牵头、广东开放大学参与组团的工作队进驻阳江市阳东区塘坪镇开展驻镇帮镇扶村工作。三年时间，他们集中精力做好了三件事——温暖“一群人”，培育“一只羊”，搭建“一座桥”。工作队精准把脉农村和农民需求，推动民生保障、公共服务、基础设施建设、产业振兴等多项工作落地见效。

温暖“一群人”　聚焦民生需求办实事

巩固拓展脱贫攻坚成果是乡村振兴的前提和基础。工作队实施“每周一报制度”，通过网格化管理织密防返贫动态监测网。“我们不会让任何一个人掉队”——这是工作队对塘坪镇每一位村民的深情承诺。

塘坪镇乡村多数青壮年外出务工，村内留守老人问题较为突出。省民政厅在塘坪镇重点打造了全省首家农村居家养老试点单元暨长者饭堂，采取“政府、社会、个人”各承担一部分费用的形式，聘请一名厨师和一名工作人员，基本实现了附近长者就餐全覆盖。

如今，北甘长者饭堂已成为偏僻乡村民心试点工程的样板，从“暖胃”到“暖心”，从“长者饭堂”到“老年学堂”，让长者们既享受到舌尖上的“小”幸福，又能感受到社会里的“大”学问。

三年间，队员们时常走村入户拉家常，和村民打成一片。只要发现困难村民，

工作队开展春节慰问活动，关心特殊群体和困难村民

他们总是及时伸出援手，如春风化雨，为村民量身定制帮扶方案。从解决困难学生用餐，到修建中学图书馆阅览室；从设立长者饭堂，到建起镇养老服务中心；从扶持脱贫户养殖湖羊，到资助建设蜂蜜灌装车间……桩桩件件都饱含工作队对村民的热爱与关切，只为让塘坪的父老乡亲生活得更舒适。尊老爱幼、乐业爱学的美好生活图景，成了今日塘坪的真实写照。

培育“一只羊” 走出富民兴村新路子

产业兴旺是乡村振兴的关键所在。工作队结合塘坪镇实际情况，协助镇党委、政府锚定“湖羊养殖”作为主导农业产业，积极引入科研机构，建立科技小院，打造产业园区。如今，塘坪镇已与广东省农业科学院、华南农业大学签订战略合作协议开展深度合作，建设中农协广东阳东肉羊科技小院，推广湖羊养殖技术。村民就业增收渠道进一步拓宽，镇村发展也有了源头活水。

2024年1月，在工作队助力下，塘坪镇成功举办第一届烤羊节暨美食游乐嘉年华，赏节目、品美食、购特产、推产业，成了塘坪镇的一大盛事。这是镇上规模最大、时间最长、影响最广的烤羊节，近万人次前来围观打卡，默默无闻的塘坪从此声名鹊起，该项目也被列入阳江特色农业产业“双十工程”。

发扬“新南羊”文化、做好“新南羊”文章、做大“新南羊”美食，壮大塘坪羊产业发展，以节庆促人气、以人气促发展，是工作队在实践中走出的一条助力村集体和村民增收致富的好路子。

搭建“一座桥”　链接优质资源注活力

塘坪镇位于阳江市阳东区的西北部，镇村经济基础薄弱，由于地理位置和交通限制，社会力量参与乡村振兴的情况基本空白。

在省民政厅支持下，工作队动员社会力量开展了丰富活动，整合链接社会资源，为塘坪镇高质量发展注入新的活力。

授人以鱼不如授人以渔。工作队采用“基金会+工作队+村委会+企业+脱贫户”模式，帮助脱贫户周金莲开展湖羊养殖，实现年增收5万元；牵头建设的上村蜂蜜灌装车间已投入生产，推动创立的“塘乡优”“东青哥”已成当地知名品牌。

除了在产业帮扶上取得新成效外，工作队在文化帮扶方面也取得了新的突破。由社会组织捐建的塘坪镇第二中学图书馆和阅览室、中心小学和白石小学的爱心图书室、工会之家阅览室以及狮爱助学等一系列项目，已经全部投入使用，对于学生们来说，这些举措可以有效培养他们的阅读能力，让他们开阔视野。

工作队联合阳东区委、区政府发起“百社联百村——助力百千万工程”专项行动

2023年7月，工作队联合阳东区委、区政府发起“百社联百村—助力百千万工程”专项行动，共有130多家社会组织深入阳东区各镇村走访调研，在11个镇设立了“百社联百村”联络处，组织实施81个产业发展、公益慈善项目。

三年时光，工作队用脚步丈量责任，用真心倾听民意，用实干诠释担当，切实做到了融入乡村、融入群众。面对乡村振兴综合考题，他们用三年时间交出了优秀的“塘坪答卷”。

（陈振兴　李　艳）

驻阳江市阳东区塘坪镇帮镇扶村工作队成员

- ◆冯家波　队长，来自广东省民政厅（现在广东省委社会工作部）
- ◆何广盛　队员，驻双麻村第一书记，来自广东开放大学
- ◆罗许平　队员，驻北甘村第一书记，来自广东省民政厅
- ◆盛　懿　队员，来自广东开放大学
- ◆黄彬儒　队员，来自广东开放大学
- ◆龙金灵　金融助理，来自中国农业银行阳江分行
- ◆李　挺　金融助理，来自中国农业银行阳江分行
- ◆黄石连　科技特派员，来自广东省农业科学院果树研究所
- ◆李建光　科技特派员，来自广东省农业科学院果树研究所
- ◆韩冬梅　科技特派员，来自广东省农业科学院果树研究所
- ◆缪诗秋　高校志愿者，来自共青团阳江市委员会
- ◆徐小燕　高校志愿者，来自共青团阳江市委员会
- ◆林锐航　高校志愿者，来自共青团阳江市委员会

驻肇庆市封开县南丰镇帮镇扶村工作队：

“外人”变“家人”　“愿景”成“实景”

“建设一个新南丰”——驻肇庆市封开县南丰镇帮镇扶村工作队队长、驻开明村第一书记刘强三年前的愿景，如今正化作一幅幅具象的画面。

拥有全县约1/5人口的南丰镇，从明清时期开始，就是两广三县八镇的集散地，如今作为封开的县域副中心，联城带村的作用不可谓不重要。

三年前，这座千年古镇迎来了一批新面孔。广东省财政厅、中国华电集团有限公司广东分公司组成的驻镇帮镇扶村工作队，怀揣着热情踏上了这片土地。

三年过去，他们建设的“新南丰”已然绿影重重，风采展露。

试点示范　取得村民信任

“起步的时候最难。”刘强回忆道，“一开始，我们打算流转开明村委会门前的17亩土地作为尝试，村民都持观望态度，单单这17亩土地就用了两三个月才流转过来。”

2021年，工作队与村里的党员干部经过调查摸底，走访约700户村民后，决定把推动土地流转发展现代农业产业作为第一项重点工作。

“工作队跑了怎么办？”对于土地流转，村民们起初充满疑虑。为了发动村民，除了召开动员大会、张贴公开告示、挨家挨户宣传，工作队还打出了“亲情牌”——由年轻村民动员父母。2021年国庆节，工作队抓住在外村民回村的机会，带领村干部

工作队成员入户沟通

一起分片召开村民小组代表会议，分发了200多份征求意见稿。

试点取得成效后，工作队说服村民流转土地的阻力大大减小。从逐渐配合流转土地，再到主动尝试耕种新品种，村民们对于工作队的信任感一点点提升。

流转的撂荒地中，部分由广东省农业科学院（下称“省农科院”）引进南旱1号、南桂占等10个节水抗旱稻新品种，形成“旱稻—蔬菜”耕作模式，不仅增加了产量，也改善了地力。

发展产业　变输血为造血

步入开明村的田头，一排立体红色大字——粤港澳大湾区（封开南丰）菜篮子生产基地闯入视野。正在地里忙活的村民莫大姐说，自三年前工作队入驻后，她就在这个蔬菜基地打工，每个月能有2000元的额外收入。

莫大姐置身的这1000多亩蔬菜基地，正是工作队与开明村委会推动土地流转的成果，由工作队引入的广东肇庆丰悦农业发展有限公司（下称“丰悦农业”）经营。2021年，该公司尚是县级龙头企业，在工作队的帮助下，2022年获评市级农业龙头企业，2023年成功申报省级农业龙头企业，农产品销售流通也驶上了快车道。

除了农业生产基地，南丰镇各村集体经济中较为稳定的收入主要来自“光伏+”综合能源产业项目。“预计可以保证未来20年每年都有几万元的收入。”刘强补充。

“依托12.5兆瓦‘渔光互补’光伏示范区，2023年我们村集体经济收入提高到100多万元。”来自中国华电集团公司广东分公司、驻侯村第一书记王红亮介绍，南丰镇光伏产业的落地生根，正是得益于工作队的资源优势。

“稳定、可靠、长期”是工作队发展产业、壮大村集体经济的目标。“其实南丰镇资源并不多，我们采取‘东拼西凑’的方式，一点点地增加村集体收入，尽力保证未来几年、十几年收入的稳定性。”刘强介绍，2021年开明村的村集体收入只有2万元，2023年提升至23.3万元，2024年可以再翻一倍。

设好“防线”　守卫群众安全

“南丰发洪水是常事，以前，洪峰一到，我们就得‘搬家’。现在看着正在建设的防洪堤，安心了不少。”家住贺江边上的陈伯说。

2022年9月，在工作队的推动下，贺江边这条近2公里的防线开始动工，它将守卫全镇近20万群众的生命安全，也将保障1.28万亩农田的安全，为大湾区守住南丰镇这个菜篮子和米袋子。

另一道保障南丰乃至大半个县城群众的“防线”设在了封开县第二人民医院。在工作队的牵线搭桥下，2022年，易方达公益基金会投资328.94万元，为南丰镇捐建了脑卒中中心。截至2023年底，该中心已接诊脑卒中病人97例，规范溶栓48例。

据介绍，卒中急救中心有四个床位，能够快速对卒中患者进行急救，实现卒中患者的全链条救助，极大提升了急救成功率，降低了脑卒中病人的致死率与致残率。

点“绿”成“金”　建设美丽乡村

“这三年，南丰的镇村人居环境整治像是按下了倍速键。”工作队里的高校志愿者容石金是地道的南丰人，对于老家开明村的变化感触尤深。他形容道，“三年前的开明村还像人们印象中二十世纪八九十年代的村庄。”

如今沿着石板路漫步在村里，每走一段都能发现“小惊喜”。建在田头的冷库保障着蔬菜生产流通的“最初一公里”，竖立着状元文化、农耕文化宣传牌的小公园里，绿意盎然的树苗探出头来，与穿上了米黄色“新衣”的农房相映成趣。

工作队合影

“这些原来是‘三清三拆’后的闲置地块。”经过小公园，刘强特意驻足介绍了一番。作为驻开明村第一书记，三年来，他亲历了村庄从“拆”到“建”、由“净”变“美”、而今点“绿”成“金”的过程。

工作队选择了紫花风铃木、蓝花楹等观赏价值和经济效益均较高的苗木，首期种植5000棵。刘强希望，“把绿美融入村民的日常生活”。

踏着“绿美广东”的建设浪潮，工作队进一步谋划发展绿美产业。

2023年，工作队成立了封开县一村千树园林专业合作社，以产业化思维发展乡村绿化事业，通过整合农村资源，探索采取“村集体+土地权属人+园林苗木公司”模式，一方面是为解决村庄绿化管护问题，另一方面是为实现市场化运营管理，根据测算，树木成年后，每年可为村集体和村民增加收入约30万元。

“经过人居环境整治和绿美建设，我们已经为镇村打下了发展农文旅的基础。”刘强介绍，当地已成立封开县开明强村农旅发展有限公司，下一步将通过“公司+合作社”的模式，推动绿美环境转化为绿美经济。

刘强三年前的愿景，如今正化作一幅幅具象的画面。容石金身处在这画面之中。在开明村的摇曳绿影里，他说：“我想继续做下去，因为这样有意义的事在我心里还没有结束。”

（李瑞雪　张　璠）

驻肇庆市封开县南丰镇帮镇扶村工作队成员

◆张长治　队长（2021.7—2023.10），来自广东省财政厅
◆刘　强　队长（2023.10—2024.7），驻开明村第一书记，来自广东省财政厅
◆沈小米　队员，来自广东省财政厅
◆张道静　队员，来自广东省财政厅
◆林　嵘　队员，来自广东省财政厅
◆吕乔仪　队员，来自广东省财政厅
◆王齐豫　队员，来自广东省财政厅
◆马芮琳　队员，来自广东省财政厅
◆孙博锋　队员，来自中国华电集团广东分公司
◆王红亮　队员，驻侯村村第一书记，来自中国华电集团广东分公司
◆宋思阳　队员，来自中国华电集团广东分公司
◆李政球　队员，来自中国华电集团广东分公司
◆植柏莹　队员，来自封开县财政局
◆易映辰　队员，来自封开县财政局
◆林建磊　金融助理，来自中国农业银行封开支行
◆朱安良　高校志愿者
◆容石金　高校志愿者
◆朱锦云　高校志愿者
◆梁熙悦　“三支一扶”人员

驻梅州市五华县安流镇帮镇扶村工作队：

打好基础　浇筑发展热土

“这是打基础的三年。”谈及驻镇三年工作，张志杭把这句话挂在了嘴边。作为驻梅州市五华县安流镇帮镇扶村工作队队长，他带着队员们把这句话落到了实处。

总长度10.5公里的绿道成了群众休闲活动的新场所；连续举办三年的“乡村振兴共同富裕带头人”擂台赛激活了乡土人才资源；“小田并大田”的规整带来了连片稻浪……三年间，这些不断夯实的基础，让乡亲们的获得感越来越强。

2021年7月，由广东省自然资源厅、中铁建发展集团有限公司组成的工作队进驻安流镇，开启了为期三年的帮扶行动。

热闹，是张志杭对安流镇的初印象。安流镇常住人口接近18万，交通区位条件优越，圩镇人气颇旺。热闹背后的短板也颇为显眼，公共基础设施不完善、产业基础薄弱……三年间，工作队积极发挥组团单位优势打基础，省自然资源厅投入资金3263.2万元，推动13项自然资源行业政策项目、8项产业项目、6项基础设施项目落地，培养“乡村振兴共同富裕带头人”24名，直接带动稳岗就业人数360多人，通过合作社等促进420多个家庭增收致富。

拓展休闲空间　补齐民生短板

走在安流镇琴江边，一条生态绿道从脚下延伸，串起了处处美景。琴江两岸滨水绿道建设项目在2023年7月全面竣工启用，补上了安流镇公共基础设施的一块短板，琴江两岸成了当地群众日常休闲的好去处。

“这是一条集自然风光与休闲娱乐于一体的慢行游线，平时村民有空就会来这里散步或者跑步，很大程度上丰富了村民的生活。”工作队队员胡国科介绍，绿道总长度10.5公里，绿化清杂和提升面积1.5万平方米，沿线安装标识牌54个，设置配套服务设施50处。

“补齐镇村基础设施短板是驻镇帮镇扶村的一项重要任务。”张志杭介绍，2021年工作队进驻调研时，发现安流镇的道路建设还未完善，存在部分道路为单行道、通行不便、路灯缺乏管护、晚上视线不佳等问题。

如今，工作队已完成农村道路建设7.5公里，道路“单改双”等改造7.6公里，还在主要路口增设红绿灯，及时维护圩镇及国道沿线路灯224盏。看似细微的举动让村民们感受到了实实在在的变化。“我们村之前没有路灯，前两年终于装上了，现在晚上回家路都是亮的。”完塘村的张大哥说。

琴江与完塘村的显著变化，只是工作队推进镇村公共基础设施不断完善的一个缩影。自进驻以来，工作队坚持以“小切口大变化”的思路改善民生，共争取财政下达驻镇帮镇扶村资金指标4920万元，用于推动农耕水利设施、生活污水处理设施、生活垃圾处理设施等镇村38个公共基础设施项目建设，增进民生福祉。

选拔“产业村长”　壮大本土企业

走进安流镇红山村，一处由不锈钢龙骨搭建的养殖加工车间初见雏形，这是红山村养殖大户张春梅最上心的“重点项目”。“我虽然有20多年的三黄鸡养殖经验，但去年才决定从事三黄鸡加工。”从养殖到加工，从合作社到公司，从第一产业到第一第二产业融合，张春梅和她的红根然食品科技有限公司成为安流镇产业升级的典范，而这离不开工作队对产业发展新路子的探索。

根据安流镇的产业特点，工作队连续三年举办“乡村振兴共同富裕带头人”擂台赛活动。“擂台赛为种植养殖户提供了学习和交流的平台。”在张志杭看来，授人以鱼不如授人以渔。擂台赛共选拔了24名“乡村振兴共同富裕带头人”，并从中“优中选优”选出11位“产业村长”，充分盘活乡土人才资源，鼓励“产业村长”们将单一化产业向多元化产业转化。

张春梅连续三年参加擂台赛，并在第三届擂台赛中获得一等奖。凭借二十多年的养殖经验和擂台赛的后续培训，张春梅决定带领公司走上一条转型之路："之前我只关心怎么养好鸡和怎么卖出去，现在我们开始考虑怎么规避养殖风险和增加产品附加值了。"2023年，张春梅成立了梅州五华红根然食品科技有限公司，正朝着三产融合发展的方向，全力打造全链条智慧生态农业。

随着电商在农产品销售端的重要性日益显现，工作队打造了安流镇乡村振兴共享直播基地暨乡村振兴共同富裕特色人才培训基地，帮助当地企业开展电商直播带货工作，拓宽产品销售渠道。

盘活闲置资源　做好土地文章

盛夏时节的完塘村，丝苗米基地的连片水稻长势喜人。"谁能想到之前这里是零散分布的土地。"村民张大哥感慨道。村内生产空间的拓展，离不开工作队在推进全域土地综合整治方面的积极探索。

2022年，工作队采用"农用地整理+农旅科普基地+绿色水稻示范基地"模式，引进五华县宝昇农业专业合作社，集约流转土地近500亩，实现"小田并大田"，通过平整撂荒耕地，推动复耕近300亩，并打造了约260亩的丝苗米种植基地。

撂荒地摇身一变，成了鼓起村民腰包的"致富田"。张志杭表示，引进项目落地以来，完塘村直接受益农户156户，农户增收40多万元。同时，经过土地流转集约化经营，宝昇农业专业合作社还发展出了农业科普、旅游、土特产加工等多个项目。

工作队在完塘村的这一探索，为安流镇全域土地综合整治提供了可借鉴的样本。在省自然资源厅的支持下，安流镇成功入选全域土地综合整治省级试点，正围绕农用地整理、建设用地整理、乡村生态保护修复和历史文化保护四大任务推进试点工作。

安流镇党委委员、副镇长李伟宏介绍，现阶段最重要的项目是建设用地腾挪，安流镇将以石门村拆旧复垦为突破口，探索通过拆除废弃旧村居，建设农民新村公寓及乡村振兴产业项目，解决"建新不拆旧""有新房没新村""产业项目无指标"等问题。

"计划拆旧建新的老宅面积约2200平方米，涉及15户村民。"李伟宏介绍，

宝昇农业丝苗米种植示范基地正在进行收割作业

"石门村拆旧形成的指标，将有1225平方米用于该村乡村振兴产业项目，结合周边优美的环境，打造一个田园综合体项目。"这是全县首个建设用地腾挪示范项目，安流镇将以此为抓手，探索盘活闲置和低效建设用地的可行路径。

随着全域土地综合整治试点的启动，一张宜居宜业和美乡村的新蓝图在安流镇徐徐展开。驻镇三年期满，工作队打下的基础，浇筑成这个人口大镇加速发展的底气与力量，也凝结着队员们踏上这片土地时的愿景：未来可期。

（郑文意）

驻梅州市五华县安流镇帮镇扶村工作队成员

- 张志杭　队长，来自广东省自然资源厅
- 涂学仕　队员，驻完塘村第一书记，来自广东省自然资源厅
- 王占宇　队员，驻福华村第一书记，来自中铁建发展集团有限公司
- 李　勇　队员，来自中铁建发展集团有限公司
- 胡国科　队员，来自五华县自然资源局
- 刘润峰　金融助理，来自中国农业银行广州分行
- 李荣昌　高校志愿者
- 何诗兰　"三支一扶"人员

驻湛江雷州市雷高镇帮镇扶村工作队：

着力生态振兴　“涵养”绿美雷高

村口绿树葳蕤，婆娑成荫，孩童和老人在树下玩耍休憩；小微湿地公园水清岸绿，燕语莺声，涌现勃勃生机；村内“美丽庭院”精致小巧，闲适悠然，村民幸福感直接“拉满”……在驻雷高镇帮镇扶村工作队的努力下，湛江雷州市这座小镇发生了翻天覆地的变化，以绿为脉，美景环环相接。

2021年7月，一支由广东省林业局牵头，中国水产科学研究院南海水产研究所、广东生态工程职业学院及雷州市5家县级单位作为组团单位，中国农业银行雷州支行作为金融助理单位共同组成的驻镇帮镇扶村工作队正式成立，组团帮扶雷高镇，为雷高镇乡村振兴注入新动能。

宜居小镇添“绿”镜

雷高镇是湛江革命老区的重要组成部分，与雷州市的母亲河——南渡河紧密相邻，有良好的自然禀赋。工作队制定三年帮扶规划前，开展了多轮调研工作，走访23个行政村和居委社区、100余户脱贫户家庭，全面掌握了雷高镇的经济、社会、交通、人文、生态等方面的发展情况，从而有针对性地开展帮扶工作。“宜居小镇 生态雷高”正是其中一个重要的发展方向。

工作队以生态振兴为抓手，积极争取行业重点项目，如省绿委办义务植树、送苗下乡1.6万株树、小微湿地公园建设、雷高镇生态公益林示范区建设、雷高镇古树名木抢救复壮示范镇建设、红树林生态修复、雷高镇自然教育科普基地和红树林种养耦合模式试点等项目，累计投入2528万元。同时，还为雷州市争取绿美古树乡村和绿美红色乡村等涉农资金4100万元，为村镇内的古树名木复壮提供支持。在引导社会各界力量参与雷高镇绿美广东建设方面，截至2024年7月，已超额完成50万元捐款目标，推动镇域范围内种植树木3万株，提升了乡村生态文明建设和生态振兴水平。

以扶柳村、肖家村、雷高村三个驻点村为重点，工作队持续开展人居环境整治和基础设施提升。如在扶柳村，工作队探索建立卫生网格化管护责任机制，将扶柳村划分为4个网格片区，明确村委干部责任分工，并带领网格片区党员群众、卫生工等落实门前“三包”、鸡鸭圈养、广场道路等区域日常卫生管理。“以前村里有不少废弃水塘，水体发臭，让人难以忍受，现在通过建设改造，变成了村民休闲娱乐的好地方。”扶柳村党支部书记、村委会主任柯必进说。

送教下乡促提“智”

在教育方面，工作队积极协调组团单位教育资源，改善教育基础条件和服务水平。争取雷州市教育局专项资金147万元，争取企业资金向扶柳村小学捐赠桌椅70套，价值3.5万余元，利用“6・30”帮扶资金新建幼儿园投入30万元，有效解决了扶柳村基层留守幼童上学问题，改善了教育教学条件。

“针对扶柳村教育质量不高、生源流失、管理不善等问题，我们和村‘两委’干部共同努力，由村委会重新聘请2名年轻幼师，免费招收村里的幼儿，并对课室、户外场地进行装修提升，补充完善教具设施、校服水杯等生活用品。”杨新龙表示，通过一系列措施，扶柳小学的生源得到增长。

与此同时，工作队协同雷州市教育局、雷高镇教办制定了扶柳小学教师教学奖励机制、学生奖学助学管理机制等措施，捐赠恒温直饮水机、风扇、校服、文具等用品，以实际行动激励师生不断进步。

水产养殖富百姓

聚焦产业发展，提升经济发展水平，工作队通过一系列创新举措，有效推动了雷高镇的全面振兴。工作队针对扶柳村土地现状，联合多方力量启动了700亩土地整合流转工作，为村集体经济增长打牢基础。同时，协调雷高镇供电所改造高压电线线路，增加变压器，改善供电电压和输电效率，显著提高了虾塘养殖基础条件，租金收益增加50%以上。

雷高镇镇域拥有13.2万亩基本农田和1万余亩滩涂及虾塘。为了提升当地水产养殖效益，促进当地种养殖产业技术升级，工作队与湛江久恒农资有限公司和雷州市惠众水产养殖有限公司建立合作关系，带动雷高镇100户以上农户就业和增收。特别是竹下村与企业建立利益联结机制，贝类养殖年产量达到2万余吨，预计收益可达到3000余万元/年。

雷高镇红树林自然教育基地科普展馆开展“生物多样性　你我共参与”主题活动

科技下乡帮助雷高镇水产养殖业提质增效

扶业先扶智，工作队发挥中国水产科学研究院南海水产研究所、广东生态工程职业学院的技术和人才优势，开展送培训、送技术和送药品下乡活动，举办了5场种养殖农户和乡村教师乡村振兴专题培训班，参训人员700余人次，赠送虾类病害药物价值6万余元，有效推动了产业振兴和人才振兴。

多元化的产业，亦让雷高镇迸发出更强大的产业活力。“红树林种养耦合模式试点”科研项目，帮助当地构建了红树林池塘种养模式和红树林滩涂种养模式；甘薯苗种和玉米轮种示范项目，带动了100多农户就业，收益80多万元/年；建设了玛尔岩红土特色灵芝种植示范基地50亩，开发了灵芝和灵芝孢子粉2款特色农产品，带动60户以上农户就业，收益45万元/年。

而在肖家村，工作队对村虾塘进行了优化升级改造，村集体经济增收50万元/年，三年村集体经济创收150万元，4600多名村民每年人均分红500元。同时，优化了村变压器以及电气线路改造，每年减少维护费20万元，化解了村民虾塘纠纷、宅基地纠纷等。每一个数字背后，都是工作队员日以继夜、全力以赴的工作成果，也是一户户村民越来越红火的生活。

（李嘉镓）

驻湛江雷州市雷高镇帮镇扶村工作队成员

◆申富文　队长，来自广东省林业局生态修复处

◆王　锋　队员，驻扶柳村第一书记（2021.7—2023.11），来自广东省林业局

◆杨新龙　队员，驻扶柳村第一书记（2023.11—2024.8），来自广东省林业局

◆朱李春　队员，驻肖家村第一书记，来自中国水产科学研究院南海水产研究所

◆何业龙　队员，驻雷高村第一书记，来自广东生态工程职业学院

◆孙　伟　队员，来自中国水产科学研究院南海水产研究所

◆徐　罗　队员，来自广东生态工程职业学院

◆宋芝江　金融助理，来自中国农业银行雷州支行

◆吴柳怡　“三支一扶”人员，来自广东省人力资源和社会保障厅

◆陈儒爽　“三支一扶”人员，来自广东省人力资源和社会保障厅

◆谢彩云　高校志愿者，来自共青团湛江市委员会

◆颜月妙　高校志愿者，来自共青团湛江市委员会

◆郑文影　高校志愿者，来自共青团湛江市委员会

◆梁桂林　队员，来自广东电网湛江雷州供电局

◆柯应文　队员，来自广东电网湛江雷州供电局

◆何　盈　队员，来自雷州市慢性病防治站

◆林　亚　队员，来自雷州市慢性病防治站

◆陈文力　队员，来自雷州市投资评估中心

◆欧剑谦　队员，来自雷州市教育局

◆林　玉　队员，来自雷州市教育局

◆陈　亮　队员，来自雷州市科学技术协会

驻肇庆市广宁县洲仔镇帮镇扶村工作队：

“云泥”之间　上下求索

初夏的风拂过，又一茬菜苗长高了。在仓丰村，驻肇庆市广宁县洲仔镇帮镇扶村工作队三年前“唤醒”的这片撂荒田，如今成为鼓起村集体“腰包”的希望田。

2021年6月，由广东省生态环境厅与广东农工商职业技术学院组团的工作队来到洲仔镇。

“洲仔镇给我的第一印象就是体量小、环境好、民风淳朴，但资源禀赋太薄弱了。”范彦溥开门见山：“我们的工作思路很简单，就是办实事，缺什么我们就补什么。”

村里缺产业，他们脚沾泥土治荒地，推动蔬菜产业落地；孩子们缺教育资源，他们引进“云课堂”；独居老人们缺照料，他们探索建设“智慧居家预警系统”……三年来，工作队将这些“缺口”一一填补，办成了一件又一件实事。

盘活“烂泥地”　既抓生产也抓市场

2021年，洲仔镇仅有2个村集体经营性收入超过5万元，发展壮大农村集体经济成为工作队重点开展的一大实事，整治撂荒地正是其中的关键切入点。

起初，村民们并不积极。于是，工作队选择将仓丰村作为撂荒地整治的试点，先做出成绩再推广带动。

“最开始先整治了80亩。”仓丰村党支部书记龙其平回忆，由于地势原因，村内的撂荒地在积年累月之下大多已经成为水塘，土地松软泥泞，大型机械无法进入，“当时光排水就排了3个月。”在充分考虑耕种、采摘等流程后，工作队自筹资金先后修建机耕路、购置拖拉机、建设冷库。

种地问题解决了，又迎来下一个难题——如何找到稳定的销路。2021年的盛夏，范彦溥开着自己的车，载着仓丰村的干部们，前往广州江南果菜批发市场、佛山市桂江批发市场、四会市蔬菜综合批发市场等地，10天不到便与各批发市场达成了合作。销路有了着落，第一批蔬菜也按计划种下。

在仓丰村的带动下，其他村纷纷加入发展产业的队伍。金场村种植“南晶香占”水稻40亩、蜜本南瓜8亩；洲仔社区种植水稻65亩；务水村种植小宝西瓜和水稻80亩；良村村种植稻蔬70亩等。同时，工作队还筹集资金，利用自身的资源优势，在金场、白沙、清桂等村建设屋顶光伏发电项目，每年为各村集体带来3万至6万元不等的稳定收入。

截至2023年底，全镇7个村（社区）在2022年实现行政村集体经济组织年经营性收入达到15万元以上，取得了阶段性突破。全镇流转撂荒地种植面积800余亩，每年增加村民收入约24万元，带动周边群众就业1万余人次。

范彦溥（右）与村民一起忙收割

2022年6月，陈文娟赴肇庆广宁县洲仔中学、洲仔中心小学参与线下支教活动

设立“云课堂”　挖掘山区孩子潜力

当村干部开始向外闯市场、拓销路时，留在村里的孩子们则迎来了“向云端”学知识的机会。工作队进驻不到半年，便把一根“网线”从省城牵到了小镇。

第一次去洲仔镇的时候，陈文娟就感受到了孩子们对知识的渴望。她是广东农工商职业技术学院2019级园艺本科班学生，大二时参与成立了英语沙龙云支教团队。2021年11月，在学院成为驻镇帮镇扶村单位后的第一个冬天，她随支教团队赴洲仔镇参与校图书馆组织的文化帮扶调研活动。

“农村的英语教育依然比较薄弱，专业英语老师比较稀缺。”这是陈文娟下乡调研后的一个深切感受。在那次调研中，她认识了洲仔小学的陈意晴。“由于家庭经济困难，家长文化程度不高，陈意晴当时的英语水平较低，对英语学习的兴趣也不高。”她回忆，这种情况在洲仔镇并非少数。

了解到现实缺口后，陈文娟的支教团队分别在洲仔中学以及洲仔中心小学新增了2个英语支教点。同时，团队结合乡村教育环境，充分思考孩子们的真正诉求，通过每周的线上课程提升他们的学习兴趣。

陈意晴连续参加了三个学期的英语云支教课程。“因为这个课程，她喜欢上了英语，还参加了多项英语比赛，获得了肇庆市第三届‘口语易杯’小学生英语单词王听说展示活动三等奖。”于陈文娟而言，这种改变弥足珍贵，也让她更加坚定。

除了英语课，广东农工商职业技术学院图书馆花漾压花社团还提供了压花云支教项目。每周二上课前，社团的同学们便会整理好材料包邮寄给洲仔中心小学，上课时便分工合作教孩子们完成一幅幅压花作品。

“网线”的一头连着渴求知识的目光，另一头连接着知识与资源，工作队用互联网为乡镇的孩子们铺出了一条“求知之路”。

建设预警系统　加强独居老人健康保障

2023年12月的一个深夜，仓丰村包片干部龙其光收到了“一键报警”的通知电话，发出警报的是位于油塘自然村的五保户董土生，同样收到警报的还有他的看护人以及洲仔镇卫生院的值班医生。一分钟都不敢耽搁，龙其光迅速赶到了老人家中，并驱车将老人送到就近的镇卫生院。

“老人已经70多岁了，这次是因为高血压引起的头晕。”龙其光负责4个自然村，对每个独居老人的情况都了如指掌。“有些紧急情况发生在深夜，邻居都睡了没办法求助，这时报警系统就起了大作用。”

2023年5月，了解到独居老人的实际需求，工作队探索建设“洲仔镇智慧居家预警系统”，为全镇60岁以上的186户独居老人安装“一键报警”器。投入使用以来，

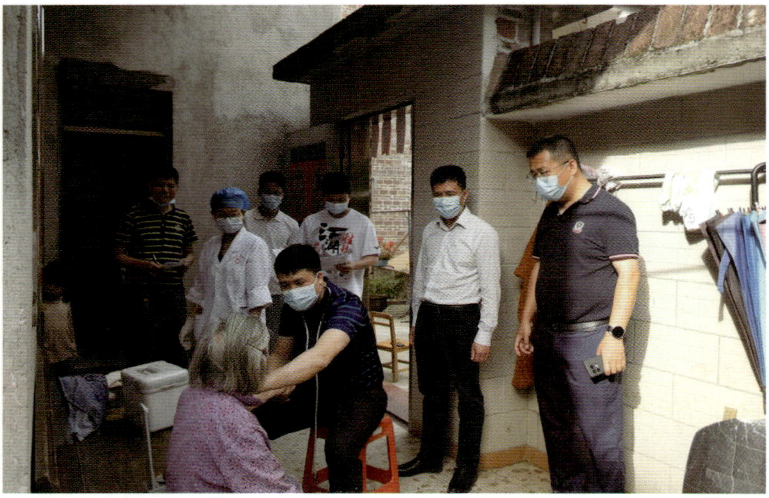

工作队与镇卫生院的医护人员一起看望独居老人

共有效报警26次，出动120救护车6次，其中有3次是非常紧急的情况，起到了直接挽救生命的作用。2023年，该举措入选省第一批基层卫生健康便民惠民服务典型案例，并作为“十大民生实事”之一在广宁县进行推广。

在医疗救助方面，工作队则统筹使用自筹资金11万余元帮助修缮镇卫生院住院部3间住院病房，更新输液椅、候诊椅和小木凳等，方便患者就诊，改善群众就医环境。

细枝末节也能见真章。“我们来了之后发现，洲仔镇的惠民惠农的各项补贴发放的渠道各不相同。”范彦溥指出：“有些银行的设点不多，村民取起钱来很麻烦。”

在工作队的推动下，洲仔镇率先推动实施社会保障卡“一卡通”，整合发放6大项12小项惠民惠农财政补贴资金，发卡率达98%，推动了惠民惠农财政补贴资金精准到人。

三年过去，洲仔镇还是静静坐落在广宁县的西南处，山未变，水未变，但人似乎变了。

“现在我们村干部非常团结，大家都知道要一起努力才能把村里搞好，让大家富起来。”龙其平的语气里颇有些自豪之情。2023年11月，仓丰村经联社成立了广宁县同盈丰农业有限公司，采取“党支部+公司+技术+基地+合作社+农户”的合作运营模式发展肉鸽产业。此次探索，村“两委”积极谋划，真正凸显主体地位。

（张　璠）

驻肇庆市广宁县洲仔镇帮镇扶村工作队成员

- 范彦溥　队长，来自广东省生态环境厅
- 邓　淳　队员，驻金场村第一书记，来自广东省生态环境厅
- 朱志华　队员，来自肇庆市生态环境监测站
- 万　磊　队员，驻务水村第一书记，来自广东农工商职业技术学院
- 甄冬冬　队员，来自广东农工商职业技术学院
- 陈维都　队员，驻良村村第一书记，来自广宁县公路事务中心
- 林志颖　金融助理，来自中国农业银行广宁支行
- 林晴枝　高校志愿者

驻梅州市丰顺县留隍镇帮镇扶村工作队：

在“守”与“创”中前行

为期三年的驻镇工作结束了，驻梅州市丰顺县留隍镇帮镇扶村工作队的成员们各自写下了感言：

“向下扎根，向上成长。”

“大学毕业后来到这里，我明白了基层是最好的课堂。”

“最欣喜的是，这座小镇因我们的到来而发生了一些变化。”

“回首这三年……干出了一些成绩，也有不尽如人意之处……自感问心无愧。”

2021年6月30日，由广东省住房和城乡建设厅、中国石油天然气股份有限公司

通过开展水系连通及水美乡村建设项目，留隍镇的绿水青山成色更足，风景更美

修缮后的骑楼建筑错落有致，独具潮客文化特色

华南化工销售分公司组团的工作队正式进驻留隍镇。三年来，工作队的真帮实扶让留隍镇发生了可喜的变化：62户重点监测户中有53户有序退出，脱贫群众生活更上一层楼；光伏发电照亮村集体增收路，36个村集体经济收入突破10万元；“留隍橄榄”国家地理标志产品、留隍镇骑楼古街历史文化街区等成功申报，当地特色招牌进一步擦亮。

光伏促增收 36村年收入“10万+”

2024年6月，撤队时间将近，但工作队手头仍有不少事要忙碌，“总觉得时间不够用”，工作队队长胡增辉一直念叨着。他放不下的事情之一，是村级光伏发电站的项目验收工作。

村级光伏发电站建设工作于2022年开始谋划，几乎贯穿了工作队整个驻镇周期。进驻之初，工作队曾对全镇37个村（社区）进行调研，花费了2个月时间才逐一摸透所有村。彼时留隍镇各村集体经济十分薄弱，有16个村集体收入不足10万元，而症结在于资源禀赋欠缺。

“我们村集体只有一片公山，根本没有土地来发展产业，每年村集体收入只有入股分红的3万多元。我在村内当干部这么多届了，一直找不到办法。”小东村党支部书记胡雁洋向工作队倾诉了多年来的困惑与无奈。

没有资源怎么能发展产业呢？这个问题一直困扰着当地基层干部，也让工作队犯了愁。

转机出现在2022年，丰顺县发布《2022年度光伏发电项目建设奖补方案》，纳入奖补范围的行政村实施光伏发电项目建设采取“以奖代补”“先建后补”方式，按项目建设实际结算总额的50%进行奖补，为留隍镇各村指明了方向。

意外的是，各村积极性却不高。胡增辉介绍，虽然有奖补，但是镇村需要按照15%和35%的比例进行筹款，村支书都表示经济压力大，而且十分担心光伏项目回报率低。为了解决各村的后顾之忧，工作队选取了小东村和上湾村作试点，起到示范作用后再陆续推广。

2023年5月，小东村和上湾村党群服务中心的楼顶架起了光伏，并成功并网发电。其中，小东村的光伏项目是121.26千瓦，当年光伏收入7万元；上湾村的光伏项目分别是55.46千瓦和42.3千瓦，当年收益3.35万元，加上小东村入股分红3万多元，以及上湾村生态公益林补助款和投资收益共9.8万元，两村在2023年实现村集体收入突破10万元的目标。

“看到试点村的收益不错，我们村也积极争取到光伏发电站项目，工作队还经常来村里了解项目进度。”新美村党支部书记叶树春打开手机小程序，展示当天的光伏收入情况。由于并网1个多月以来，半个月都在下雨，光伏收益为4000元，不下雨的时候预计每月收入7000元，全年预计增收6万元。“我们村投入了23万元，按照现在的势头，很快就可以覆盖这笔收入。”叶树春说。

胡增辉介绍，全镇共有18个村建设了光伏发电站，验收工作正在开展，力争实现全镇36个村集体年收入达到10万元以上的目标任务。

改良橄榄树　新果一斤上百元

仲夏时节，橄榄树上的果子才冒出了头，散发出的清香已在空气中氤氲。作为省级青榄专业镇，留隍镇橄榄种植历史超过200年，种植面积达3.8万亩，几乎家家户户种植。但长期以来，果农习惯“看天吃饭”，橄榄的经济效益提升受到一定限制。

果农是当地的“土专家”，改变他们一直以来的种植习惯存在较大难度。为了作出示范，工作队与留隍橄榄协会对接，在广东裕嘉生态农业发展有限公司的种植基地开展橄榄树改良工作。

“大部分橄榄树高10—15米，有三四层楼的高度，最高的甚至有七八层楼高。橄榄品相不稳定，采摘时也会存在人身危险。”留隍橄榄协会秘书长、广东裕嘉生态农业发展有限公司经理廖嘉臣告诉记者，在工作队的技术帮扶下，高大的橄榄树矮化为3—5米高，果农站在小板凳上就可以采摘，且不影响橄榄产量。

新品种在口感和产量上都有明显提升。“两年开花、三年结果，品质亮丽，2023年卖到了120元一斤。”廖嘉臣说。

此外，在工作队的积极协助下，“留隍橄榄”于2023年成功申报国家地理标志产品，在品牌化发展方面迈出了重要步伐。

改造骑楼街　千年古镇焕新生

地处韩江之滨，留隍镇居于梅州、潮州及揭阳三地之间，客家文化和潮汕文化在此地相汇交融。据《丰顺县志》记载，清嘉庆二十四年（1819年），留隍设巡检司，其时有内街、外街、下街、横街等处店铺360间。早在清代年间，留隍就已成为

留隍镇橄榄种植已有200年历史

韩江中下游比较繁荣的小商埠。

在悠悠岁月里，留隍镇较为完好地保留下由300多座骑楼组成约800米长的骑楼街，极具潮客文化特色。但在岁月的洗礼下，骑楼街的外表已经斑驳、路面坑洼、“三线”十分混乱。

为更好地保护传承历史文化，工作队积极配合留隍镇政府实施骑楼古街改造项目，其中一期由热心人士捐助资金1800万元。工作队还积极与省住房和城乡建设厅沟通协调，申请下达历史文化资源保护专项经费700万元，开展二期和三期工程项目。骑楼古街改造一、二期项目已全面竣工验收，三期正在施工中，留隍镇骑楼古街也已成功申报广东省历史文化街区。

晨光初晓，走进骑楼古街，踏上仿石砖地面，过去与现在仿佛交汇在同一时空，想必这就是对骑楼古街进行保护传承的意义所在。

（谢晓莉）

驻梅州市丰顺县留隍镇帮镇扶村工作队成员

◆胡增辉　队长，来自广东省住房和城乡建设厅
◆刘向阳　队员，驻口铺村第一书记，来自广东省住房和城乡建设厅
◆杨　露　队员，驻新埔村第一书记（2021.7—2023.8），来自中国石油华南化工销售分公司
◆陈　权　队员，驻新埔村第一书记（2023.8—2024.7），来自中国石油华南化工销售分公司
◆芦洪凯　队员，来自中国石油华南化工销售分公司
◆林扬挺　队员，来自中国石油华南化工销售分公司
◆郑佳曼　金融助理，来自中国农业银行南海分行
◆许炳强　科技特派员，来自中国科学院华南植物园
◆刘　锴　高校志愿者
◆巫嘉超　高校志愿者
◆郑晓晴　高校志愿者

驻汕尾陆丰市博美镇帮镇扶村工作队：

探索乡村振兴“博美模式”

2021年，由广东省交通运输厅和广东交通职业技术学院组建的驻镇帮镇扶村工作队进驻汕尾陆丰市博美镇。秉持“为农民谋福祉、为农村谋振兴”的使命信念，工作队紧扣高质量发展首要任务，实干笃行、竞标争先，因地制宜摸索出助力高质量发展的“博美模式”。

经过三年时间的打造，博美镇正成为基础设施更加完善、特色优势产业不断发展的“博采众长、美丽宜居”之地，博美镇的高质量发展画卷越绘越美，乡村振兴之路也越走越宽。

工作队链接专家资源，推动博美镇铁皮石斛产业发展

工作队在立体种植基地进行直播带货

探索三种模式　打造经济发展"主引擎"

乡村振兴，产业先行。驻镇以来，工作队多番走访调研，立足博美镇环境和产业情况，链接多家农业科技单位，先后探索出立体种养、联农带农、合伙共富三种发展模式。

博美地势北高南低，多丘陵、山坑地，光热充沛，适合打造立体种养的经济模式。工作队了解到，博美有种植荔枝、石斛、红松茸的传统，于是率先为当地开创以荔枝改良、石斛附生、林下红松茸、蜂蜜为主的立体种养示范基地，实现果、药、菇、蜜、游五重收益。工作队把荒山变为了乡村产业发展的金山，探索了一条高效益、可复制、可推广的种养新模式。

工作队还积极发展经济作物基地，激活博美镇的产业经济。工作队带动点石村发起退桉还果，建成了200多亩脐橙生态种植及深加工产业链项目。采用"龙头企业+合作社+基地+农户"经营模式，借力江西脐橙市场大数据指导产销，引导农业公司免费提供种苗和技术指导，真正让脐橙种植技术和产业在点石村生根发芽。同时，通过复耕村集体撂荒地，建设了蛟溪村优质贝贝南瓜、特色生态米种植基地等高经济价值作物示范种植项目。为解决农产品销售问题，工作队先后开展消费帮扶9批次，累计消费帮扶金额100多万元。

针对运营问题，工作队还因地制宜为博美镇探索出“合伙共富”模式，建立了合伙人收入与产量挂钩的“乡村共富合伙人”模式。这个模式的应用，变临时用工为招聘产业合伙人，把产业变成“共同事业”，使产业发展具备可持续发展源动力。工作队还有效引导村民用好金融惠农政策，共协助农户获得3000多万元的产业发展普惠贷款。

完善基础设施　建设利民便民“服务站”

完善基础设施是提升地区整体发展水平的关键举措。为此，工作队积极协调，主动作为，在省交通运输厅的大力支持下，全面推动博美镇交通基础设施建设，从高速公路、国省道、农村路3个层次全面谋划规划。优化完善高速公路网，争取增设沈海高速博美镇互通；推进国道324穿越博美镇中心镇区段的改线项目，分离过境交通、提升交通运行效率；推动城南产业路路面改造等一批农村公路项目，方便村民出行及农副产品运输。

借助陆丰市创建“四好农村路”全国示范县单位的契机，工作队大力推进博美镇路网综合提升工程，完成辖区内“全面单改双”“消灭沙土路”“危桥全改造”等农村路网提升行动，博美镇已基本建成“内畅外联、安全高效、绿色智能、民生幸福”的现代综合交通运输体系。

三年来，工作队在省交通运输厅及直属单位累计筹措1100万元建设资金，在广东交通职业技术学院筹措200多万元资金，全数投入博美镇各项基础设施建设工作中。利用自筹资金，在博美镇12个行政村开展幸福食堂全覆盖工程，持续完善养老服务体系建设，并升级改造博美镇党群服务中心，打造集党建阵地、公共服务平台、服务群众功能于一体的综合性党群服务中心。

工作队还积极开展人居环境整治项目，美化蛟溪村10000多平方米农房外立面，建设3处绿美公园、7座垃圾屋、2处党建公园，升级配套新时代文明实践广场、彩虹步道、文化长廊、主题画廊、儿童游乐设施、健身器材，昔日老旧乡村焕发出崭新容颜。

推动文化振兴 提升乡村文化“软实力”

乡村振兴征程中，文化影响深远而广泛。工作队积极推进乡村文化建设，助力涵养文明乡风、良好家风、淳朴民风，通过举办文化活动、建设文化设施等方式，努力丰富乡村文化生活，提高村民文化素养。

工作队先后开展系列助学活动，捐赠电脑、空调等设备，对蛟溪、点石、图美等3所小学的硬件设施进行了升级改造，还建设了智慧云教室、润心启智书屋，关爱乡村少年儿童健康成长。大学生实践队伍也走进乡村，开展形式多样的社会实践活动，向广大群众弘扬主旋律、传播好声音。其中，点石村志愿服务项目获评为汕尾市最佳文明实践志愿服务项目，点石村新时代文明实践站获评为广东省示范站。

围绕村民文化需求，工作队积极建设3座“百姓大舞台”，组建了西秦戏、八音班、醒狮队等多支文化队伍，让“百姓大舞台”真正走进群众、服务群众。蛟溪村新时代文明实践站、点石村乡村振兴馆、复兴少年宫……一个个民生项目落地，不断丰富村民文化生活，以乡风文明助推乡村振兴。

（冯晓华 李 艳）

驻汕尾陆丰市博美镇帮镇扶村工作队成员

- 刘守素：队长，来自广东省交通运输厅
- 丁 力：队员，驻蛟溪村第一书记，来自广东省交通运输厅
- 陈汉澄：队员，驻点石村第一书记，来自广东交通职业技术学院
- 黄文祥：队员，来自广东交通职业技术学院
- 丁明杰：队员，来自广东交通职业技术学院

驻茂名化州市新安镇帮镇扶村工作队：

此“新安”处是吾乡

新安镇彩虹公路平坦宽阔，道路两边的稻田整齐，三年前这里还是一片撂荒耕地。车辆驶入新塘村范围内，番石榴果园一望无际，套了袋的果实挂在枝头等待成熟。驻镇三年，广东省农业农村厅、广东电网公司驻化州市新安镇帮镇扶村工作队的帮扶成果，也如枝头的番石榴一般，硕果累累。

工作队带来了什么？在新安小学的学生们看来，是崭新的读书角和运动场；在村民陈姐看来，是三个孩子继续读书的希望；在果农张军看来，是“水果之乡”进一步拓宽的销路；在企业家彭益金看来，是逐渐改变的创业观念……而在工作队队长孔令辰看来，这三年的工作只是“打基础”。“乡村振兴需久久为功，我们能做

驻茂名化州市新安镇帮镇扶村工作队合影

的就是夯实基础，踏实走好每一步。”他说。

围绕这一目标，工作队为新安镇巩固产业基础、人才基础、民生基础——撂荒地复耕复种、退桉还果超万亩，打响新安“水果之乡”金招牌；乡村振兴特色产业核心示范带、新安镇农业青年创新创业孵化中心（园）、水稻果蔬繁育中心，“一核两中心”全面开花；落地帮扶项目53个，投入资金超2亿元，农村人居环境焕然一新。

不做“撒胡椒面式”帮扶，是工作队的自我要求。自2021年7月2日正式进驻，三年时光转瞬即逝，工作队的成绩体现在新安镇的每一个角落。

筑产业基础　退桉种果复耕万余亩

产业发展“小散弱”，是工作队调研新安镇后的第一印象。“新安水果资源丰富，当地种植的各种水果超过60种，但是99.5%以上都是小微合作社和农户自己种植。”孔令辰举例说，2021年新安镇番石榴种植面积已超1.2万亩，但其中最大的一户也只有300亩。

另一个亟待解决的问题是桉树种植面积过大。“镇上水果种植面积一共6万多亩，桉树面积却足足有9万亩。”孔令辰说，他们走村串户去给村民算“经济账”，劝他们改种番石榴，“有些土地完全撂荒了，就由村集体组织流转土地，统一托管标准化种植。有些农户要自己种一造晚稻，我们就说服他们租半年，或者将租金折算成粮食给农户。”

“以前推广社会化服务时就建好了平台，但真正有大订单还是工作队入驻后，他们去给村民开会讲解，让农户更了解生产托管模式。”化州市农业生产托管服务中心负责人程东山表示，在新安镇已经构建起“市级服务中心+镇级服务站+村级托管员”三级服务协办体系，服务中心累计托管服务新安镇各类作物超9万亩。

“结合我们退桉种果奖补的一些措施，三年来工作队协同推进退桉种果超1.5万亩。”新安镇农业农村办公室副主任宋一标细数新安产业发展情况——组织完成2500余亩撂荒地整治，打造了6个水果产业示范基地，全镇水果种植面积近8万亩，年产值13亿元。

众多水果资源也成了新安镇发展文旅的一大优势，当地已连续举办7年水果文化旅游节，以果会友、以旅兴农，销售渠道不断拓宽。“还有另一个值得深耕挖掘的

新安村“复耕复种+土地流转+生产托管”示范基地分红现场

就是研学体验。从育苗到采摘再到采后处理加工的整个链条都可以参与体验。”孔令辰透露，已有一家广州的研学企业与化州市和新安镇签署了战略合作协议。

筑人才基础　联手农科院提供创业培训

一边是飘着花生油香气的食用油生产线，一边是嗡嗡作业的番石榴冻干烘干生产线，最里面3000立方米的冷库存储了各种水果……这是新安镇农业青年创新创业孵化园的硬件设施。

靠优惠政策引入外来企业投资发展固然重要，但工作队更想做的是扶持本地企业，吸引人才返乡，提升新安的造血能力。“曾经有在深圳赚了几百万的返乡青年，回来种番石榴创业失败了，有技术原因也有市场因素，这个案例让我们非常痛心。”孔令辰说。

彭益金的想法与工作队不谋而合。在他出资支持下，孵化园拔地而起，其中一层免费提供给初创企业做办公场所。

在硬件之外，孵化园还提供了众多软件支持，如与广东省农业科学院“国家级科技企业孵化器”华南A谷团队联手，提供一系列政策辅导、创业培训、财务协助等服务，让有想法、有热情、有资金的返乡人才有的放矢。自2023年7月试营业至今，孵化园已有15家企业入驻，营业额超1400万元，带动本地务工1.1万人次，支出劳务费用约200万元。

广东福到家食品有限公司是首批进驻的企业之一。“孵化园提供了成熟的制油设备和3年免费办公场地，不仅帮助解读金融、税收等政策，还为我们打开了销路。”福到家负责人罗贝福表示，生产线投入使用以来，食用油销售额已超400万元。

筑民生基础　撬动民间资金233万元

“党建龙头引领，产业、民生两翼齐飞。”这是孔令辰对三年帮扶重点的总结。进驻新安镇后，工作队就开始实施“讲一堂党课、建一个宣讲队、立一个宣传栏”的“三个一”工作。各村宣传栏建好的第一期宣传内容就是驻镇帮镇扶村工作政策和工作队十余人的联系方式。

“要让所有的群众都可以直接联系到我。”通过这个渠道，创业的村民联系上了孔令辰。只要是群众的需求，不管大小，工作队都尽力解决。

“三年来镇上的人居环境变化很大。”宋一标说，石湾路口到新安圩的325国道，以前是普通的硬底化道路，现在已经打造成了融入美景和微景观的示范带，村子的村容村貌也彻底“改头换面”。

原来，新安镇党建引领乡村振兴擂台赛以小舞台呈现大战略，全镇17个村实现了“村村过关村村靓”，在“比学赶超”的活动期间共拆除危旧房屋1200多间，拆除

工作队入驻期间，累计拉动省级单位、企业和社会资本捐赠899.58万元，消费帮扶超220万元

乱搭乱建、违章建筑460余间，整治生活垃圾污点数量580多个，撬动民间资金233万元用于支持美丽乡村建设，擦亮了新安镇农村“底色”，提升群众幸福“成色”。

推动教育帮扶、促进医疗结对，是工作队引资源、惠民生的重要举措。河介塘村的陈姐将广东电网公司捐赠的助学捐款牌子挂在了客厅内，11460元、13090元、13318元，有零有整的数字是电网人对她的关心。她一个人拉扯着三个孩子生活，每年开学季，工作队队员、广东电网公司驻化州新安村第一书记杨开岳就会将捐款亲自送到她手上，让她不用为孩子们的学费担忧。

一同改变的还有新安小学。中国南方电网公司建设的知行书屋，翻建后焕然一新的食堂、宿舍和教室，让这所小学从招生人数不满60人，上涨至如今的140人。

“乡村振兴需要久久为功，需要我们干部一茬接着一茬干。”孔令辰始终将他们这三年的工作视为“打基础”。他坚信，在坚实的基础之上，新安镇将“百业兴旺展宏图”，在时代的浪潮中奋勇向前，绘就乡村振兴的辉煌篇章。

（刘　涵）

驻茂名化州市新安镇帮镇扶村工作队成员

- 孔令辰：队长，来自广东省农业农村厅
- 温锦君：队员，驻新塘村第一书记，来自广东省农业农村厅
- 杨开岳：队员，驻新安村第一书记（2021.7—2023.10），来自广东电网公司
- 官兴华：队员，驻新安村第一书记（2023.10—2024.7），来自广东电网公司
- 吴大成：队员，来自广东电网公司
- 钟　挺：队员，来自广东电网公司
- 伍世峰：队员，来自广东电网公司
- 王龙斌：队员，驻新安村主任助理，来自广东省农业农村厅
- 张　卓：队员，驻新塘村书记助理，来自广东省农业农村厅
- 赵　安：队员，驻新塘村书记助理，来自广东省农业农村厅
- 李　信：金融助理，来自中国农业银行化州凤泉支行
- 张周洁：高校志愿者
- 彭胤钧：高校志愿者

驻韶关市仁化县周田镇帮镇扶村工作队：

三年再造一个新周田

“我们打好了头阵，接下来看你们的了！”驻韶关市仁化县周田镇帮镇扶村工作队队长、来自广东省商务厅的高峰在打给下一任队长的电话中说道。

自2021年7月进驻周田镇以来，工作队坚持“苦干、实干、拼命干”，争取帮扶资金约8000万元、金融信贷约1.1亿元，实施帮扶项目50余个、实际投资约4.5亿元，推动周田镇乡村振兴驶入快车道。

构建农产品现代产销体系

在紧挨丹霞山火车站的周田镇一头，广东供销社集团投资约2.7亿元的冷链物流产业园里，1万吨库容冷库和1.8万平方米加工车间融入全省冷链物流骨干网。“仓库可以根据物资种类设置不同的储备参数，实现智能化。”广东省天仁冷链物流有限公司单证员兼综合文员孔静说。

“听说广东供销系统正在选点，其中有仁化县，我厅就赶紧联络，帮助周田拿下了这个项目。”高峰介绍。工作队利用周田镇区废弃旧厂房布局建设周田电商小镇，大力发展农村电商，完善县镇村三级电子商务服务体系和物流配送体系。

三年来，工作队推进帮扶路线图逐一落地见效：成功争取仁化县获批第一批国家县域商业建设行动推进县，落实中央财政资金1080万元，吸引投资3000万元，完成快递物流共配中心等9个项目建设，助力仁化县获评全国县域商业建设行动“领跑

工作队在仁化贡柑邮政快递首发仪式上

县”；支持仁化县产业转移园申报省级经济技术开发区，加大招商引资力度，打造产业发展主平台；协助仁化县毛竹产业园入选省级现代农业产业园，打造毛竹产业特色产业集群；引入傅廷栋院士团队，破解冬闲田种植瓶颈；以“企业+基地+村集体+农户”模式，引入鸿泰、厚德、丰达等企业，建成2000亩稻薯菜现代农业轮作基地、1000亩粮食基地和设施农业基地等，带动500多户村民获得流转租金、400多人家门口就业；助力灵溪河森林旅游度假公园成功获批国家3A级旅游景区，提升周田风度村、灵溪大围古村和瑶溪少数民族特色村，打造形成“一园两河三村”休闲旅游带；招引粤水电落地农（渔）光互补项目，首期计划投资金额4.2亿元，在周田镇鸡龙村投资1700万元的农光互补项目已并网发电……

如今周田镇一派勃然生机。光是周田村1000余亩番薯种植基地一角，烈日下就有二三十位村民插苗固畦。

三年来，工作队助力周田镇1000余人增收，返贫致贫率为0；投资450万元建设地面分布式光伏发电项目，年收益达36万元，全镇16个村（居）集体经济年收入均达“10万+”。

培育人才激发乡村振兴内生力

“现在不但过日子、走振兴路的信心和决心有了，干事创业创收增收的思维、办法也活了！”周田镇周田村党支部书记雷小强坦言。

可喜的是，随着帮扶工作的落地见效，不仅党员干部有了带头拼的觉悟，越来越多的企业老板和年轻人也找到了在周田镇发展的机会。

“我现在每月收入有1万多块钱。”周田人黄蕾以前在外做人力资源，偶然刷到周田在建电商小镇的推文，抱着回家试一试的态度，于2022年返乡当主播，让她惊喜的是，几十年不曾变化的家乡如今大变样。“看到了留下来发展的希望！也有发小陆续回来。”

2022年7月，在废弃厂房基础上新建的周田电商小镇投入运营，累计开展农产品直播带货30多场，销售农产品3000多万元。与此同时，工作队帮助电商小镇争取到国家电子商务师职业技能培训及登记认定考试等资格，培训人员超2500人次，成为韶关市职业技能等级认定培训机构考点。其中，培训脱贫人口432人次，帮助脱贫人口实现就业近170人。

全力推进镇村同治同美

周田镇山灵水秀，丹霞山宛如屏风矗立天际，浈江支流灵溪河清灵欢快。工作队进驻三年，周田镇不但更清秀了，烟火气也更旺了。

“我们推动修缮各村居房前屋后的零散空地，用于建设‘四小园’。为充分发动村民积极性，相关园地可让村民自愿认管。无人认领的小园地，就由村委负责进行绿化美化。”工作队队员刘煜炜说。

三年来，工作队以党建示范引领为抓手，推动乡村治理提质升级；以宜居宜业建设为抓手，推进风貌提升、农田水利基础设施建设、道路亮化等30多个项目，新建村民活动广场，改善乡镇办学条件，支持周田镇绿美建设。

山水灵秀的灵溪河

“自从镇上来了工作队，家门口的路不但铺了沥青，也更宽敞了，不再像以前那样，一过车灰尘满天，一下雨坑坑洼洼。”家住周田镇韶仁路的李玉英开心道。

提起工作队，家住周田镇油库路的杨老板更是由衷感激：“我们每月逢三、五、八都有墟市，以前的路破破烂烂，出行难做生意更难。我找到工作队反映问题，不但得到了耐心解答，而且这条路很快就新修了。现在整条街都繁华起来了！”

第一轮驻镇帮镇扶村工作结束之际，高峰表示，工作队将认真总结三年来的工作成果，传好驻镇帮镇扶村“接力棒”。

（陈　静）

驻韶关市仁化县周田镇帮镇扶村工作队成员

◆高　峰	队长，来自广东省商务厅
◆王　超	队员，驻周田村第一书记，来自广东省商务厅
◆胡红军	队员，驻麻洋村第一书记，来自广东省建筑工程集团
◆王佑全	副队长，来自广东省建筑工程集团
◆黄宗剑	队员，来自广水安江水电开发有限公司
◆李海渤	科技特派员，来自韶关学院生物与农业学院
◆冯慧敏	科技特派员，来自韶关学院生物与农业学院
◆刘羽佳	科技特派员，来自韶关学院生物与农业学院
◆黄玉华	队员，驻下洞村第一书记，来自仁化县纪委监委
◆叶小红	队员，来自仁化县丹霞旅游经济开发试验区管理委员会
◆卢福明	队员，来自仁化县工业信息和科技商务局
◆曹小莹	队员，来自仁化县工业信息和科技商务局
◆李日方	高校志愿者
◆江美琪	高校志愿者
◆刘　逸	队员，来自仁化县工业信息和科技商务局
◆林冬秀	金融助理，来自中国农业银行韶关分行
◆雷佳生	金融助理，来自中国农业银行仁化支行
◆李　煜	队员，驻周田村书记助理，来自广东省商务厅
◆刘煜炜	队员，驻周田村书记助理，来自广东省商务厅

驻梅州市蕉岭县长潭镇帮镇扶村工作队：

强标准提质量　擦亮“寿乡”品牌

晚春五月，在石窟河畔的梅州市蕉岭县长潭镇白马村，稻田新绿盈目，满目皆是自然诗意与田园赞歌。“当年工作队刚到村里的时候，这一片百余亩基本农田都是多年撂荒地，杂草得有这么高。”白马村党总支书记林金华将手掌平放着抬过眉心，描述几年前白马村的情景。

“工作队帮我们解决压在心头多年的难题，还拨出专款提升人居环境、改善基础设施、加强基层党建，让我们村成功入选首批‘百千万工程’典型村。”林金华说。

2021年6月，广东省市场监督管理局、星海音乐学院组成的驻镇帮镇扶村工作队进驻长潭。三年来，工作队依托长潭生态禀赋和蕉岭“世界长寿乡”的品牌优势，充分发挥组团单位职能优势，推动一、二、三产业融合发展，白马农业主题公园、百美金桔种植示范基地等一系列乡村产业蓬勃兴起，推动长潭农业提质、农民富裕、农村和美。

下好产业“关键棋”　擦亮寿乡金招牌

沿着长潭水库旁的乡道驱车近半小时，在漫山遍野的森林中，一片近百亩的金桔种植基地豁然眼前。长潭镇百美村党支部书记、村委会主任何展锋介绍，蕉岭县长潭镇有百余年金桔种植历史，其中“百美金桔”远近闻名，是当地群众增收致富的传统特色产业。“但近些年来由于农业结构和市场需求的调整，本地金桔种植个体规模小、产量不足、运输成本高等问题日益凸显。”何展锋说。

“我们在百美村优选合适山地130余亩，在省、市果树专家技术支持下，建设金桔标准化种植示范基地。”驻长潭镇帮镇扶村工作队队长刘超越介绍，金桔基地已完成标准化果园改垦和水肥一体化灌溉系统、园区配套道路建设，丰产后每年产值可达600万元以上。

新泉村作为工作队重点帮扶的行政村之一，2022年6月在工作队的帮助下成立由村委会控股的“蕉岭县新泉村新盛种养专业合作社”，以合作社作为经营主体进行土地集约、人力资源分配、产业谋划。

驻新泉村第一书记竺林介绍，工作队前往蕉岭重要“长寿产业”——食用菌种植基地三圳镇、广福镇实地考察调研，于2022年10月，成功将村内几处废旧屋舍改造成猴头菇和黑木耳等种植基地，迄今产值已超40万元。

“2023年4月开始，我们把获利资金进行再投入，将荒废10多年的长潭中学室外

白马农业主题公园落地建成

刘超越（右）在金桔基地实地考察

运动场进行全面改造，建成3000平方米的黑木耳‘树栽’立体化种植场。”竺林表示，工作队与合作社正向国家知识产权局申请实用新型专利，与企业联手打造“粤港澳大湾区菜篮子生产基地”。

立足质量“老本行”　释放发展新动能

在位于长潭镇的四季耕耘农场，450亩蔬菜农场满眼碧绿，作物长势喜人。近年来，工作队立足市场监管职能，结合实践经验，指导四季耕耘农业科技有限公司成功创建“两无”蔬菜基地标准化试点。

“在工作队的协助下，我们成功创建了‘两无’基地试点，除了让种植流程更加规范化、标准化以外，也为我们未来的业务延伸和市场开拓打下了良好基础。”四季耕耘公司负责人张志生介绍。

此外，工作队也大力推进长潭镇农业质量认证体系建设，推动检测认证服务进乡村、进农企、进农户，支持乡村产业升级。

“在工作队的资金支持下，我们每个月都会将公司生产的水稻产品送往专业机构进行检测，检测结果也能更好地指导水稻生产。”长潭镇重点粮食企业、蕉岭县丝苗米省级现代农业产业园主体之一广东科诚生态农业发展有限公司负责人林干松表示，工作队还与广州市供销社多次沟通，推动农场入选该司产品供应链，促成68吨丝苗米销售合同。

“近年来我们也充分利用在市场对接方面的优势，先后引入碧桂园集团、美团集团、每日优鲜公司等企业，打造长潭特色产品上线多个电子商务平台和线下展销平台，助力特色产业做大做强。”刘超越说。

打响生态“第一炮”　和美乡村入画来

长潭镇紧邻石窟河畔秀美山水，背靠长潭自然生态旅游景区，自然景观优美。工作队注重发挥长潭镇的生态资源优势，“我们想用山水林田湖草系统思维，把长潭镇打造成看得见山、望得见水、留得住乡愁的康养旅游特色小镇。”刘超越说。

白马村便是这一规划的重要节点。白马村是首批广东省“十大美丽乡村”之一，上合花海项目一度红遍粤东，不仅为村民提供了就业机会，还促进了当地餐饮、住宿和文化的发展。然而，相关项目后续运营不善，近200亩耕地撂荒，成为当地基层治理“堵点”“难点”“痛点”。

驻白马村第一书记李延志表示，工作队通过轮种水稻、蔬菜、油菜花，充分提

白马村稻田小火车

高撂荒地利用的经济效益，复耕百亩农田，建成白马农业主题公园，打造包含稻田花海、田间观光小火车、国家地理标志保护产品文化长廊等十大旅游打卡点的“五位一体”乡村振兴示范点，以点带面，发展乡村休闲旅游产业，推进农文旅融合。

“同时，在村干部、当地群众的积极配合下，工作队推动复垦复耕白马村与相邻麻坑村的200亩撂荒地，建设高品质玉米种植示范基地。”李延志介绍，通过统一集约流转，引入农企将分散零碎的耕地集中整治提升，将“小田”合并成了“大田”。“第一期试种40亩甜玉米获得良好经济效益，产生很好的示范效应，后续每年可为周边群众带来近200万元的务工收入。”李延志说。

（郑少锋　林国良）

驻梅州市蕉岭县长潭镇帮镇扶村工作队成员

◆刘超越　队长，来自广东省市场监管局
◆李延志　队员，驻白马村第一书记，来自广东省市场监管局
◆竺　林　队员，驻新泉村第一书记，来自星海音乐学院
◆胡　音　队员，驻百美村第一书记，来自广东省市场监管局深圳市场稽查办
◆杨　扬　队员，来自星海音乐学院
◆李俊以　队员，来自星海音乐学院
◆古全壤　金融助理，来自中国农业银行蕉岭支行
◆梁煜锋　高校志愿者
◆杨　依　高校志愿者

驻河源市东源县义合镇帮镇扶村工作队：

文旅兴村　绘就好“丰”景

革命英雄阮啸仙的故事在村民口中传唱，乡村咖啡馆里传来游客们的欢声笑语，江边民宿的灯火盖过了天际的星光……小暑已至，在河源市东源县义合镇这片土地上，农文旅产业欣欣向荣，一派热闹光景，这是广东省审计厅和华南农业大学驻义合镇帮镇扶村工作队努力的成果。

三年间，工作队队长陈伟和他的队员们日夜忙碌在乡野之间，为乡村振兴和助农增收奔走出力。

驻河源市东源县义合镇帮镇扶村工作队成员合影

盘活红色资源 强村公司年均营收百万元

2021年7月正式进驻义合镇后，经过一番深入调研，工作队很快了解到，义合镇各村产业发展基础都比较薄弱，不少村集体年收入低于5万元。为促进村集体增收，工作队根据镇村实际，规划了未来三年的帮扶项目。

下屯村属于原省定贫困村，也是中国共产党早期党员、“100位为新中国成立作出突出贡献的英雄模范人物”、人民审计事业奠基人——阮啸仙的故乡。脱贫攻坚时期，下屯村基础设施不断完善，村居风貌焕然一新。借助阮啸仙故居等红色文旅资源，下屯村成为“网红村”，不少游客慕名而来。但是“泼天的流量”也带来了一定负担。“游客多了，保洁等方面的支出也会增加。”驻下屯村第一书记顾小岳解释，由于没有配套文旅服务产业，村集体不仅没增收，支出还变多了。

2021年，为破解集体和农户增收难题，顾小岳协调推动下屯村成立村级“富镇强村公司”——啸仙故里文旅公司（下称“啸仙公司”），通过项目化经营方式开发利用村内文旅资源。啸仙公司开拓了电瓶车租赁、景点讲解、停车位管理等业务，聘有固定员工8人，临时工约30人。

2023年7月，工作队还协助引进一家运营企业投资建设下屯村红色文旅研学基地，啸仙公司与该企业合作开展研学等服务。顾小岳介绍，除去啸仙公司的收入，村集体可从该项目获得至少20万元的稳定收入。经过帮扶，2023年全镇9个行政村集

依托红色文旅资源，下屯村发展成当地“网红村”

体收入全部突破30万元，其中下屯村集体收入已达80多万元，村集体下属文旅公司3年来总营收超过300万元。

为助力义合镇红色生态文旅建设，工作队还启动了投资1000万元的啸仙故里党群教育服务中心和投资2000万元的啸仙故里审计博物馆等文旅配套项目。"在下屯村拍摄的河源市第一部红色电影《阮啸仙》也将上映，2024年义合镇的游客数量可以突破30万人次！"细数着工作队开展的一项项工作，陈伟和队员们对义合镇的发展满怀信心与期待。

脱贫户做艾粄　春节每天利润达 500 元

"镇里村里居然出现堵车，不可思议！"2022年春节，一名村民的感慨让工作队员陈立为印象深刻。他介绍，2021年冬，工作队引入省农科院花卉所专业团队，在下屯村盘活30亩撂荒地打造花海景点。次年春节，连片数十亩波斯菊盛放，下屯村一时成为当地旅游"顶流"，吸引了大量游客，"阿芳也在这个时候找到了增收致富的途径。"

陈立为口中的阿芳是下屯村的脱贫户，过去只能依靠残疾的丈夫在外打零工谋生。2021年，为增强有劳力脱贫户的造血能力，工作队筹资8万元，定制了10个用于景区摆卖的小木屋赠送给脱贫户和村民，阿芳家也分得一个。每到节假日村里游客增多，她便会把自己做的艾粄等客家特色美食摆在小木屋前售卖。

"春节期间每天的利润能够达到500元！"阿芳介绍，2022年春节，村里火爆的客流量为她带来了可观的收入，也收获了一批忠实客户，时常在网上联系订货。后来，她向邻居借了1.5万元，在村里办起了"芳芳甜品店"，并在工作队的指导下顺利办下营业执照。"一年下来，平均每个月纯利润有2000多元。"阿芳表示，如今她家已经退出政府低保，孩子上学的伙食费有了保障，丈夫务工压力也小了。"家里的生活会越来越好。"

文旅兴旺，拓宽了村民增收渠道。工作队还依托组团单位华南农业大学的人才资源，建设了义合镇人才驿站，通过驿站积极吸引大学毕业生、外出乡亲等返乡投资创业。

种植高新良种　村集体收入突破 36 万元

“中洞久社河碧道项目已进入收尾阶段，省级移民示范项目中洞美丽家园、党建共建百亩示范基地、粮食加工厂等项目都已顺利完工……”梁玉枚是驻中洞村第一书记，他细数了一遍三年前工作队为中洞村规划的发展项目，笑道：“全都已经落地了！”

曾经的中洞村，产业少，集体收入薄弱。“村里耕地半数撂荒，村集体收入也只有2.6万元。”2021年7月刚到中洞，梁玉枚就感到责任重、任务艰巨。但他没有退缩，一一破解难题。投入50万元平整撂荒地，完善水利设施，筹资建设武神大桥连通机耕路，还通过华南农业大学帮扶团队引入“华糯1号”冬小麦进行种植。2022年小麦试种成功后，村里顺利引入一家农业企业，该企业以300元/亩的价格承包了600亩耕地。但仅一年后，企业就因经营效益不佳退场。“第一年对企业免租，相当于一分钱没挣。”梁玉枚笑道。工作队只能继续出招。

在工作队引导下，2023年村里划出约100亩耕地探索党建示范田，种植“航天稻”、血糯米、冬小麦等优质品种，借助托管技术服务种植，通过消费帮扶拓宽销售渠道；同时还筹集资金60万元建设水稻加工厂，采购烘干设备，提高农业产业抗风险能力，并引入一家省级农业龙头企业承包运营，进一步增加村集体收入。“通过这片示范田和水稻加工厂项目，2023年中洞村集体收入增加了20多万元，突破36万元。”梁玉枚自豪地说道，“三年来，我们为中洞村筹措并推动基础设施民生类项目10多个，筹集帮扶资金超2208万元，中洞村也由集体经济薄弱的‘后进村’变成‘先进村’。”

在工作队的帮扶下，义合镇农业产业链短板不断补齐，除了中洞村的稻米加工厂，义合镇还落地了水稻育秧中心、农产品烘干厂和灵芝产业示范基地等全链条农业生产补短板项目，有力推动农业托管示范镇建设。

（李国华）

驻河源市东源县义合镇帮镇扶村工作队成员

- ◆陈　伟：队长，来自广东省审计厅
- ◆陈　建：队员，驻义合村第一书记，来自华南农业大学
- ◆顾小岳：队员，驻下屯村第一书记，来自广东省审计厅
- ◆梁玉枚：队员，驻中洞村第一书记，来自河源市审计局
- ◆陈立为：队员，来自广东省审计厅
- ◆杨哲宇：队员，来自华南农业大学
- ◆陈志雄：金融助理，来自中国农业银行东源雅居乐支行
- ◆岳学军：科技特派员，来自华南农业大学
- ◆杨游悠：高校志愿者
- ◆刘　丹：高校志愿者
- ◆薛思明：高校志愿者
- ◆丘宇鹏：高校志愿者
- ◆李咏棋：高校志愿者

驻茂名市茂南区鳌头镇帮镇扶村工作队：

一“米”链条　独占鳌头

“老家鳌头变了！”这是茂名市茂南区鳌头镇不少返乡村民的共同感受。

产业示范带见效了，全国第一个“加工型”专用水稻种植基地落成，构建起繁育种、育秧、种植、仓储加工、销售的“一粒米生态链”；夜市经济热起来了，飞马夜市入选茂名市夜消费“十大特色商圈”，带动500多名村民实现家门口就业；村镇环境更美了，全镇80%以上的村庄建成美丽宜居村；乡村文化更有活力了，鳌头龙舟、鳌头武术的名声越来越响……

这亮眼“成绩单”的背后，离不开驻镇帮镇扶村工作队的勤恳付出。2021年7月，由广东省委军民融合办和中国石化销售华南分公司组团的工作队正式入驻鳌头镇。三年来，工作队以“一张蓝图绘到底，一粒大米串成链，一个夜市激活力，一条示范带共富美”为抓手，将乡村振兴的“规划图”一步步变成看得见摸得着的“实景图”。

一“米”链条　牵动千家餐馆

深夜12点，茂名市万粤食品有限公司（下称“万粤食品公司”）的生产车间机器开始满负荷运转，原料过滤、制粉、洗粉、烘干……颗粒饱满的大米变成一袋袋封装好的鲜河粉、螺蛳粉、桂林米粉等，排队“走下”自动化生产线。每日超千吨米粉从这里出发，送往茂名全市1000多家餐厅门店。

鳌头镇1700亩水稻种植基地，是全国第一个“加工型”专用水稻种植基地

作为万粤食品公司大米原料的主要供应地，这个由工作队牵头打造的1700亩水稻种植基地大有来头。这是全国第一个“加工型”专用水稻种植基地，也是销售端和生产端实现“双向奔赴”的重要尝试。

鳌头镇虽然是传统的农业大镇，水稻种植历史悠久，但长期以来土地撂荒、耕地非粮化等现象突出，水稻缺销路是“老大难”问题。“推翻重来显然不现实，如何把传统水稻种植业做出差异化、做出高效益才是关键。把‘鳌头米’打造成‘特色米’，才不用担心销路。”工作队队长石欣景说。

既然担心销路，那就先摸清市场需要什么。经过调研，工作队发现市场上缺的不是米，而是能专门做米粉的米。找到最适合加工的那粒米，成了工作队的当务之急。他们多方打听、四处找寻，最终在省农科院优质稻育种首席科学家周少川的推荐下，找到了那“一粒米”——“珍贵矮1号”。这颗培育于20世纪80年代的种子，但极具价值，其直链淀粉含量达到26.1%，非常适合用于米粉加工。

“珍贵矮1号”的出现，让鳌头镇走上了一条独具优势的“加工型”稻米新赛道。2023年，工作队引进本地农业龙头企业万粤食品公司，引导其与当地种植大户合作，创建“加工型”水稻种植基地1700亩，基地内种植的稻米由万粤食品公司以高于市场的价格收购，加工成超过20种米粉产品出售，年营业额超4000万元。2024年带动周边早稻种植面积约3500亩，全年计划扩种到5000—10000亩。

围绕“加工型”水稻，工作队推动建立了繁育种、育秧、种植、仓储加工、销售的“一粒米生态链”。

2023年下半年，在推广种植的基础上，工作队盘活建设用地38亩，推动规模化育秧工厂落地文蓬村，内部采用全自动化流水线生产模式，以循环运动式育苗设施以及全配制整体温室大棚培育水稻秧苗，带动周边30多个村小组每年育秧苗10000亩，直接有效降低农户育秧成本约50元/亩。“工厂建成就省时省心了，后期还可以实现全部机械化耕地、插秧和收割，太方便了。”说起建在文蓬村的育秧工厂，种植大户郑燕伟喜上眉梢。

有了“一粒米”的发展经验，工作队还结合不同村的实际情况，播下了更多希望的“种子”。北淦村有花生种植的传统，在工作队的推动下，2023年北淦村委会盘活村中闲置土地建设花生油厂，年产值达60万斤，年销售额达39万元。北淦村还得到了广东省花生产业首席专家郑亦雄教授推荐的高油酸种子。“这片400多亩的土地原来全是撂荒地，现在都种上了高油酸花生，制成花生油后产值预计能再增加10%左右。”指着村中花生油加工厂门前一片片、一簇簇绿油油的花生苗，北淦村村支书吴汉文自信道。

“飞马夜市”　从起飞到腾飞

当有的村庄立足自身禀赋，潜心钻研特色种植产业时，有些村庄则顺势而为，发展出了新的乡村业态。工作队进驻不到一年便敏锐地发现，鳌头镇有着培育夜市经济、发展休闲农业等乡村新业态的土壤。

华灯初上，绵延300米的飞马夜市开始热闹起来，100多个摊位整齐有序，夜色烟火中的乡村KTV、广场舞更是热闹。“这里最高纪录有170个摊位同时开张，来逛的人都走不动道了。”飞马村村民罗兰告诉记者，她的奶茶店开张了两年，最多的时候一晚上能赚4000元。2023年，鳌头飞马夜市成功入选茂名市夜消费“十大特色商圈”，成为当地群众消夏祛暑的“网红”打卡点。

在工作队队员杨骥看来，飞马夜市的“走红”恰恰说明，“顺势而为”鼓励支持民间自生业态升级的重要性。

飞马夜市地处鳌头东部，与袂花江相依，是附近几个村的村民出镇圩办事与购物的必经之路，日常人流量颇为可观。2022年初，有三五个返乡创业的村民瞄准了这个地方，开始摆摊卖小吃饮料；渐渐地，越来越多的摊位开始涌现。随着夜市的形成，人流量渐大，交通拥挤、环境不佳、缺乏秩序等问题也开始浮现出来。2022年8月，工作队联合飞马村村委，沿河堤路开辟出专门的摆摊位区域，引导摊主们整洁摆摊、有序出摊。

有了规范高效的引导，飞马夜市人气越来越旺，两年来带动500多名村民在家门口实现就业。与此同时，工作队引入艾米集团打造“艾米5G智慧农业项目”，将飞马桥头广场及后面连片的200多亩稻田打造成一个农文旅结合的数字化农业基地，为飞马夜市引来更大的客流。

鳌头龙舟　蓄力“独占鳌头”

鳌头镇是粤西地区著名的龙舟之乡，有着悠久的龙舟历史和深厚的龙舟文化传统。每年四月初八，龙舟下水、龙舟竞渡前，鳌头镇会进行请龙、祭神等系列传统风俗活动。“但鳌头还没有举办过有组织的、成规模的龙舟比赛。”鳌头镇龙舟协会执行会长张钦说。

2024年6月，工作队协助鳌头镇龙舟协会组织了第一届茂南区乡村龙舟邀请赛，

鳌头本地龙舟队队员奋力备赛

不仅把镇上11支龙舟队首次集结起来同台竞技，佛山、江门、湛江、阳江4个有着悠久龙舟传统的地市也派出了“精兵强将”上阵，24支龙队舟齐聚袂花江上竞逐鳌头，进一步擦亮了“龙舟之乡”的名片。

除了龙舟，省级非物质文化遗产洪拳也是鳌头镇另一张闪闪发光的文化名片。2023年以来，在工作队的指导下，非遗传承人黄文灯每周五、周六、周日都会在鳌头洪拳的起源地——官地村的广场上免费向学生们传授洪拳的基本动作和技巧，根据年龄、基础的不同安排基本功、棍法、拳法等课程。

（林伊晴）

驻茂名市茂南区鳌头镇帮镇扶村工作队成员

- 石欣景：队长，来自中共广东省委军民融合发展委员会办公室
- 聂岳云：队员，驻合岗村第一书记，来自中共广东省委军民融合发展委员会办公室
- 马　良：队员，驻潮利村第一书记，来自中国石化销售股份有限公司华南分公司
- 张　蔚：队员，来自中国石化销售股份有限公司华南分公司
- 谢东武：金融助理，来自中国农业银行广东省分行
- 陈长明：科技特派员，来自华南农业大学
- 伍林峰：队员，来自中共广东省委军民融合发展委员会办公室
- 李选平：队员，来自中共广东省委军民融合发展委员会办公室
- 林　翀：队员，来自中共广东省委军民融合发展委员会办公室
- 林展丽：“三支一扶”人员
- 杨　骥：“三支一扶”人员
- 吴锐达：高校志愿者

中篇　横观：筑梦田园绘新景

从“驻村帮扶”到“驻镇帮镇扶村”，广东率先探索。

驻镇帮镇扶村工作队采用“党政机关+企事业单位+科研力量”组团式、造血式、共赢式帮扶机制，传承延续定点帮扶、对口帮扶和社会帮扶经验做法，充分发挥帮扶乡镇上连县、下连村的纽带作用，旨在推动广东破解城乡二元结构，加快实现农业农村现代化。

防止返贫、保障民生、发展产业、提升人居环境……工作队以脚丈量，走村入户、精准施策，积极谋划、链接资源，化解难题，为深入实施“百千万工程”贡献实践经验与智慧结晶。

听民声、汇民智、解民忧，工作队把乡村产业振兴作为重中之重，把乡村建设行动作为有力抓手，推动镇村同建同治同美取得显著成效，不断开创城乡区域协调发展新局面。

第一章　念好产业经　闯出致富路

驻潮州市饶平县上饶镇帮镇扶村工作队：

技能培训送到“家”　以茶兴产有新招

惟其笃行，方能致远；惟其磨砺，始得玉成。2021年7月，广东省人力资源和社会保障厅、广发银行驻潮州市饶平县上饶镇帮镇扶村工作队进入饶北山区，开启驻镇帮镇扶村新篇章。

三年来，工作队立足上饶镇资源禀赋和产业基础，充分发挥组团单位资源优势，汇聚各方力量，推动镇村高质量发展。截至2024年6月，工作队协同镇委镇政府谋划乡村振兴财政资金项目45个，总预算资金超4500万元。此外，还向组团单位及

工作队入户调研

饶平上饶卫生院中医馆每天前来寻医问诊的群众络绎不绝

其他单位、爱心人士等争取帮扶资金2412.72万元，实施20个产业项目，进一步壮大镇域经济，促进城乡融合发展。

搭平台引人才　促进协调发展

上饶镇位于饶平县最北部山区，以茶叶、蜜柚为主要特色农业产业。全镇逾六成人口以外出务工为主，返乡就业创业青年人口稀少，技能人才更是十分匮乏。

为培养“留得住、用得上”的实用型人才，工作队经充分调研，向上级部门提出建设饶北乡村振兴人才培训基地方案，打造产才融合“强磁场”，促进城乡区域协调发展。

如今，投资1900万元的饶北乡村振兴人才培训基地落成运营，辐射带动福建省、梅州市等地近30万乡村人才。

此外，为切实解决镇村群众“看病难”问题，工作队积极发挥桥梁纽带作用，协调广东省工伤康复医院与上饶卫生院开展医疗服务结对帮扶，引进专家团队，建成上饶卫生院中医馆，满足群众康复医疗服务需求。截至2024年6月，上饶卫生院中医馆累计接诊患者1900余人次。

上饶镇永善村客家土楼南阳楼、福海楼、东华楼

培训制茶工艺　拓展电商渠道

上饶镇茶叶种植面积逾2万亩，为加快品种培优、品质提升和品牌打造，工作队推动成立上饶镇茶产业协会，依托协会及会员单位开展茶叶制作、茶园管理等培训共13期603人次。制定出台贷款贴息政策，累计投放农业贷款共1887.88万元、发放贷款贴息15.88万元。

同时，工作队推动广东省粤东技师学院与上饶镇政府达成乡村振兴技能人才培养合作，吸纳119名初中毕业生入读，举办农村电商等培训3期共109人次。

“我们公司主要从镇里茶农手上收购茶青，制作成的成品茶七成以上通过电商渠道销售出去。”广东有仁有茶茶业有限公司负责人刘清锐是一名返乡创业青年。在工作队的支持下，刘清锐与更多的茶农达成了茶叶收购合作，带动镇村茶农增收致富。

完善基础设施　助推文旅融合

近年来，上饶镇立足厚重的红色文化底蕴和客家文化，着力打造以茂芝会议纪念馆（全德学校旧址）等为代表的红色旅游景观。

据介绍，工作队投入自筹资金78.9万元，用于村庄绿化美化，并打造下善村李仔寨“樱花茶园”。工作队队长李星炜表示，工作队入驻以来，整治翻新“朱德广场”，修缮麒麟岭南粤古驿道、南阳楼，建设茂芝会议停车场，不断推进上饶镇文旅基础设施建设。

“工作队通过修桥铺路等打牢基础，优化美化村庄人居环境，不断夯实文旅产业融合发展根基。”工作队队员兼驻永善村第一书记何志强说，2022年，永善村被住建部列入第六批中国传统村落名录，2023年，永善村入选省“百千万工程”典型村。

成立帮扶车间　壮大集体经济

为探索发展壮大村集体经济新路径，工作队成立饶平县上饶镇乡村振兴帮扶车间，投入90万元帮扶资金与社会资本110万元合作成立饶平县宝善农业经济技术发展有限公司，销售茶叶、米粉、蜂蜜等特色农副产品，建立长效机制，一年多来为永善村、下善村增加村级集体经济收入累计12万元。

“广发银行通过开展消费帮扶，向下善村经联社采购70万斤蜜柚，总金额313万元，为村集体经济累计增收78万元，资金用于改造提升下善村党群服务中心。”工作队队员兼驻下善村第一书记林建定补充道。此外，他还积极向组团单位争取资金支持，使用“广发希望慈善基金”175.19万元用于改善上饶镇13所中小学教学设施设备条件和资助110名困难学生。2022年，工作队荣获饶平县2021—2022学年度尊师重教先进单位。

（许东宜）

驻潮州市饶平县上饶镇帮镇扶村工作队成员

◆李星炜　队长，来自广东省人力资源和社会保障厅
◆何志强　队员，驻永善村第一书记，来自广东省人力资源和社会保障厅
◆林建定　队员，驻下善村第一书记，来自广发银行汕头分行
◆陈少锋　队员，来自广发银行潮州分行
◆杜泽颖　队员，来自广东省粤东技师学院
◆詹汉才　金融助理，来自中国农业银行饶平支行
◆黄文洁　科技特派员，来自广东省农业科学院
◆蔡洁纯　“三支一扶”人员
◆张增镇　“三支一扶”人员
◆毛煦冰　驻永善村主任助理，来自广东省人力资源和社会保障厅
◆张　铭　驻下善村书记助理，来自广东省社会保险基金管理局

驻揭阳市惠来县隆江镇帮镇扶村工作队：

推进三产融合发展　蹚出强村富民新路

2021年6月，广东省工业和信息化厅、华南理工大学组团入驻揭阳市惠来县隆江镇开展驻镇帮镇扶村工作。三年来，工作队立足本地禀赋，发挥组团单位特长，以“百千万工程”为契机，以新质生产力为导向，因地制宜帮助邦山村构建了特色鲜明、类型丰富、协同发展的乡村产业体系，稳步向集体经济强村迈进。在工作队的助力下，隆江镇邦山村绘就了一二三产业融合发展的乡村振兴壮美画卷，蹚出了一条强村富民的新道路。

立足耕地禀赋　做强特色种植业

过去三年，一场土地“变革”在隆江镇邦山村悄然上演。在工作队的助力下，邦山村1879亩集中连片、灌溉条件优越的耕地，通过土地流转的方式，焕发出了前所未有的生机与活力。在2020年流转农用地508亩的基础上，2024年再次流转300多亩土地给本村专业合作社运营，不仅为村集体带来了每年30多万元的收入，更为乡村振兴注入了强劲动力。邦山村村民世代耕作的土地，如今以全新的方式焕发新生——肥沃的土地被集中利用，为规模化、标准化种植提供了可能。

工作队深知，让这片土地真正发挥出应有的价值，就必须走一条规模化、标准化、品牌化、绿色化的发展之路。他们积极帮助合作社申请办理供港澳蔬菜种植基地检验检疫备案，还联系省农科院派驻科技特派员提供技术支持，帮助提升蔬菜品质，确保每一棵蔬菜都能达到高标准、高质量的要求。不仅如此，工作队还紧跟时代步伐，联系高校学生实施电商助农项目，利用互联网的力量将合作社的优质蔬菜推向更广阔的市场。

如今，该合作社已成为农民专业合作社省级示范社，并实施“合作社+基地+农户”的发展模式，发挥“联农带农”效应，带动邦山村农户增收。合作社主要负责人更是眼光长远，成立了配送公司和餐饮公司，打造蔬菜产业链，实现了从田间到餐桌的全链条覆盖。

盘活闲置用地　做大规模养殖业

在隆江镇邦山村，工作队打赢了一场资源盘活与生态保护的“双赢”战。过去，邦山村矿产开发和林业用地存在布局零散、利用粗放、闲置浪费等问题。如今，在工作队的协助下，当地走出了一条可持续发展的道路，成功盘活闲置用地，为邦山村带来了前所未有的发展机遇。

如今，走进邦山村，一座现代化的蛋鸡养殖场映入眼帘。这个养殖场正是邦山村利用闲置矿产开发用地、引进农牧企业投资1200万元所建。该养殖场日均产蛋量约10万颗，成为惠来县第二大蛋鸡场。闲置的林地资源也在工作队的助推下悄然“变身”——邦山村引进种养专业合作社，利用闲置的林地资源养殖了约2000头猪。

“沉睡”的矿产开发用地，孵化出“金蛋”；林业用地摇身一变，养猪来致富。盘活闲置土地资源，成为邦山村的生财之道，还实现了村民在家门口就业的梦想。据了解，蛋鸡养殖场预计每年可增加收入100万元，带动就业15人；养猪产业预计每年增加收入70万元，带动就业10人。

瞄准新质生产力　做精绿色工业

借力工作队，邦山村以前所未有的速度和决心，瞄准新质生产力，布局和发展绿色低碳产业，为乡村振兴注入新活力。

在工作队的助力下，总投资约2.05亿元的渔光互补、屋顶光伏等50兆瓦的绿色能源项目在邦山村启动。该项目引进国有企业投资，利用连片的农用地和农房资

邦山村渔光互补项目

源，首期建设11.48兆瓦、总投资6400万元。项目建成后，预计每年将为村集体增加收入约50万元，成为当地乡村振兴的重要引擎。与此同时，乘着世界级石化产业集群落户投产的东风，工作队引入国有企业投资6亿元发展新型储能项目。首期项目已备案投资1.83亿元，预计每年能为村集体经济增加收入40万元以上，为当地经济发展注入了强劲动力。

风能，这一“取之不尽，用之不竭”的清洁能源，将在邦山村得到充分利用。按照“千乡万村驭风行动”的要求，工作队因地制宜，计划利用本地风能优势发展分散式风电项目。该项目预计总投资1.6亿元，装机容量达到33.5兆瓦。建成后，预计每年为村集体增加收入40万元以上，将成为邦山村又一重要的绿色经济支柱。

聚焦中心村定位　做优商贸服务业

邦山村是隆江镇的中心村，101县道如同一条玉带穿境而过。如何充分利用101县道，以及近邻337省道、沈海高速隆江出入口等便捷交通条件发展经济，工作队可没少费心。三年时间里，工作队加快补齐流通设施短板，因地制宜发展商贸服务业，书写邦山村经济腾飞的新篇章。

在工作队的助力下，2023年7月25日，一座现代化的农贸市场——邦山农贸市场建成开张。这座两层建筑总面积达1413平方米，500万元建设资金从多方筹措而来，可辐射服务隆江镇和溪西镇北部区域约3.7万名村民。邦山农贸市场的建成，不仅方便了村民生活，还壮大了村集体经济，预计每年增加村集体收入20万元。

龙江山地公园

为了进一步推动乡村振兴，工作队与广东工业大学揭阳校区师生合作建设运营乡村振兴助农馆，让直播带货在邦山村生根发芽。通过直播带货的途径，当地农产品销往全国各地，日最高销售额高达8000多元，这一模式让村民的“菜篮子”拎出了更多幸福感。工作队还引进建设广东供销农产品直供配送惠来服务中心，加强农产品仓储保鲜冷链设施建设，促进农货出乡、出山、出海，增加村集体年收入约25万元。

大力推动绿美建设　培育生态产业

在绿美乡村建设的浪潮中，工作队积极践行“五个一”植树要求，沿着龙江和县道全力打造邦山绿美乡村产业带，一幅生态宜居、产业兴旺的美丽画卷正在徐徐展开。

依托龙江河秀美的自然生态风光，工作队推动河道整治和龙江河绿道碧道建设项目。如今，漫步在龙江河畔，水杉林挺拔而立，树叶在微风中摇曳，绿美建设让村民、游客周末有了新去处。工作队还推动邦山村设置垂钓平台、露营基地、采摘果园、垂钓餐厅等多个观光旅游服务点。在穿村而过的县道沿途，工作队也是下足了功夫，建设了40亩的龙江山地公园和58亩的邦山村郊野公园，造出一个又一个“世外桃源”。除此之外，工作队推进村中心的环境整治，并打造独具特色的潮汕风貌，加速邦山村的“农文旅”融合。

在工作队的助力下，邦山村培育出一批生态产业。一方面，结合蔬菜种植基地，着手建设现代农业展厅，打造现代化农业和观光农业；另一方面，结合“渔光互补”项目，建设光伏科普休闲公园等。随着林网、水网、路网的日益完善，邦山村的生态资源、产业资源、红色资源进一步深度融合，也逐步探索出生态产品价值的实现路径，培育出绿色转型发展的新业态新模式。

驻镇三年，工作队发挥组团单位所长，因地制宜推进一二三产业融合发展，为邦山村的经济发展插上腾飞的翅膀，蹚出一条强村富民的新路。如今，驻镇帮镇扶村的生动实践仍在继续，隆江镇将在新一批工作队的努力下，书写出更多乡村振兴故事。

（张嘉敏）

驻揭阳市惠来县隆江镇帮镇扶村工作队成员

- 詹欣程　队长，来自广东省工业和信息化厅
- 李　竞　队员，驻邦山村第一书记，来自广东省工业和信息化厅
- 易　振　队员，驻孔美村第一书记，来自华南理工大学
- 许中华　队员，驻孔美村第一书记，来自华南理工大学
- 申宏宇　队员，来自华南理工大学
- 郑相宇　队员，来自华南理工大学
- 章梁斌　队员，来自华南理工大学
- 张泽桐　队员，来自华南理工大学
- 吴松恒　金融助理，来自中国农业银行广东省分行
- 朱　斌　科技特派员，来自华南理工大学
- 黄海淦　高校志愿者
- 朱雪美　高校志愿者
- 张津玮　高校志愿者
- 黄一帆　高校志愿者
- 方锡明　高校志愿者
- 阮森亮　选调生，来自广东省工业和信息化厅
- 谭文越　选调生，来自广东省工业和信息化厅

驻韶关市曲江区罗坑镇帮镇扶村工作队：

带动村集体经济翻一番

仲夏时节，雨过天晴。驾驶汽车从樟市收费站驶出，进入317县道，道路穿上柏油新衣，路两旁云雾环抱群山，置身其中，犹如闯入万山深处的缥缈神秘之境。

这里是韶关市曲江区罗坑镇，有山、有溪、有溶洞、有茶园，有入选2015年度中国十佳“最美露营地”之一的罗坑大草原，秀丽风光吸粉无数。此外，还有这样一支队伍——广东省广播电视局、广东广播电视台驻韶关市曲江区罗坑镇帮镇扶村工作队，自2021年7月进驻以来，工作队三年著一卷，聚力发展茶文旅产业，推动“五大提升”见行见效，助推“百千万工程”走深走实。

工作队进村走访，摸清镇情民意

加大消费帮扶力度　辐射带动200多户农户增收

罗坑镇有脱贫户188户419人，工作队进驻以来，始终把防止返贫作为基础工作来抓，多措并举巩固拓展脱贫攻坚成果，因户施策拓宽群众收入渠道。

新洞村脱贫户钟振照一家五口人，妻子和两个子女因病无法劳作，全家10亩地，种植有水稻、花生、番薯等作物，靠钟振照一人操持，一年辛苦到头，生活也不宽裕。

工作队除了发动多方力量、多种渠道开展消费帮扶和赠送生产慰问金外，还邀请华南农业大学教授针对性开展种植技术培训，指导钟振照等村民熟练掌握种姜技术。2023年，钟振照扩种小黄姜1.5亩，收入增加13000多元。

三年来，工作队不断加大消费帮扶力度，累计购销金额超435万元，辐射带动200多户农户增收，注重政策兜底保障的同时，协调资金25万多元，在全镇五个村成立遇困村民帮扶基金，帮助解决村民因家庭突发变故引发的困难。

推动茶文旅融合发展　提高罗坑茶叶知名度美誉度

罗坑镇地处韶关清远交界处，是革命老区镇、广东十大茶叶专业镇。全镇茶园面积1.2万亩，4000多人从事茶产业。镇域内有罗坑大草原、玻璃水潭、大岩洞等景点，还有广东罗坑鳄蜥国家级自然保护区，野生动植物资源丰富，自然景观秀美。

立足本地自然资源禀赋和文旅产业基础，工作队把罗坑茶产业、乡村旅游业发展作为工作重点，邀请华南农业大学、广东省农业科学院茶科所等专家为提升罗坑茶品质问诊把脉，启动“杏仁香”红茶的品种审定，推进二代繁育和改扩种增产。同时，工作队协同罗坑镇党委政府，举办制茶工艺培训、罗坑茶开采节、茶文化节，开展消费帮扶活动，进一步提高罗坑茶叶的知名度、美誉度。

此外，工作队推动成立韶关市中心坝乡村旅游开发有限公司并引进水上桨板、空中热气球、动力滑翔伞等项目，打造水上、草地、低空的立体特色游乐营地。与此同时，工作队推动建立茶叶研学馆，联合有关研学机构，推出鳄蜥科普、探秘自然、茶文化体验、农耕体验等研学线路，通过打出系列组合拳，使赴罗坑游客成倍增长，辐射带动镇内多家民宿餐馆实现收入倍增。

游客体验采摘罗坑茶

作为返乡创业青年，韶关市中心坝乡村旅游开发有限公司总经理林敏2020年从深圳回到罗坑，毅然投身乡村文旅建设。他介绍说，在工作队的支持下，如今罗坑镇文旅产业更显系统化、规模化，公司将加快培育发展茶饮、配餐、茶宴等新业态新模式，进一步推动罗坑镇茶文旅融合高质量发展。2023年，林敏荣获“2023年度乡村文化和旅游带头人”称号。

推动成立“强镇富村”公司　带动集体收入实现大幅增长

“快来看，咱们秧苗已经长到筷子这么长啦！”通过“众益丰”微信小程序，广州的王女士一家时常在网上查看自己认购的罗坑稻田。通过“众益丰”提供的慢直播服务，王女士一家可随时关注认购的稻田生长情况，成熟后的稻谷还会被加工成大米，包装成精美的礼品邮寄到家。

“从农田到餐桌全程透明化种植、可视化生产，让消费者觉得新颖且质量有保证。”队长游贤达介绍，2022年初，工作队推动罗坑村注册成立众益丰农业发展有限公司，并投入帮扶资金100万元，连片流转水田110.74亩，帮助公司运用企业化管理、精细化模式建设高品质稻米种植基地。通过“众益丰”小程序把农田搬上了“云端”，用户不仅能在“众益丰”小程序认种认养罗坑水稻，还可以通过“众益丰”微店购买各类罗坑产品。通过云上农业的实施，罗坑大米价格由原来不足以覆盖成本的2.8元/斤，提升至6—16元/斤不等。2023年，公司营业收入超百万元，聘用当地劳动力达900多人。

除了众益丰农业公司，工作队先后推动成立韶关市中心坝乡村旅游开发有限公司、罗坑镇聚腾经济发展有限公司共三家“强镇富村”公司。围绕农业生产销售、旅游开发运营、食用菌种植加工和罗坑茶产业等，三家公司主营业务各有侧重，成立当年即实现盈利，带动集体收入实现大幅增长，其中罗坑村集体经济收入由2021年的15万元跃升为2023年的31万元，增长率超100%。

策划“六个一”宣传　擦亮生态罗坑文旅金字招牌

“超级飞侠，向罗坑镇出发咯！”在罗坑鳄蜥国家级保护区管理处，前来参观研学的学生不仅能近距离观察鳄蜥，还能通过观看动画片《超级飞侠特别篇之鳄蜥“搬家”》，更具趣味性地进行学习。

工作队协调广视传媒、广东有线、虎牙直播投入50万元制作《外来媳妇本地郎》罗坑乡村振兴特集，于2022年底播出，取得该剧年度最高收视率。罗坑大草原、胡须鸡、红花莲藕等特色产品经“康家人”带货，持续输出话题产生热度

这是工作队于2022年协调全国知名动漫机构奥飞公司投入150万元拍摄制作的动画片，并于2023年6月1日上线各大平台及全国IPTV/OTT同步播出，开播当天在国内动画排行榜和电视台酷云排行榜同时段排名第一。

自进驻以来，工作队充分发挥广播电视资源优势，集中行业资源，帮村民免费安装户户通设备，设立罗坑“乡村振兴大课堂”和“南方小记者课堂”，定期组织开展理论学习和课程培训，策划及拍摄一部动画片、一个情景剧、一集纪录片、一条专题片、一曲MV和一系列报道等，擦亮生态罗坑文旅金字招牌。

三年来，工作队协同镇党委政府实施乡村振兴财政资金项目11个，预算总金额超4300万元，协调有关部门争取到“南岭国家公园入口社区”“美丽家园省级示范点创建”等项目落户罗坑镇。此外，工作队自筹资金462万元，夯实镇域基础设施，培育壮大镇域经济，推动茶文旅产业融合高质量发展。

（许东宜　占国栋）

驻韶关市曲江区罗坑镇帮镇扶村工作队成员

- 游贤达：队长，来自广东省广播电视局
- 李征宇：队员，驻中心坝村第一书记，来自广东广播电视台
- 刘性锋：队员，驻罗坑村第一书记，来自广东省广播电视局
- 方坚贞：队员，来自广东省广播电视局
- 唐辉翰：队员，来自广东广播电视台
- 占国栋：队员，来自广东广播电视台
- 曹美凤：队员，驻新塘村第一书记，来自曲江区财政局
- 黄家文：队员，驻瑶族村第一书记，来自曲江区教育局
- 廖永林：科技特派员，来自广东省农业科学院
- 古应海：金融助理，来自中国农业银行韶关分行
- 刘权堃：高校志愿者
- 邓思红：“三支一扶”人员
- 刘　越：“三支一扶”人员

驻清远市连山县上帅镇帮镇扶村工作队：
“三引三推”助镇“出山进湾”

在清远市连山壮族瑶族自治县南部，大片的森林孕育出一座少数民族聚居镇、革命老区镇——上帅镇。山多地少的局限使上帅镇的优质农产品难以“出山”，产业发展受限。2021年，广东省工商联和中国建筑第四工程局驻镇帮镇扶村工作队入驻后，充分发挥自身资源优势，努力破解产业发展难题。

持之以恒，久久为功。三年来，工作队优化整体产业布局，聚焦“三引”，落实“三推”，全力助推上帅镇产业振兴。

优化产业布局　激发老区新活力

路通渠通产业兴，基础设施升级让这座革命老区镇的产业发展快起来。工作队入驻以来，全面完善上帅镇基础设施，新增水渠4000米、机耕道2000米，硬化拓宽四好农村路10余公里，建成10吨级粮食烘干基地1座，为后续产业发展奠定坚实基础。

接续推进乡村振兴，优化全镇产业布局。1050亩林下中药材种植基地、270亩吊瓜套种粮食种植基地、年出栏15万只林下鸡养殖基地、500亩稻鸭共生等立体产业集群……三年内，工作队硕果累累，激活镇村发展“一池春水”。

此外，工作队以人才为中心，实施新型农业经营主体提升行动，培育家庭农场达到49家，专业合作社17家，农业企业3家，并推动成立上帅镇商会，为上帅镇的发

中建四局与上帅镇签订200万元消费帮扶框架协议

展培养和储备了一批优秀的人才队伍。截至2023年，全镇实现农业总产值14271.86万元，增长16.1%，农村居民可支配收入达1.92万元，增长7.5%。

“三引”补短板 “引凤来巢”兴产业

产业布局焕然一新，下一步便是如何“引凤入巢”。为此，广东省工商联与中建四局各展所能，充分发挥组团单位资源优势，通过“引资金、引企业、引产业”，为上帅镇补齐发展短板。

多方筹措，引进充裕资金。省工商联充分发挥党和政府联系民营经济人士的桥梁纽带作用，中建四局则担负建筑行业“链长”，累计引进、投入自筹资金2343万元，实施帮扶项目17个，消费帮扶400余万元。

招商引资，引进龙头企业。三年来，工作队协助县主要领导和县经促局走访40多家商协会和企业，举办招商推介会10余场，累计引进近50余家国资民营企业到镇考察。功夫不负有心人，工作队成功推动签订了政企共建协议1份、招商引资协议2份以及产业投资协议1份，为上帅镇产业发展增添了活力。

立足实际，引进优势产业。上帅镇自然资源丰富，山多地少，森林覆盖率高达92.6%。工作队因地制宜，引进总投资798万元的1050亩林下中药材种植基地产业项目，让林下经济在上帅镇遍地开花，进一步优化了上帅镇的产业结构，夯实了发展根基。

“三推”见成效　“出山进湾”助增收

引进来，更要走出去。工作队积极“推产品、推品牌、推人才”，促使帮扶工作从输血向造血转变，让帮扶措施真正落地见效，切实惠及群众。

为了提升上帅镇农产品的附加值，增加农民收入，工作队积极推动上帅镇农产品品牌化。上帅镇打造4个行政村经联社以“经联社+合作社（企业）”模式，联合

工作队引入上帅镇的吊瓜产业实现丰收

连山耀丰种养专业合作社成立了盈帅农业公司。经过精心培育和扶持，成功打造了“上帅丝苗米”“上帅糙米”“上帅高山茶叶”等系列特色品牌产品。

此外，工作队引进智恒公司，流转东南村270亩土地，打造吊瓜套种黄豆、红松茸立体产业项目，每年为该村经联社带来13万元的收入，同时带动部分农民在家门口就业，2023年雇佣员工费用达45万元。

上帅有好物，湾区有市场。工作队以消费帮扶为切入点，积极动员各方力量，对接广东省农产品流通协会、中建四局物流发展公司、南粤分享汇等协会企业，成功为上帅镇农产品打开了线上电商平台、线下大型商超和农产品批发市场等销售渠道。工作队还投入了6万元资金支持连山县开展“‘七月香’助力乡村振兴购物节”活动，推动连山农产品“出山进湾”，让上帅镇的优质农产品走向了更广阔的市场。

（李瑞雪）

驻清远市连山县上帅镇帮镇扶村工作队成员

- 郑来国：队长，来自广东省工商业联合会
- 罗永强：队员，驻东南村第一书记，来自广东省工商业联合会
- 税清林：队员，驻连官村第一书记，来自中国建筑第四工程局
- 普文平：队员，来自中国建筑第四工程局
- 杨思方：队员，来自中国建筑第四工程局
- 邓仁仪：金融助理，来自中国农业银行连山支行

驻湛江市徐闻县南山镇帮镇扶村工作队：

“蔬”出全链条社会化服务新成果

韭菜有效亩产由约1.5万斤增至近2万斤，亩产值由2万多元提高至近4万元，大幅提升农户收入；建成运营徐闻冷链物流基地项目，创造就业岗位200个，辐射带动农户3000户……2021年6月以来，广东省供销社牵头与交通运输部南海航海保障中心组团在徐闻县南山镇开展驻镇帮镇扶村工作，充分发挥供销合作社组织体系和经营服务网络优势，整合资源，以韭菜等蔬菜为主导产品，建设农产品综合服务站，发展全链条社会化服务，促进小农户对接大市场、提高农业综合效益，助推徐闻蔬菜产业高质量发展。

种成“小韭菜”　喜摘“致富花”

南山镇是农业大镇，也是徐闻县北运蔬菜主产区。2023年全镇蔬菜种植面积为6.8万亩，产量12.4万吨，产值约5.4亿元，种植蔬菜品种多样。然而，在前期调研中，工作队发现，南山镇一家一户分散经营情况较为突出，农业产业化规模化品牌化经营格局尚未形成。“优势农产品产业链条没有建立起来，农产品价值没有充分挖掘，增产增收效果不明显。”驻南山镇帮镇扶村工作队队长李钦炼表示。

工作队进驻南山镇后，依托天禾农资公司在二桥、海港、芒海、长乐等村开展韭菜示范种植超过300亩，开展农民技能培训和相关知识宣传1000多人次，并提供农资产品、测土配方施肥、作物营养方案、病虫害防治、农技服务培训等全程服务，

南山镇种植韭菜采收现场

以此带动小农户增产增收。同时在北潭村建成供销农产品综合服务站，引入湛江天禾公司农服团队及徐闻县农资企业、基层社运营管理，为当地蔬菜等农产品提供产前、产中、产后全链条服务。

通过建设农产品综合服务站、示范种植基地，吸引周边种植专业合作社、种植大户、家庭农场等新型经营主体积极参与，带动小农户参与适度规模经营，实现增产增收。示范种植使韭菜有效亩产由约1.5万斤增至近2万斤，亩产值由2万多元提高至近4万元，大幅提升农户收入。

建好“冷”设施　催“热”农产业

走进位于南山镇的北运菜种植基地，满目翠绿，蔬果茂盛。随着北运菜种植技术不断提升，亩产量逐年攀升，既满足了市场需求，又为当地农民带来了丰盈的收入。果蔬市场中，工人们正在忙碌地整理辣椒、苦瓜，将其装箱并准备运输，一派热火朝天的景象。而让这些农产品“千里奔赴”却依然“水灵灵”的秘诀，便是冷链物流的全程呵护。

“受农村设施薄弱等因素的影响，许多农产品在采摘下来之后，如果保存方式不得当，会造成产品损耗，其新鲜度将大打折扣。等到运输到其他地方后，就失去了产品原有的价值。”李钦炼表示。

如何建强“最初一公里”，助力农产品新鲜出村？工作队在进驻后大力推进在镇村建设供销农产品综合服务站或设置田头移动冷库，提供预冷、保鲜、冷链运输配送服务。开展徐闻县冷链物流服务示范项目，安排2023年公共型农业社会化服务体系试点改革专项资金85万元，对使用冷链物流仓储服务的经营主体进行补贴，补贴率达30%。与此同时，为补齐冷链物流短板，工作队在徐闻县投资建设库容2万吨的冷链物流基地。

“小冻库”撑起“大收益”。南山镇一座座移动冷库拔地而起，不仅补齐了农产品冷链短板，也架起了增收致富“彩虹桥”。徐闻冷链物流基地项目已全面建成运营，可创造就业岗位200个，辐射带动农户3000户，为当地农产品提供采收预冷、分拣加工、仓储保鲜、冷链物流等服务，让农产品销路更广、“身价”更高，农民“腰包”更鼓。

产销精准对接　助力农产品“出圈”

驻镇期间，工作队在入户走访过程中了解到，虽然南山镇优质农产品资源丰富，但由于村民销路单一，致使农产品很难出售。农产品怎么卖？这成了工作队的工作重点。

驻镇以来，工作队积极开展多样化产销对接服务。充分发挥供销系统放心农产

省供销社投资建设占地45亩的冷链物流项目

品直供配送网络优势和中职院校“粤菜师傅”培训资源，推动拓宽当地农产品食材配送等销售渠道。

消费帮扶，是巩固拓展脱贫攻坚成果同乡村振兴有效衔接的重要举措。工作队组织动员组团单位系统工会、饭堂和干部职工广泛采购徐闻农产品，带动徐闻地区特色农产品知名度提升；推动建立可持续产销对接机制，联系组团单位工会、饭堂及干部职工采购南山镇蔬菜等农产品累计近136万元。

产销对接，是工作队推动农产品“出圈”的关键一招。在工作队的推动下，农产品直供配送网络不断完善，南山镇优质农产品不断走向大湾区市场。中山、云浮、东莞市供销社采购南山镇韭菜、辣椒、茄子、玉米等农产品近7.2万斤，配送当地机关、企事业单位和社区居民。累计采收菠萝54.67万斤、采购金额68万元，带动100亩菠萝销售，助力60多户果农增收。

推动粤菜食材向“产、加、销、厨”全产业链延伸，进一步拓展当地农特产品销售渠道。依托省供销社直属两所中职院校，工作队开展“粤菜师傅”送教上门，以韭菜等当地特色农产品为主打食材，开发定制菜式，累计在徐闻县南山及和安、新寮、角尾等乡镇举办“粤菜师傅”培训班10期，共培训500人。

（林伊晴）

工作队引进组团单位资源开展“粤菜师傅”培训

驻湛江市徐闻县南山镇帮镇扶村工作队成员

◆李钦炼　队长，来自广东省供销合作联社
◆陈家齐　队员，驻海港村第一书记，来自交通运输部南海航海保障中心
◆郑婷元　队员，驻二桥村第一书记，来自广东省供销合作联社
◆杨　峥　队员，来自广东省供销合作联社
◆庄林谨　队员，来自交通运输部南海航海保障中心
◆许开煌　联络员，徐闻县供销合作社联合社
◆黄大智　金融助理，来自中国农业银行广东省分行
◆林希剑　金融助理，来自中国农业银行广东省分行

驻云浮市郁南县连滩镇帮镇扶村工作队：

引进加工厂　增加就业岗位

“在家门口上班，真的很方便。”在协创力（郁南）电子科技公司（下称“协创力公司”）的生产车间，工人李姐高兴地说。

“协创力公司是连滩镇为数不多的电子加工企业，也是镇上第一家乡村振兴车间，主要吸纳镇上的留守妇女就业。”中国人民银行广东省分行、人保财险广东省分公司驻云浮市郁南县连滩镇帮镇扶村工作队队长覃金华说。

工作队驻镇期间，人保财险广东省分公司连续3年为脱贫人口提供补充医疗保险

2022年8月，广东首个镇级首贷服务中心在郁南县连滩镇落地，为镇村商户融资搭好了台，通好了路

保障和意外健康保险，有效保障村民因病不返贫、不致贫的同时，还有力支持脱贫户自我“造血”，助力连滩镇新引进加工厂16家，增加就业岗位1000多个。

村民上班变近了

连滩镇是郁南县域副中心，具有人口、交通、区位等优势，适宜发展劳动密集型加工业。然而，工作队调研时发现，当地个体户多、企业少，市场经营主体底子薄，辐射带动村镇就业和提高镇域经济的能力有限。

“能让群众在家门口工作，既是小事也是大事。”覃金华介绍，许多留守妇女拖家带口，往往不愿意到珠三角和县城打工，“她们白天要接送小孩，晚上要做饭，能在家门口上班打工，对她们来说是最好的选择。”

协创力公司已吸纳4名脱贫人口实现稳定就业。“在这上班的工人，每个月工资在3000—5000元不等，熟手工的月薪能达到7000元。”协创力公司总经理何绍祥说。

截至2024年2月末，工作队协调金融机构在连滩镇发放乡村振兴贷款5.27亿元；通过全省首个镇级个体工商户和小微企业贷款贴息资金，联动银行累计撬动贴息贷款133笔共6722.29万元；创设全省首个镇级巨灾保险产品“连滩镇种植业气象指数保险”，连续3年为全部脱贫户提供人均300万元保额的补充医疗保险保障（惠民保）。

小微企业做大了

彼时，连滩镇拥有各类劳动密集型加工厂22家，合计提供超1200个就业岗位，能有效促进村民就近就业。然而，镇内工厂也存在规模小、布局散、抗风险能力弱的问题，带动经济发展能力有限。覃金华表示，许多企业有扩大生产规模和招工范围的需求，但往往会因资金短缺而搁置。“像协创力这样的企业，资金压力则主要来源于工资，由于和上游企业3个月一结算，货款有滞后性，企业资金时有短缺。”

为了有效减轻连滩镇经营主体的信贷资金成本，不断培育和发展镇域个体工商和小微企业，2021年起，工作队利用驻镇帮镇扶村资金100万元，设立了全省首个镇级个体工商户和小微企业贷款贴息资金，用于连滩镇内个体工商户和小微企业贷款贴息。“通过贴息，可以鼓励其进一步扩大生产规模，辐射带动周边村镇就业。”覃金华说，协创力公司获得200万元信用贷款后，工作队向其提供年化利率3%的贷款贴息，每年可节省成本6万元。

全省首创的镇级贴息资金，让连滩镇新产业初显雏形，群众就业增收明显。贷款贴息资金的使用进度近七成，累计撬动发放贴息贷款133笔6722.29万元，有效提高连滩镇经营主体的融资普惠性。

在协创力（郁南）电子科技公司，工人正在加工电子元件

在金融活水浇灌下，连滩镇个体工商户及小微企业增至2521家，比帮扶前增长28.69%。截至2024年2月末，连滩全镇汇集劳动密集型加工厂45家，提供就业岗位3200多个，其中驻镇帮镇扶村以来新引进加工厂16家，9家扩大了生产规模，增加就业岗位1000多个。

镇域产业变强了

“这里大变样了，以前连硬路都没有。”村民杨叔说。在连滩镇连溪村大垌自然村，以鸡仔粉为主题的文化墙画引人注目。循着崭新的村道向上走，云浮市启城食品有限公司（下称“启城食品”）坐落其中。启城食品主营鸡仔粉的生产、加工和销售，负责人杨启钟祖上三代都靠鸡仔粉养家糊口。

连滩鸡仔粉原名切粉、连滩粉丝、山仔粉，因形似发髻，又名“髻仔粉”，其细长如丝、米味纯香，除大米和山泉水以外无其他添加，口感深受群众喜爱。

大垌村生产鸡仔粉已有近百年历史，村民世代以生产制作鸡仔粉为业。在多年的发展历程中，本地村民始终保持传统生产工艺，从磨浆、炊蒸到生晒、切粉，均由手工制成。然而，家庭小作坊的生产方式存在食品卫生不可控的风险。同时，鸡仔粉缺乏行业标准、加工企业准售范围狭窄，大垌村对外交通不便，不利于产业良性发展，鸡仔粉一度被“困”山中。

2022年，工作队申报了连滩镇鸡仔粉文化产业村建设项目资金，用于将大垌村整村打造成为鸡仔粉文化产业村，建设和完善村内基础设施、配套建设鸡仔粉展示馆和直播电商平台、申请鸡仔粉地理标志证明商标等，将鸡仔粉打造成为连滩的文化名片。

鸡仔粉文化产业村项目为规范鸡仔粉生产经营、改善个体户生产环境打下了坚实基础。2022年，连滩镇首个鸡仔粉生产基地正式开业。在基地内，生产区、晾晒区、切丝区、捆扎包装区和生产线一应俱全，还配有生物质蒸汽机、炊粉机、切丝机等机器，实现了鸡仔粉生产标准化和部分自动化。

在鸡仔粉文化产业村项目的帮助下，杨启钟通过贷款等方式，筹资300万元建设厂房和展销馆。待所有在建厂房投产后，启城食品的鸡仔粉年产量将突破100万斤，产值超800万元。“在一期已投产的基础上，我们正在平整土地建设二期厂房，尝试引进全自动化设备批量生产。”杨启钟说，他打算同时生产传统制粉和机械制粉，分别面向高端和中端市场，进一步扩大销售半径。

（梁　煜）

驻云浮市郁南县连滩镇帮镇扶村工作队成员

◆覃金华　队长，来自中国人民银行云浮市分行
◆胡峻峰　队员，驻平山村第一书记，来自中国人民银行广东省分行
◆曾国坚　队员，驻龙岩村第一书记，来自中国人民银行郁南县支行
◆麦　秋　队员，驻西坝村第一书记，来自中国人民财产保险股份有限公司广东省分公司
◆张咏梅　队员，来自中国人民财产保险股份有限公司广东省分公司
◆莫汉明　金融助理，来自中国农业银行连滩支行
◆刘义军　科技特派员，来自中国热带农业科学院农产品加工研究所
◆郑良永　科技特派员，来自中国热带农业科学院农产品加工研究所
◆刘洋洋　科技特派员，来自中国热带农业科学院农产品加工研究所
◆傅小梅　高校志愿者，来自共青团云浮市委员会
◆莫　抗　“三支一扶”人员

驻茂名信宜市北界镇帮镇扶村工作队：

“土特产”带动农户和村集体“双增收”

2021年到2024年，由广东省邮政管理局及省邮政分公司人员组成的工作队进驻信宜市北界镇开展帮镇扶村工作。三年来，工作队盘活北界农产品资源，发展品牌经济，引入多元市场主体为产业发展注入活力，通过科技兴农、人才培养推进产学研全面发展，走出了一条集品牌打造、产业发展、科技创新于一体的路子，打开了北界发展新局面。

盘活资源　发展“土特产”品牌经济

2021年，工作队调研发现，北界镇的红米黑米为本地世代相传的独有品种，米粒细长形似丝苗米，比普通红米黑米口感更好、米香更浓。北界红米黑米不仅营养丰富，还都是富硒米，能作为血糖高人士的全谷类主食之一，符合现代人“从吃饱到吃好”的需求，是“藏在深山不出名”的优质特产。基于红米黑米丰富的营养价值和市场价值，工作队举全镇之力发展起红米黑米产业，和镇政府干部编制了《红米黑米产业发展五年规划》，在实践中盘活各种资源。

工作队深知品牌推广的重要性，不仅率先注册了“邮福兴”商标，在广东卫视、茂名电视台投放广告，还开通了抖音号、微信视频号和公众号。镇村干部每天直播，近400场直播下来，“邮福兴”品牌知名度得到极大提升，“卖产品”成功过渡到“卖品牌”。

借助组团单位力量，省邮政管理局发动顺丰、京东、申通、圆通、中通、韵达、极兔、菜鸟、丰巢等9家全国知名快递企业签订了《广东省邮政快递行业助力信宜市北界镇乡村振兴倡议书》，省邮政分公司也发动全省21个地市邮政公司消费帮扶，共采购红米黑米等北界农特产品600多万元。佛山、深圳、海南等地的信宜商会多次到北界镇调研交流，发挥人才多、渠道广的优势，在消费帮扶、协助打造品牌、扩大销售渠道等方面予以支持，助力北界红米黑米产业做大做强。

工作队还发挥平台优势，开发了“邮福兴甄选”微信小程序，推动红米黑米进入广东省总工会推荐的4个省级官方消费帮扶平台，在邮政系统集采网、京东、抖音小店等电商平台都进行了销售。工作队还与华润万家签约，“邮福兴”红米黑米进驻华润万家实体门店。

一套组合拳下来，红米黑米土特产真正打响了名头。很多村民见到收益好，都跟着种起了红米黑米，丢荒的田地也都重新种上了，解决了撂荒耕地复耕复种问题。

注入活力　创新市场化运作模式

土地是产业发展的根基，工作队紧抓土地流转，推动集约化经营，共发动8个村集体做试点，流转1100多亩土地种植红米黑米，实现了降本增效、多方受益。

只有政府部门牵头连线，产业发展的活力远远不足。在工作队的支持下，北界镇33个村委会经济联合社作为股东，联合成立了“广东邮福兴农业发展有限公司”和“信宜市粤百盛农业有限公司”两家强村公司，统筹发展红米黑米产业。由镇政府出资购买谷种免费发放给村民，并由强村公司保底价收购、加工、销售、分红，确保参与种植的农户、33个村委会都能增收。同时，引进农村职业经理人团队代运营强村公司，让“专业人干专业事”，增强运营造血功能。

工作队还与国家税务总局驻广州特派办派驻丁堡镇帮镇扶村工作队开展跨镇合作，在丁堡镇建设加工厂，延伸红米黑米产业链。红米黑米八宝粥、米粉和红米黑米高端特色酒等产品都将被重点研发，红米黑米产业发展未来可期。

2023年7月27日，信宜市粤百盛农业有限公司举行分红仪式

智慧兴农　产学研全面开花

工作队把知识的光芒引入北界镇。定期邀请知名高校教授、省农科院水稻专家到镇培训，比如2022年6月和2023年3月，先后两次邀请中国科学院院士张启发到现场指导。2023年9月，工作队与湖北洪山实验室、广州乡村振兴控股集团有限公司达成合作，在北界共建了华墨香"黑米主食化"产学研合作示范基地。2023年12月，工作队与华南师范大学、省农科院有关部门达成合作意向，在北界共建虾稻共作基地和鱼稻共作基地，在红米黑米稻田里养殖罗氏虾和稻花鱼。

智慧兴农不再是梦，在工作队的帮助下北界镇建成了集互联网、云计算和物联网技术为一体的5G智慧农田，365天24小时不间断监测，实现"邮福兴"红米黑米生产环境的智能感知、智能预警、智能决策及智能分析。2023年"北界镇红米黑米绿色种植技术集成示范推广"项目被列为省科技厅创新战略专项项目，工作队备受鼓舞。

工作队十分重视人才振兴在乡村振兴中的作用。中国科学院院士、知名高校教授、省农科院水稻专家纷纷来到镇上，通过系统培训、指导，培育一批农村"土专家""田秀才""农状元""直播达人"。自此，北界镇拥有了产业变现的"专业团队"。

从盘活现有资源，到创造产业链价值，再到培养人才力量，工作队挖掘独属于北界镇的特色，让北界镇拥有了自立自强的发展活力。

（李　艳）

驻茂名信宜市北界镇帮镇扶村工作队成员

- 钟均志：队长，来自广东省邮政管理局
- 许为兴：队员，驻结坡村第一书记，来自中国邮政集团广东省分公司
- 王一荣：队员，来自中国邮政集团广东省分公司
- 吴明达：队员，来自中国邮政集团广东省分公司
- 钟光成：队员，来自中国邮政集团广东省分公司
- 杨　鹏：金融助理，来自中国农业银行广东省分行
- 卢全海：金融助理，来自中国农业银行广东省分行
- 彭海明：高校志愿者
- 李金海：高校志愿者

驻梅州市大埔县大麻镇帮镇扶村工作队：

尝试新媒体营销　8天卖出3万斤蜜柚

又到一年柚子季，在梅州市大埔县，一群年轻人正铆足力气卖柚子。

“华玲、华玲，柚子卖完啦！”一条原创短视频的开头画面，华玲与“福子哥欣欣向荣”的社交软件聊天对话框，弹出了一则语音信息，隔着屏幕都能感受到说话者的喜悦。画面一转，标有“中国蜜柚之乡·梅州大埔”的字样醒目亮出，背后画面缓缓拉近，是漫山遍野的柚子树。

这是关于大埔蜜柚的创意短视频中的一幕。出演这场“助农大戏”的主角是蜜柚种植大户刘向荣，因总在人前一副乐呵呵状态而得名“福子哥”，与他对话的是驻梅州市大埔县大麻镇帮镇扶村工作队队员张华玲。

因2022年收成不佳，福子哥曾一度想要放弃柚子园的生产经营。在张华玲眼

工作队队员和果农福子哥（刘向荣）（中）出镜为大埔蜜柚“打CALL”

里，这不仅关乎一个家庭的经济来源，还牵扯着果园间接带动的本地二十几户农户的务工希望。2023年，为了让福子哥重拾信心，张华玲与队友们商议后，决定策划一场大埔蜜柚营销，创意视频就是这场营销的一部分。

柚子卖不好　福子哥笑不出来了

张华玲，“95后”姑娘，湛江吴川人。2020年大学毕业后，她前往梅州市五华县华城镇城镇村担任驻村扶贫干部。2021年，她选择继续扎根一线，成为广东乡村振兴驻镇帮镇扶村工作队的一员，来到梅州市大埔县大麻镇。

“村里因为我们的到来而变得更加‘吵闹’。”张华玲笑着说，每次下村，都有村民邀请他们到家里吃饭，特别亲切。或许是客家人的这份热情，让跨越800多公里来到大麻镇的异乡人少了孤独感，立志沉下心来干出一番实事。

梅州大埔，拥有“中国蜜柚之乡”的称号，大埔蜜柚声名在外。“驻扎在蜜柚之乡，如果连主产区的柚子都卖不好，岂不成了笑话？”张华玲和队友们决定要“助农卖柚子”，帮助大埔蜜柚进一步打开销路和知名度。

为了帮当地果农卖好柚子，9月蜜柚上市前，工作队到全镇23个行政村（社区）开展深入走访，摸查各地的柚子生产经营情况。去到重点帮扶的北埔村时，细心的张华玲观察到，以往满是笑容的福子哥脸上布满愁云。

福子哥夫妇经营着一个占地100亩的蜜柚园，管理得当的情况下，一年可产25万斤蜜柚。但之前果园收成不景气，果树有1/3没有采摘。后来，受挫的福子哥与妻子只打理果园里800棵蜜柚树，剩余2200棵则任其自生自灭。

“管理需要成本，除草施肥套袋都要费用，我们理解果农的心情，唯一能做的就是帮忙多卖些柚子，让果农增加收入。”驻北埔村第一书记钟子斌表示。

网络营销见效　福子哥又有信心了

近年来，电商成为农产品出村进城的重要途径。如何借助新媒体营销手段，助推大埔蜜柚“出圈”，是工作队思考的方向。

经过一番谋划，张华玲和队里另外几名大学生志愿者一拍即合，为大埔蜜柚拍摄高清美图，制作系列精美海报，并在工作队运营的“大埔土特产助农代销平台”微店上架红肉蜜柚、白肉蜜柚，推动蜜柚的线上销售。

2023年9月10日上线，9月16日微店已有11600余斤柚子被拍下送到全国各地。“但我们觉得还不够，那就拍个短视频吧，趁势再推一波！”张华玲说。于是便有了前述的创意短视频。

这则短视频一经发出，果园便陆续接到大单，这可把工作队开心坏了。9月19日，福子哥果园里产的5万斤蜜柚宣布售罄，其中约3万斤的营销额都由工作队运营的微店完成。

这一季福子哥的蜜柚收成翻倍，收入12万元，他重新恢复信心，打算将柚子园好好经营下去。

驻镇最后一年　他们要不留遗憾

转眼间，驻镇帮镇扶村工作到期。张华玲回望驻镇时光，总觉得做得还不够多。

若要细数印象深刻驻镇两三事，必有2023年举办的大麻镇首届广场舞大赛，村民们参与的热情和笑容令她难以忘怀；也有那一次为镇村企业家们举办的金融宣讲会，成功解决了420余万元的资金缺口；还有为客家古镇编写的一曲山歌民谣，引起乡亲们的情感共鸣和游子们的思乡回忆；更有工作队为圩镇增设人行道筹资所做的

大麻镇乡村文化振兴广场舞大赛现场

工作队向广东省香港商会讲述梅州市乡村振兴发展前景，推动当地招商引资

种种努力……

“我们很清楚，驻镇的核心任务就是要牢牢守住防止规模性返贫的底线，然后通过牵线搭桥带动乡村产业发展，在基础设施方面给乡镇带来一些提升，让村民有扎扎实实的收获感、幸福感，也让自己不留遗憾。”张华玲说道。

（黎祖瑜）

驻梅州市大埔县大麻镇帮镇扶村工作队成员

- 孙小波：队长，来自广东省人民政府港澳事务办公室
- 王恺铭：副队长，驻中兰村第一书记，来自广东省人民政府港澳事务办公室
- 钟子斌：队员，驻北埔村第一书记，来自广东金融学院
- 张华玲：队员，来自广东金融学院
- 刘海坤：队员，来自广东金融学院
- 卢文新：金融助理，来自中国农业银行大埔支行
- 林莎莎：高校志愿者，来自共青团梅州市委员会
- 陈　俊：高校志愿者，来自共青团梅州市委员会
- 古雨娴：高校志愿者，来自共青团梅州市委员会

驻云浮市云安区镇安镇帮镇扶村工作队：

架起消费帮扶“连心桥”

自2021年6月底以来，广东省人民政府发展研究中心和广发证券组团定点帮扶云浮市云安区镇安镇。工作队利用自身优势，大力开展消费帮扶工作，坚持以消费帮扶牵引当地特色农业产业做强做大，取得了阶段性显著成效。

对接采购、广泛宣传　“帮销”工作有力度

镇安镇自然环境优美，生态资源丰富，除了镇安本地的麻竹笋、火龙果等特色农副产品外，周边还有国家地理标志产品“托洞腐竹”、云雾山大米及花生油等绿色食品。但酒香也怕巷子深，优质农产品在市场上缺乏知名度，导致销售不畅，产业规模增长缓慢。

如何让“酒香”飘出“深巷子”？工作队蹚出一条“帮销”路。工作队引进一家专业为机关部门、企事业单位提供一站式弹性福利解决方案的电商公司，采购腐竹、火龙果、花生油等当地农产品约100吨，价值超过200万元。生产经营“托洞腐竹”的企业负责人感叹，这是公司有史以来接过的金额最大的单笔订单。

在此基础上，工作队积极推广宣传当地优质特色农产品。在工作队的助力下，镇安镇2022年、2023年在中国国际金融交易博览会乡村振兴专区设专柜做产品展示，连续三年参加云浮市“农民丰收节”农产品展销活动以及各级有关部门举办的展销会。此外，工作队还鼓励支持当地农业产业带头人在抖音、淘宝等电商平台上

宣传带货，努力将特色农产品由“帮我卖”转化为“自己卖”。

延伸加工、提高品质 “促产”工作有深度

工作队认识到，消费帮扶不能“一买了之”，而是重在“扶上马、送一程”，在中长期倒逼本地产业提质增效，提高市场竞争力。因此，从田间地头到加工车间，提高农产品附加值，是工作队“促产”工作的发力点。

近10年来，镇安镇龙头企业云浮市盈科生态农业科技有限公司以“企业+村集体+农户”的方式，通过发放种苗、技术指导、帮助销售，带动农民群众发展火龙果产业。尽管果品质量过硬，但“产销”之路仍遇到难题——火龙果销售方式主要以鲜果批发北运为主、省内销售为辅，所以在产果旺季时，企业常面临价格下跌和鲜果积压的双重挑战。因此，企业希望通过加工提升产品附加值，缓解销售压力，但遇到了资金短缺的“瓶颈”。

面对这一难题，工作队在深入调研的基础上，明确“扶龙头、强产业、带农户”的工作思路，整合驻镇帮镇扶村专项资金及社会资金超过120万元，资助企业建设火龙果烘干厂、扩建冷库，并取得食品生产资质，注册产品品牌。烘干厂建成后，过去无人问津的破损果、丢弃的火龙果花，转化成火龙果干、火龙果花干等烘干制

组团单位组织企业通过消费帮扶，采购镇安镇火龙果超3万斤

品，成功“变废为宝”。2023年，配合火龙果加工新产品的上市，工作队积极引进农产品经销公司直接到厂采购，共采购火龙果加工制品1万多份，价值超过30万元。

在工作队看来，面对市场消费需求不断升级的现状，消费帮扶必须“挖潜增效”，不能“有什么卖什么”，而是要“需求什么卖什么”。农产品要走现代化生产和高质量加工的路子，对接市场需求，才能不断提高产业的生命力。

落户企业、改善服务　“疏浚”工作有精度

长期以来，镇安镇特色农产品因“会种不会销”“销完就不管”等问题而难以走向更广阔的市场。为疏通销售环节的堵点，工作队千方百计补短板、强弱项，做好“疏浚”工作。

工作队认为，消费帮扶必须“量体裁衣”，需要紧密结合地区、产业、企业和产品的实际情况，找准关键堵点，提供有针对性的帮扶方案。因此，工作队精准施策，引进销售专业人才落户镇安，为当地农产品对接消费市场赋能。比如将长期合作的农产品销售团队引进到镇安镇，注册成立“助力农产品销售公司”。该公司成立后，迅速扎根当地，整合周边产品资源，以专业能力服务当地特色农业产业，打通销售堵点——依托丰富的客户资源，开展从选品定制、组合包装、物流合作到售后服务的流通销售一条龙服务，帮助农产品走出镇安，走向全国。2023年，助力农产品销售公司的营业收入就突破了100万元大关。这不仅是镇安农产品的销售“成绩单”，也意味着当地农民获得了实实在在的收益。

扶植初创、缓解积压　“解困”工作有温度

在镇安镇，麻竹笋产业是种植面积最大的特色农业产业。麻竹笋在2017年脱贫攻坚时期引入当地，短短几年内种植规模已达近万亩。但随之而来的竹笋销售压力，成了当地面临的难题之一。

近年来，一家竹笋加工企业健安食品有限公司到镇安镇设厂，生产销售清水笋丝、笋片、笋尖等多种加工产品。成立初期，该公司的销售渠道未完全建立，加工的产品积压在仓库；加上前期建厂投入大，缺乏周转资金。企业的生存问题，一度

组团单位组织企业通过消费帮扶，采购镇安镇麻竹笋加工产品超1.2万箱

成为全镇麻竹笋产业发展的掣肘。

工作队了解情况后，迅速行动起来。一方面积极帮助健安公司对接销路，吸引了湖南的休闲食品加工企业前来洽谈合作，另一方面抓紧支持公司扩大销售，解决燃眉之急。其中，农产品销售公司成立后立即发挥作用，麻竹笋成为其销售的第一款镇安产品，短时间内就消化了十万多斤库存，一举帮助健安公司渡过了创业初期的难关。健安公司负责人多次对工作队雪中送炭的帮扶表示感谢。

驻镇三年，成果满满。工作队不仅丰富了消费帮扶的内涵，也初步探索出一条以农产品销售为牵引、以提升产业发展水平和市场竞争力为目标、以产业辐射带动作用为根本出发点和落脚点的消费帮扶路子，有效化解农民卖产品难、农企推广产品难的问题，扎实推动当地产业振兴乃至乡村振兴。

（张嘉敏）

驻云浮市云安区镇安镇帮镇扶村工作队成员

- 马占亚：队长，来自广东省人民政府发展研究中心
- 李晓武：队员，来自广发证券
- 王月洪：队员，驻幌伞村第一书记，来自广发证券
- 樊诚高：队员，来自广发证券
- 黎雨政：队员，来自广发证券
- 陈伟雄：金融助理，来自中国农业银行云浮分行

驻阳江阳春市石望镇帮镇扶村工作队：

推动“小柠檬”变“大产业”

2021年7月，广东省总工会作为牵头单位，携手交通银行广东省分行正式进驻阳江阳春市石望镇。三年来，围绕石望镇“香水柠檬特色镇”的发展定位，驻镇帮镇扶村工作队多次专题研究香水柠檬产业发展情况，从扶持柠檬种植示范基地到推进规划产业融合的柠檬产业园，从扩大柠檬种植面积到推动柠檬奖补措施出台，工作队努力把四季香水柠檬产业打造成为石望镇“强镇兴村富民”的龙头产业。

打造种植示范基地　带动周边农户增收

阳春市石望镇地处阳江市北部，四季温和、风调雨顺，非常适合四季香水柠檬生长。立足当地资源禀赋，省总工会自筹帮扶资金100万元，打造了集种植、育苗、产品初级加工及展销于一体的香水柠檬种植示范基地，并强化“种植基地+合作社+农户”经营模式及落实联农带农益农机制，每年免费向石望镇种植户提供四季香水柠檬苗1万多株。此举带动石望镇及周边柠檬种植农户5000多户、村民务工就业40多户，帮助农户年销售柠檬鲜果1000多万斤，有力促进周边农户增加收入。

为构建常态化消费帮扶模式，工作队联系协调省总工会机关工会等单位采购石望柠檬礼包等农产品总额310多万元，为镇村集体经济增收60余万元；积极与广东工会“粤工惠购”等电商平台对接，让石望镇香水柠檬等农产品成为全省职工的选择。

消费帮扶助力柠檬产业发展

建设现代农业产业园　提升产业链附加值

驻镇帮镇扶村以来，工作队还积极推动香水柠檬产业与农文旅产业融合发展，推进以柠檬为主导产业的现代农业产业园规划建设。运用“点状供地”政策、采用“前店后厂”设计模式，以香水柠檬为主体带动大米、腐竹和米粉等产业的石望镇现代农业产业园在2024年正式动工。该农业产业园规划占地130多亩，吸纳了多家农产品加工企业落户。

按照阳江市级产业园标准规划，香水柠檬产业园首期投资1500万元，建设生产线全程冷链保鲜技术，完善柠檬采摘后商品化初加工，争取把鲜果配送到全国各地。香水柠檬产业园已与上海百胜集团、湖南柠季、广州丘大叔等知名品牌企业合作。接下来，产业园二期建设将引进柠檬恒温加工生产线，开发生产柠檬即食片等加工产品；三期建设将开发生产柠檬精油等深加工产品，延伸石望镇柠檬加工链，提升产业链附加值。

四季香水柠檬初级加工产品系列

金融助力科技赋能　产品品牌不断擦亮

为了让柠檬产业发展获得多方支持，工作队金融助理还深入遍访11个村（居）委会、50多个专业合作社等，共协助6家企业及120余户农户办理惠农贷授信，其中1620万元用于支持四季香水柠檬等产业。在专业培训方面，科技特派员团队多次到石望镇，支持开展农村电商直播带货，实现从0到1的突破；省总工会自筹帮扶资金30万元聘请华南农业大学果树专家团队进行技术指导，还与阳春市有关单位开展农村创业青年柠檬种植培训班，有效提升种植品质。

阳春市香水柠檬种植示范基地已在广州南沙自贸区注册了“广州志柠农业科技有限公司”，同时成功注册“志柠”等柠檬产品商标。在多方支持下，“买柠檬就买阳春市石望镇香水柠檬”的广告成功登顶广州塔，为石望香水柠檬香飘羊城开启了新篇章。

截至2024年10月，石望镇柠檬种植面积达1.65万亩，丰产期产值达2.8亿元。展望未来，工作队将继续支持石望镇抢抓创建省级现代农业产业园的机遇，以“推动跨越式发展、建设柠檬产业园”为发展目标，积极做好柠檬产业园建设工作，助力当地现代农业发展收获更多新成果。

（陈　诺）

驻阳江阳春市石望镇帮镇扶村工作队成员

- 傅敬忠　队长（2021.7—2023.1），来自广东省总工会
- 王俊才　队长（2023.1—2024.7），来自广东省总工会
- 徐志良　队员，来自广东省总工会干部学校
- 黄海龙　队员，驻和民村第一书记（2021.7—2022.8），来自广东省总工会
- 曾文升　队员，驻和民村第一书记（2022.8—2024.7），来自广东省总工会
- 刘永恒　队员，来自广东省总工会
- 刘雪晴　队员，来自广东省总工会
- 孟显磊　队员，来自广东省总工会
- 鲍宇喆　队员，来自广东南华工商职业学院
- 曾　勇　队员，来自广东省工人医院
- 石文祥　队员，来自广东省工人医院
- 柳　林　队员，驻交岗村第一书记（2021.7—2022.4），来自交通银行广东省分行
- 李　勇　队员，驻交岗村第一书记（2022.4—2024.7），来自交通银行广东省分行
- 谢卫东　队员，来自交通银行广东省分行
- 梁志伟　金融助理，来自中国农业银行中山城区支行
- 严星钡　“三支一扶”人员
- 赵德彩　高校志愿者
- 张金烨　高校志愿者
- 许璐菲　高校志愿者
- 谢明财　高校志愿者
- 张　恒　高校志愿者

驻揭阳市惠来县前詹镇帮镇扶村工作队：
科技赋能　“土特产”变“致富宝”

2021年以来，广东省科学技术协会、中国出口信用保险广东分公司、广东食品药品职业学院组团进驻揭阳市惠来县前詹镇。驻镇帮镇扶村三年，工作队着力整合单位资源，发挥智力优势，依托当地资源禀赋、产业基础，加强联动协作，推动项目落地见效，将前詹镇的乡村“土特产”变成“致富宝”。

转化发展思路　破解产业瓶颈

工作队一到任，便迅速行动起来。摆在工作队面前的难题是如何将“单位所能”与“地方所需”结合起来，为当地产业赋能。工作队转化发展思路，因地制宜、因势利导，用专业所长破解前詹镇的产业瓶颈。

依托组团单位的技术优势，工作队推动“检测先行”，对前詹镇的水、土、物等进行采样检测和调研评估，挖掘当地资源禀赋。为了打开农产品销路，工作队梳理了销售难点、痛点和堵点，根据当地鲍鱼产业等农副产品的发展需要按业施策。在具体举措上，工作队积极扶持村集体成立了前詹振兴生态农业有限公司，并通过组团单位、公司客户的消费帮扶，进一步拓宽了销售渠道；着手打造网上商城，助力本土企业树立品牌形象，扩大市场影响力，帮助前詹镇的农产品远销全国各地。

为了推动当地产业发展，工作队走出了一条“科研先行、产教结合”的道路。广东省科学技术协会推动惠来县成功创建了“全国科普示范县”，并助力鲍鱼产业立项“全国科技小院”，为产业发展提供了强有力的科技支撑。广东食品药品职业学院率先启动了专项科研申报，立项了一批针对性强、可落地、可转化的课题，并健全了经费和成果转化保障机制，攻克了一批制约项目开展、产业发展的难题。为使科研成果更好地惠及百姓和农户，工作队还邀请了专家学者到前詹镇开堂授课、答疑解惑。产教结合的路子，提高了前詹镇农户的科技素养，为当地土特产的生产开发注入了活水。

强化强村富民　推动产业破冰

在前詹镇，昔日无人问津的荒林地，如今焕发出勃勃生机，成为乡村振兴的鲜活实例。通过一系列创新举措，工作队不仅盘活了闲置土地，还带动了当地经济的多元化发展，为强村富民注入了强劲动力。

三年前，面对一片片杂草丛生的撂荒地，工作队迎难而上，通过引进改良品种、改进种植技术，将荒林地变成宝地，让沉睡的土地重新焕发生机。以辣椒种植产业为例，前詹镇曾存在大量闲置的盐碱砂质土地，且台风天气多发、村民缺乏种植技能。面对诸多不利的条件，工作队在盘活撂荒地的基础上，积极引进技术团队，推进规模化种植，实现了辣椒种植产业的“从无到有”。

驻镇帮镇扶村期间，工作队积极挖掘当地中草药资源，通过探索山林地增收

前詹镇辣椒种植产业“从无到有”

促产的可持续生态模式，开辟了又一条致富道路。据了解，前詹镇有价值的中草药约70种，其中特有种类鸦胆子具有市场潜力。为了充分利用这一资源优势，组团单位广东食品药品职业学院积极为鸦胆子的规模化种植、产品开发提供全过程技术指导，不遗余力推进试点种植。在工作队的不懈努力下，“鸦胆子”种植产业取得了显著成效。如今，百亩鸦胆子种植示范基地已建成落地，成为前詹镇“百千万工程”重点项目之一。

深化校企联动　优化产业布局

为激发前詹镇的内生动力，工作队还开拓出一条深化校企联动的致富之路。如今，在农业高校的科技助力下，前詹镇的产业布局不断优化，实现了经济活起来、农民富起来的乡村振兴愿景。

工作队通过与农业高校深度合作，助推辣椒产业在前詹镇迅速扎根落地。工作队引进良种良方良技，不断根据实际情况优化规模化种植、订单式种植、批量式种植的模式，有效降低了农业种植的生产风险，推动稳供保销，并建立起产销衔接的链条，助推农产品走出前詹镇。如今，辣椒种植产业已经成为前詹镇的一张亮丽名片。据了解，2023年辣椒亩产达到5000斤，沟疏村村集体增收120万元，提供“家门口”工作岗位80余个，增加村民收入70万元。辣椒产业已经成为当地带动村集体经

前詹镇沟疏村辣椒种植基地

济发展和农民增收致富的重要抓手，让村民也尝到了丰收的甜头。

在工作队的助力下，产学研基地在前詹镇“安营扎寨”，持续为产业优化提供“智力”支持。为了解决鲍鱼生育生产过程中的技术难题，广东省科学技术协会积极牵线搭桥，引入广东海洋大学教授团队，为当地产业发展提供技术咨询和研究平台，并积极争取全国科技小院项目落户前詹镇。广东食品药品职业学院也充分发挥专业优势，迅速与惠来县的3家企业签订了合作协议。通过深化校企合作，工作队帮助当地食品、药品企业在产品研发、工艺改良和品种培育等方面实现增效，为前詹镇的经济发展注入了新活力。

驻镇帮镇扶村三年，工作队以实际行动诠释了乡村振兴的内涵和意义，焕发了前詹镇这片土地的新光芒，用智力赋能土特产，助推当地产业高质量发展，走出了一条又一条致富之路。

（张嘉敏）

驻揭阳市惠来县前詹镇帮镇扶村工作队成员

- 杨渤海：队长，来自广东省科学技术协会
- 刘剑波：队员，驻铭东村第一书记，来自广东省科学技术协会
- 王　涛：队员，驻前詹村第一书记，来自中国出口信用保险公司广东分公司
- 李　欢：队员，来自中国出口信用保险公司广东分公司
- 刘斌锋：队员，驻沟疏村第一书记，来自广东食品药品职业学院
- 黎瑞萍：队员，来自广东食品药品职业学院
- 芮培炜：金融助理，来自中国农业银行广州分行
- 詹君玲：高校志愿者
- 元亿鹏：高校志愿者
- 黄少斌：科技特派员，来自华南理工大学

驻潮州市饶平县饶洋镇帮镇扶村工作队：

打造茶旅融合新产业

潮州市饶平县饶洋镇内，坐落着海拔1256米的西岩山。作为潮州凤凰山脉的分支，西岩山以盛产单丛茶而闻名。近年来，随着潮州凤凰单丛品牌的声名鹊起，单丛茶的价格水涨船高。来自广东省气象局、广东省储备粮管理集团有限公司和广东工程职业技术学院的队员们组成驻镇帮镇扶村工作队，抓住时机，通过盘活老茶场、提供专业服务、打造生态茶园等措施，助力饶洋发展茶旅新产业。

一条路、百亩园　老茶场焕发新活力

西岩山单丛茶的辉煌时期可以追溯到20世纪80年代。1974年，西岩茶被浙江中国茶叶研究院品评鉴定为优质茶叶；1979年，西岩“奇兰乌龙”茶在广东省茶叶评比会上获得第一名。然而20世纪90年代以来，饶洋人民多外出打工，原有茶园逐渐荒废。

“以前我父亲就是靠山脚下两分地和山上老茶场几棵茶树，养活我们兄弟姐妹3人，供我们读书，但老茶场现在已经很难上去了。”祠北村书记詹培说。祠北村背靠西岩山，山上有近500亩的集体茶场。由于茶场荒废了40多年，现如今进入茶场的山路已是荆棘密布、杂草丛生，不少地方还被巨石挡道，靠手脚攀爬进入都很勉强，更别说交通运输工具。现单丛茶市场转好，村集体有意重新开发茶场，但苦于茶场荒废太久且道路不通，找不到投资者。

通往山前村老茶场的路在工作队的帮助下成功修通

获悉这一情况后，工作队意识到盘活老茶场是迅速扩大镇上茶叶产业、增加村集体收入的好机会。工作队迅速行动，踏遍西岩山，寻访茶农，现场踩点，发现饶洋镇有超过2000亩遗留下来的老茶场，分布在祠北、陈本、上山、山前、大楼和龙兴等村。经饶洋镇党委政府与工作队共同研究，在第一批驻镇帮镇扶村资金中安排100多万元为祠北、山前2个村开辟通往老茶场的机耕山路，盘活了800多亩的老茶场，后期将继续开垦上千亩新茶田。山路开通后，祠北村通过茶场整体出租的方式，每年为村集体带来超过10万元的经济收入，并被纳入饶平县2022年壮大村集体经济试点村。山前村通过“集体+公司+农户”模式开发经营，发展茶树和多种经济植物混合种植的模式，为村集体增收打下良好基础。

一个字、值千金　专业预报助农增收

茶叶质量的好坏，不仅与海拔有关，也和茶树生长、茶叶采摘时的天气相关。作为驻饶洋镇帮镇扶村工作队的牵头单位，广东省气象局积极发挥气象专业优势，工作队多次深入茶农家中“问计于民”，尝试通过专业的气象服务来提高镇上种植茶叶的质量，帮助茶农增产增收。

三月中旬恰好是春茶的采摘期。“如果茶青采下来碰上下雨，室外不能晒青，我就搬到屋里用电灯晒，但是灯晒的茶口感差一点，和日晒的相比一斤能差二三十

工作队到茶农家里，帮助茶农解读天气预报信息

块钱，这还没算上雨天雇人采茶和电费增加的成本。”陈坑村的茶农詹火杭说。了解这一信息后，工作队迅速收集全镇茶农的手机号码，联系饶平县气象局，在春茶采摘期间，通过短信免费为饶洋茶农提供精细化的天气预报服务，从一周的趋势预报，到每天的逐日预报，再到临近未来几小时的预报，不断滚动更新。队员们也分批去到村里，帮助茶农解读天气预报信息，动员茶农抓住有利时机采茶、制茶。

得益于气象部门的准确预报，许多茶农赶在阴雨天气来临前完成茶叶采摘。“谢谢你们的准确预报，帮我们多赚钱了！气象预报真是一字千金啊！”詹火杭激动地说。按照村里近300亩的茶园、每亩产出50斤春茶来算，陈坑村的茶农年收入增加了约45万元。

一片叶、一座山　茶旅融合助力振兴

近年来，随着单丛茶价格连年攀升，市场竞争也越来越激烈。如何利用好西岩山省级森林公园的自然禀赋，走出西岩单丛茶的高质量发展之路？

因地制宜，规划先行。工作队聘请专业的规划咨询机构，制定饶洋生态茶园发展规划。坚持“山顶戴帽、山腰系带、山脚穿鞋”的生态茶园开发模式，山顶上保留固定水土的树林，山腰中间要有环山林带，山脚设森林护坡防沟，利用乔木灌木护住水土。在山顶和山腰之间、山腰和山脚之间的地带，适度开发生态茶园，保持茶树周边林木生态链的完整，水土无污染，施用有机肥，不施农药，确保生产出来的茶叶质量安全、品质优良。

多元发展，三产融合。工作队将生态茶园与文化旅游相结合，依托投资千万元的西岩山省级森林公园基础设施、道路和环境提升建设项目，在西岩山上打造一批集农业旅游、休闲度假于一体的茶园，助推农旅融合。结合饶洋潮汕文化、客家文化和畲族文化内涵，深入发掘民俗文化和历史传说，设计开发一系列的相关衍生产品，延长产业链，提升附加值，促进茶旅产业融合发展。

靠山吃山、靠山养山，绿水青山就是金山银山，工作队会同饶洋镇党委政府，坚持生态优先、绿色发展的理念，抢抓单丛茶市场机遇，盘活推动老茶场升级生态茶园，借助西岩山资源禀赋，积极推动茶旅融合发展，努力描绘乡村振兴的饶洋画卷。

（林伊晴）

驻潮州市饶平县饶洋镇帮镇扶村工作队成员

- 郑思轶：队长，来自广东省气象局
- 莫　凡：队员，驻祠北村第一书记，来自广东省气象局
- 张贺松：队员，驻溪背楼村第一书记，来自广东省储备粮管理集团有限公司
- 孔祥星：队员，驻蓝屋村第一书记，来自广东工程职业技术学院
- 吴奋腾：队员，来自广东省储备粮管理集团有限公司
- 张　琦：队员，来自广东工程职业技术学院
- 杨建生：金融助理，来自中国农业银行饶平支行
- 张　雅：科技特派员，来自仲恺农业工程学院
- 贺　珊：科技特派员，来自仲恺农业工程学院
- 黄丽燕：科技特派员，来自仲恺农业工程学院

驻韶关市乳源县一六镇帮镇扶村工作队：

做好一亩示范　带动千亩增收

正月末的粤北山区依旧寒风料峭，但在韶关市乳源瑶族自治县一六镇乐群村的一亩试验田里却是一派欣欣向荣的景象：一朵朵赤松茸争相挺着白肚皮从枯稻秆下冒出头来，田间五个皮肤黝黑的男人捧着这些胖嘟嘟的赤松茸，脸上写满了高兴。

他们正是2021年6月30日正式入驻一六镇的驻镇帮镇扶村工作队，同年11月工作队率先开垦了一亩试验田，为当地村民开拓了新的增收渠道，后来，这一亩试验田带动全县发展出上千亩“增收田”。

敢为人先　开垦第一亩试验田

2021年9月，工作队队长苏益松和队员们到韶关市三宝生物科技有限公司（下称“三宝公司”）调研，了解到一种经济效益比较高的赤松茸菌种已经培育成功，但在乳源县还没有人开展试种。经过一番讨论研究，苏益松和队员们决定先行先试。

试种首先要解决场地和资金的问题。在寻求乐群村委的合作时，村干部犹豫地表示，村里从来没有过这类尝试，村委会年收入也不高，没有更多的资金可以投入。

工作队商量后决定每人自掏2000元作为试种经费，并向村干部承诺，试种的投入都由工作队承担，如若试种成功则收入归村委会。此番举动成功消除了村干部们的顾虑，他们也积极加入到试种工作中来，并向工作队提供了一块位于村委会大楼后方的撂荒地。

“第一亩试验田”项目就此拉开了序幕。苏益松带着队员和村干部们翻整土地，安装自动喷淋装置，围筑篱笆，铺上从工厂买的稻壳和跟村民买的稻草……经过多日准备，2021年11月8日，将菌包种下后，一亩“配置齐全”的试验田展现在村民面前，工作队肩负着村民的期待开始了紧张的等待。

试种成功　开拓增收新渠道

赤松茸，学名皱环球盖菇，是联合国粮农组织向发展中国家推荐的新菇种，也是国际菇类交易市场上的十大品种之一，近年来才经人工培育成功。据苏益松介绍，该菌种种植成本低，售价比较高，具有极好的经济效益，如果试种成功，将给当地村民带来新的增收渠道，有效提高村内留守劳动力的收入。

在工作队和村干部近两个月的精心呵护下，2022年元旦，第一丛肥美的赤松茸终于从稻秆堆中探出头来。试种成功了！工作队和村干部脸上都乐开了花。

苏益松介绍，每年村里晚稻收割之后到来年春耕之前都有约五个月的空档期，将田里的稻秆、玉米秸秆等废料利用起来就可以种植赤松茸，不仅可以减少村里烧稻秆造成的环境和安全问题，还能利用菌类分解稻秆肥田，同时提高农田的利用率。

“不仅种植成本低，经济效益也很可观。”据了解，每亩地每次种植可产赤松茸3000斤—5000斤，批发价每斤20元，零售价每斤30元—40元，每亩收益可达3万元。苏益松介绍：“在房前屋后铺上稻草就能种，只需要定期浇水。这给村里很多

工作队率先开垦的试验田成了村里的“增收田”

老人、留守的妇女提供了新的增收渠道。”

多地效仿　完善联农带农机制

第一亩赤松茸试种成功的消息很快在乳源县传开，各镇纷纷学习和推广。全县多个乡镇的驻镇帮镇扶村工作队和镇干部、种植户等慕名前来考察和学习，一些镇也提起了信心开始尝试。东坪镇、游溪镇、乳城镇等六个乡镇的种植户等也开始种植赤松茸。

短短一个半月，全县的赤松茸种植面积就超过了1000亩，在乐群村也带动了30多户农户开始种植。

为确保“种得好”和“卖得出”，工作队还与三宝公司探索出“队员+技术+农户+基地+销售+合作社+公司”的模式，工作队负责统筹推广赤松茸种植工作，三宝公司负责提供种苗、种植技术和销售保障，农户进行种植、采摘和运输。

谈到下一步的想法，苏益松表示，工作队已引进广东大美圆融农业科技有限公司，流转团结村、罗屋村200亩撂荒地种植有独特优势的食叶草，并计划引进加工企业，发展第二产业。“要进一步推动撂荒地整治，继续带动农户增收。”

（李国华）

驻韶关市乳源县一六镇帮镇扶村工作队成员

- 苏益松：队长，来自中共广东省委党校（广东行政学院）
- 宋卓贤：队员，驻东七村第一书记，来自中共广东省委党校（广东行政学院）
- 单嘉良：队员，来自中共广东省委党校（广东行政学院）
- 张洪荣：队员，来自中共广东省委党校（广东行政学院）
- 李沛荣：队员，驻乐群村第一书记，来自广东水利电力职业技术学院
- 邓志均：队员，来自广东水利电力职业技术学院
- 钟志明：金融助理，来自中国农业银行乳源支行

驻河源市龙川县细坳镇帮镇扶村工作队：

葱葱林下　村集体产业破土而出

2023年9月，在河源市龙川县细坳镇月光正村，又一批仿野生紫灵芝陆续褪下菌盖边缘的白色生长层，成熟至采收的最佳状态。这是村干部们和驻细坳镇帮镇扶村工作队队员、驻月光正村第一书记黄泽锋一起亲手种出的第三批灵芝。20亩灵芝基地坐落在山腰处，规模不大，却是“全村的希望”。

这是月光正村的第一个村集体产业，产业落地发展的带头人，正是黄泽锋。从零产业基础到村两委班子人人都成为灵芝“专家”，黄泽锋带领月光正村的村干部们筚路蓝缕、以启山林，发展林下经济，为月光正村的绿富双赢之路描下了浓墨重彩的一笔。

零的突破

2021年8月，黄泽锋结束了在龙母镇成邦村历时5年的扶贫工作，作为工作队的一员来到月光正村当驻村第一书记。等待他的是一个零产业基础的经济薄弱村——村集体收入基本依赖扶贫项目分红和生态林补贴，耕地面积不足总面积的1%，人员外出务工率达90%。

没有人、没有地、没有便利的交通条件，在这样贫瘠的土壤中培育产业，并非易事。

2022年，一次闲聊间，村里一位辅警拿出一袋自己种的灵芝，给黄泽锋泡了一壶灵芝茶，“口味微甘，口感润滑，香味浓郁”。这种仿野生紫灵芝，种植成本低、产品单价高，菌种20多元一株，晒干的灵芝片成品500元—600元一斤，菌种可长5—7年，一年可采收2次。品出了商机的黄泽锋随即请托这位辅警购买了30株灵芝进行种植。

这一轮种植十分成功，有了底气的他开始谋划在村里规模化种植灵芝。

14.7万元，这是灵芝产业的启动资金金额，由黄泽锋多方筹集而来。其中细坳镇政府支持资金3万元，村集体投入1万元，组团单位广东粤电枫树坝发电有限责任公司投资5万元，工作队、村两委干部和农户自筹5.7万元。

资金到位后，在黄泽锋的动员下，村干部们个个摩拳擦掌，等待种下第一批灵芝。

守护“新生儿”

“菌包容易损坏，像新生儿一样脆弱，如果运输过程中不小心产生振动，菌丝就会断裂，灵芝就有可能会死掉。”回想起菌包运来的那天，黄泽锋依然记忆深刻。

确定种植意愿后，黄泽锋联系了村书记刘添贤所熟识的一位江西老板，向他采购了3000株菌包。一车的菌包从30多公里外的江西省定南县出发，运到月光正村。

运来灵芝后，他们在山上建设了大棚进行菌种培育，用黄泽锋的话来说，那就是灵芝的“产房保温箱”。每隔一段时间，他们就要把菌包打开透气，直至菌种培育成功，再把菌子移到山腰种植。

种下灵芝后，每个村干部一到闲暇时就要轮换着上山照看灵芝，观察长势，及时冲水除虫、分枝。“我们这个班子很有爱的，都想着齐心协力把这个事情做好。”在黄泽锋看来，灵芝的种植成功离不开每一个村干部的付出。

虽然村干部个个得力，但作为牵头人的黄泽锋为了保证灵芝能够成功，一直跑

迎来采收的第三批灵芝

在其他人的前面，做每个环节第一个开拓的人。在这位“好学生”第一书记的带领下，4—5月分批种下的灵芝，在6—7月迎来了大丰收，共收获了约3000斤新鲜灵芝，制出了400多斤灵芝干。

培育“好苗子”

他们摸着石头过河的探索收获了丰厚的回报。不过400多斤的灵芝干，产量多到一度难以消化，第一轮推广宣传后，仍然积压了200多斤无法售出。于是他们发动组团单位进行消费帮扶，再通过朋友圈推广零售，最终以每斤约500元的价格，卖出了9万多元。

第二批灵芝刚结束采收不到两个月，第三批灵芝也将迎来采收，预计产量1000多斤，可制成200多斤的灵芝干。据刘添贤估计，灵芝产业2024年内就能回本，他们计划扩大灵芝种植面积，“至少翻一番”。

为保证扩大种植规模后的销售顺利进行，他们对灵芝进行高端化包装打造，同时摸索电商销售，计划通过主播代销、电商直播等方式开拓销售渠道。“市场还没有饱和，要把销路给打开。”对于灵芝产业的前景，黄泽锋和刘添贤依然充满了信心。

黄泽锋计划着下一步要发展种苗培育，将核心竞争力掌握在手，同时培养技术人员，向其他村输出种苗和技术人员，助力细坳镇林下经济发展。“全部教给他们，一点都不会保留。”他希望，工作队在月光正村摸索出来的经验，能够在细坳镇推广，助力各个村发展壮大集体经济。

（邓宝盈　陈海玲）

驻河源市龙川县细坳镇帮镇扶村工作队成员

◆李　志：队长，来自河源市住房和城乡建设局
◆丘少可：队员，驻半径村第一书记，来自河源市住房和城乡建设局
◆陈雄辉：队员，驻细坳村第一书记，来自河源市退役军人事务局
◆黄泽锋：队员，驻月光正村第一书记，来自广东粤电枫树坝发电有限责任公司
◆骆海涛：队员，来自广东粤电枫树坝发电有限责任公司

驻河源市紫金县瓦溪镇帮镇扶村工作队：

茶苗抽芽了　托起村里的希望

三月的春风正暖，在河源市紫金县瓦溪镇上东村神光自然村，一片新辟的茶园生机勃发。茶苗低矮纤细的躯干挺立在陡峭的山坡上，抽发出鲜嫩的枝叶。小小的茶苗，承载着驻瓦溪镇帮镇扶村工作队和当地群众对产业发展的新期待。在这个充满希望的春天里，工作队队员、上东村驻村第一书记赖剑彬分享了他的驻镇帮镇扶村故事。

让上东村摘掉经济薄弱村的帽子

赖剑彬是一名退伍军人，脱贫攻坚时期是紫金县义容镇和平村的驻村第一书记。2021年，他加入驻瓦溪镇帮镇扶村工作队，成为上东村驻村第一书记。接过驻镇帮镇扶村的接力棒，他的跑道从脱贫攻坚切换到了乡村振兴。

工作队抵达瓦溪镇后开展了数月的调研，发现瓦溪镇圩镇和部分村的基础设施还不够完善，产业发展还比较落后。2021年8月，工作队在全镇经济最薄弱的上东村了解到，村里缺少特色产业，村民就近就业机会少，每年的集体收入主要依赖帮扶资金入股产业园的4万元分红。

带动集体增收，让上东村摘掉经济薄弱村的帽子，需要一个快、稳、好的产业，他们首先想到了光伏产业。脱贫攻坚时期赖剑彬曾在和平村参与引进过一个光伏发电站项目，发电收益见效快又稳定，运维成本也不高，而恰好紫金县供电局也是此次工作队的组团单位。有经验、有资源，村干部们也很相信工作队，积极地参与到前期的调研和学习中来。

2022年，他们争取到了县供电局的乡村振兴建设项目资金20万元，组团单位也提供了17.1万元的帮扶资金。2022年11月18日，上东村小学楼顶上460平方米的光伏板顺利并网发电，每年能为村集体增加4.5万元的收入。

把茶叶种好了　让村民跟着种

上东村户籍人口近2000人，常住人口不足500人，大量劳动力外出务工。村干部告诉赖剑彬，2014年村里曾发展蕉芋产业，但村里的土壤并不适合种植蕉芋，产量偏低，且蕉芋的收益并不理想，到2018年村里就几乎无人再种植蕉芋，加工厂关闭，机器闲置至今。

这一次的失败打击了村里发展产业的信心，但也给工作队提供了宝贵的经验教训。据赖剑彬介绍，正当他们谋划村产业之时，县里在推广紫金蝉茶产业，并提供50万元的资金支持。于是，工作队带着村干部们一起先从调研开始，对村里的土质进行检测，并向紫金茶叶协会的专家请教种植茶叶需要的自然条件，赖剑彬还和村干部们到龙窝镇、紫城镇等地茶园去请教学习。

经过几个月的调研，他们发现村里的土壤、水质和气候都很适合种植茶叶，也愈发坚定了发展茶产业的信心——他们决定争取这50万元的资金。2022年9月，村集体租下神光自然村的100亩山地，采购了“台17”“青心大有”等优质茶树品种，

上东村神光自然村茶苗栽种现场

于12月底开始栽种。各个种植要点都由工作队和村干部先去其他镇跟种植大户们请教学习，再回来教村民种植。

2023年1月，工作队和聘请的10多名村民花了半个月才把茶苗全部种下。茶苗很小，却满载着他们的希望。当时有位村民跟赖剑彬说："大家都看着你们的茶叶，等你们真的做起来，我们也要跟着种！"

难题面前 唯有实干

村里劳动力少，如何充分利用村内的剩余劳动力发展富民兴村产业，是一个需要工作队不断去探索研究的课题。2023年以来，他们四处调研油茶产业发展情况，谋划发展油茶产业，继续争取组团单位的支持，大力发动社会力量，引进企业和种植大户等承租茶园茶林经营，带动村民参与产业发展。

发展产业需要工作队和村干部"先行先试"，撂荒地复耕复种、基础设施完善、人居环境整治等工作也需要队员冲锋在前，主动挑担。但地块散碎、村里劳动力流失，撂荒地如何实现持续复耕？如何更好地动员社会力量支持村内基础设施建设？农村人居环境整治如何持久有效进行？赖剑彬表示，在工作队和其他基层一线工作者面前还摆着不少难题，这需要他们继续脚踏实地，勇于开拓探索，用实干助力乡村振兴。

（李国华）

驻河源市紫金县瓦溪镇帮镇扶村工作队成员

- 刘艳芳：队长，来自紫金县市场监督管理局
- 赖剑彬：队员，驻上东村第一书记，来自紫金县人民医院
- 黄宇锋：队员，驻半岗村第一书记，来自紫金县民政局
- 钟任华：队员，驻公坑村第一书记，来自广东电网河源紫金供电局
- 廖乐部：队员，来自紫金县住房和城乡建设局
- 赖金权：队员，来自广东省通讯终端产品质量监督检验中心
- 简宇宏：金融助理，来自中国农业银行紫金支行

驻惠州市惠阳区平潭镇帮镇扶村工作队：

旧田开垦新希望 老农办起加工厂

“新田绕屋半春耕”，处处犁锄落水声。在惠州市惠阳区平潭镇新圩村，昔日的撂荒地复垦一新——“这片刚平整好的沙土地是阿梅准备种淮山的，这块刚除完草的是阿宽准备搭棚种草莓的……”在村民黄玉春看来，村民耕种热情高涨，是因为驻平潭镇帮镇扶村工作队为村里带来了信心和希望。

新年开新园 新春种旧田

2022年元旦，在工作队和当地镇、村干部两个多月的努力下，新圩村淮山农业公园顺利开园。为了发动更多的村民参与展销，工作队还开办了现场美食烹饪、“淮山王”评比等活动。

工作队队长孙国光介绍，淮山农业公园依托村里原有的游乐设施、采摘园、民宿等项目，投小钱撬动大发展，连点成片发展一体化的农旅项目。短短三天，小小的村子迎来了上万名游客。

“从来没见过那么多人，比过年还热闹！”新圩村委会副主任黄海河回忆道。当天，村里的农户纷纷把家里的特产拿到展销区售卖：淮山、粉葛、葛根粉、红薯粉、萝卜干……现场卖出约2万斤淮山及淮山制品、1万斤粉葛及粉葛制品，多数农户1天的销售额就超过2000元。

黄玉春家里种了8亩淮山和12亩粉葛，还办起了加工作坊做简单加工。元旦三天

2022年元旦淮山农业公园开园活动现场。周楠　摄

假期，黄玉春的收入超过8000元，光是淮山和淮山制品就卖了4000多元。

“我准备扩种4亩淮山。”黄玉春信心满满。村民耕作积极性都比较高，惊蛰刚过，村里好多抛荒的土地都已经平整好了。“工作队举办的农业公园开园活动让大家都对耕作充满了期待！”

老汉办新厂　创业新理想

2021年12月初的一天，为建设好淮山农业公园、推动当地产业发展而四处调研的孙国光听闻黄玉春的淮山加工作坊办得有声有色，打算前去了解。由于认错了路，孙国光把车开进了另一户农户院子里，屋檐下一位侃侃而谈的老汉引起了他的注意。

老汉名叫刘耀志，他告诉孙国光，这两年村里种的淮山受疫情影响卖不出去，成片地烂在了地里，这让他心里很不是滋味，立志做好农产品的加工销售，让大家不再为销路发愁。老汉的理想与孙国光对当地的产业规划不谋而合，他马上向老汉表明了自己的身份：“我们是驻镇帮镇扶村工作队的，有什么困难尽管向我们提。”

“他说会支持我的事业，当时我也是将信将疑。”刘耀志说道。后来由于缺少用地指标，刘耀志修建厂房一直受阻，孙国光了解情况后带着队员积极协助申请，为他争取到了用地指标。这让刘耀志开始相信，工作队是他创业的坚实力量。

“营业执照和生产许可怎么申请？”孙国光把步骤和材料清单列了出来；“筹资有困难。”工作队里的“95后”刘志坚登门协助申请低息贷款……“本来只是想办个‘小作坊’，是工作队的帮助和信任让我有了办加工厂的希望和信心，让我能放心地去做。”

促销6000斤　致富有信心

“哪里敢提困难！”2021年11月工作队听闻光明村村民林徐香的果园种了不少陈皮柑，还做起了小青柑和陈皮等的加工，效益很好，便过来了解情况。当孙国光问果园的发展有没有遇到什么困难需要帮忙解决的时候，林徐香急忙挥手摇头表示没有。当时的她不相信工作队能够给她提供实际的帮助，但很快，她就改变了这样的想法。

54岁的林徐香在村里承包了上百亩果园，包括40亩春甜橘。这些春甜橘产量非常高，惊蛰一过，基本就卖不出去了，每年都会有几万斤果烂在树上。2022年3月13日，孙国光在光明村委会听村干部说起林徐香果园还有几万斤春甜橘滞销的情况，

工作队与志愿者帮忙采摘春甜橘

马上组织队员采取行动，招募志愿者，联系镇里的企业工会协助消费助农。2天后，工作队带着志愿者来到林徐香的果园，20多人在山上忙碌了一天，采摘了6000多斤春甜橘，帮忙卖了1万多元。

“感觉他们比我还着急！”林徐香感叹：“从来没遇到过这样的干部。”这件事改变了她对工作队的看法。她开始积极地与工作队商量陈皮品牌打造和光明村农旅项目景点建设等事宜，并主动提出自己的困难：果园没有网络，安装监控和线上销售等都存在困难。工作队里来自电信公司的刘惠国马上联系公司帮忙：“预计3月末就可以开始拉光纤了。”

林徐香表示，接下来她打算扩种100亩陈皮柑。“没有工作队我就不敢扩种啦。”她表示：“他们给足了我信心，帮了我许多，自己也要努力把果园发展壮大，回应他们的热心！”

（李国华）

驻惠州市惠阳区平潭镇帮镇扶村工作队成员

- 孙国光：队长，来自惠阳区社科联
- 黄惠雄：队员，来自惠阳区财政局
- 陈卫军：队员，来自惠阳区卫健局
- 刘惠国：队员，来自中国电信惠阳分公司
- 蒋　励：队员，来自惠阳区审计局
- 杨润珍：队员，来自惠阳区住建局
- 何绵勇：队员，来自惠阳区移民办
- 吴伟超：队员，来自惠阳区民政局
- 赖　业：队员，来自惠阳区工信局
- 曾忠明：队员，来自惠阳区烟草局
- 刘志坚：金融助理，来自中国工商银行惠阳支行
- 陈颢韦：金融助理，来自中国工商银行惠阳支行
- 翟锦龙：金融助理，来自中国工商银行惠阳支行
- 陈惠聪：金融助理，来自中国工商银行惠阳支行

驻湛江雷州市南兴镇帮镇扶村工作队：

盘活冬闲田　打造油菜花海

2022年春天，湛江雷州市南兴镇梅田村的500亩油菜花灿烂绽放，空气中弥漫着沁人心脾的花香，田野间充满着春天的希望。“以后不用专门跑去江西看油菜花了！”雷州油菜花海的视频在网上走红后，省内许多游客慕名前往踏青赏花，广东省摄影家协会、湛江市摄影家协会的成员们也奔赴当地采风。

2021年11月，梅田村开始探索“稻—稻—菜”轮作模式，在整个雷州半岛首次连片规模种植油菜田，隔年春节就收获了金灿灿的花海。而这背后，离不开广州市驻湛江雷州市南兴镇帮镇扶村工作队的大胆尝试和辛勤付出。

选好“领头雁”　擦出乡村振兴火花

2021年7月，工作队正式入驻南兴镇。为了充分掌握民风民情，了解当地“疑难杂症”，工作队在两个月内走遍南兴镇33个行政村128个自然村。经过调研，工作队发现南兴镇虽然自然资源很丰富，但产业基础却很薄弱，除水稻外，其余农产品缺乏二次加工，附加值低，导致农民种植收入无法有效提升。

“我们既没有学过农学，也没有种过田，产业发展还是要依靠当地人才，发掘本地‘领头雁’。”工作队队长罗恒华和队员们在全镇范围综合比对，筛选出村“两委”积极性最高、群众最热心的梅田村作为带动产业发展的引擎。梅田村党支部书记吴平灿、村委会主任吴湛军都是有过成功创业经历的热血“80后”。2017年

工作队走访调研

底，吴湛军回到家乡梅田村，推动成立了梅兴种养专业合作社，致力于促进土地资源整合利用。此外，他还创办了梅田粮食加工厂和烘干厂，确保稻谷颗粒入仓，逐步做强粮食产业链。

起初，吴湛军以为工作队队员都不是本地人，“待不了多久就会走，干不成什么实事”。然而，经过一段时间的相处，吴湛军对工作队大为改观，他说：“罗队长当时天天来村里，和我们交流产业规划的想法。正好我们都是同龄人，有时聊尽兴了能聊到半夜两点。我觉得他们是真心想做实事。”

工作队在与梅田村“两委”干部的合作中，时常碰撞出乡村振兴的思想火花，开始进行大胆又充满“惊喜”的尝试。

大胆尝试　打造梅田村第一片油菜田

素有“雷州粮仓”之称的南兴镇，耕地面积近7万亩，以种植水稻为主。每当晚稻收割结束后，不少种植户冬季休耕，许多田地都“闲”了下来。对此，罗恒华和队员们一直在思考：“冬闲田要如何盘活？有什么办法提高土地利用价值？”在查阅了大量资料和向专家请教后，工作队提出发展“稻—稻—菜”轮作模式，尝试在冬季种植油菜。

“我们之前根本没种过油菜，万一影响之后的水稻产量该怎么办？”梅田村村民们听闻种植油菜的做法后，向村干部表达了担忧。为了打消村民顾虑，工作队特意请来了广东省农科院的专家，讲解种植油菜的好处。“油菜易存活，不仅可以用来榨油，还能用作饲料，非但不会破坏土壤结构，还可以改善土壤肥力。”

得到村民的理解和支持后，村干部着手土地流转和油菜种植，除了向农户支付土地流转租金外，还按照每亩100元的标准额外支付分红。“梅田村的效率特别高！”令罗恒华想不到的是，村里只用了两周时间，便在整合的500亩土地上种满了油菜。对此，他十分赞赏，认为村干部充分发挥了“领头雁”作用，抓住了种植油菜的最佳时机。

火爆出村　梅田油菜花成“网红打卡点”

“这真是一个大惊喜啊！没想到这里的油菜花开得这么好！”2022年1月下旬春节前，梅田村的500亩油菜开花了，连片花海让罗恒华十分震撼，他决定把这份美丽展示给梅田村外的世界。

于是，工作队和村干部们群策群力，邀请了广东省摄影家协会和湛江市摄影家协会的摄影师来油菜花田采风，并将照片和短视频上传至社交平台，不仅迅速刷屏雷州人民的朋友圈，还引发省市县媒体关注报道。其中，广东广播电视台关于梅田村油菜花田的报道视频，在触电新闻App上的播放量将近10万。

梅田村500亩油菜花海

“整个春节期间，梅田村可以说是水泄不通，全都是过来赏花的游客，连村门口小卖部的水都卖空了。”罗恒华欣喜道。不少游客表示：“以后不用专门跑去江西看油菜花了，家门口就能看到。”

探索“稻—稻—菜”模式的成效振奋了整个工作队，他们和村干部共同制定了发展规划，以500亩油菜田为基础打造农文旅产业融合项目，争取在南兴创造更多惊喜，吸引更多游客，发挥更大经济效益。

（谢晓莉）

驻湛江雷州市南兴镇帮镇扶村工作队成员

- 罗恒华：队长，来自广州市纪委监委
- 张剑锋：队员，来自广州市纪委监委
- 熊　凯：队员，来自广州市贸促会
- 张　凡：队员，来自广州市规划和自然资源局
- 梁宗棣：队员，驻步月村第一书记，来自广州市社科院
- 严海亮：队员，驻平兰村第一书记，来自广州医药集团

驻韶关乐昌市庆云镇帮镇扶村工作队：

两件小事暖心窝　助农开拓增收路

2021年12月的一天，韶关市公安局驻乐昌市庆云镇帮镇扶村工作队的队员们，前来查看下黄村村支书何田根种植的黄精，并向何田根询问黄精的长势。这是在工作队的支持下，下黄村发展黄精种植的一个试点。何田根算了一笔账，一个种植周期（3—4年）一亩黄精的成本为1.2万元，销售额可达3万元，利润有1.8万元，在当地算是不错的收益。

这是工作队帮扶乡村的一个缩影。进驻镇上不久，工作队便到辖区各地开展摸底调研，充分了解各村村情，为当地提供发展经济的新思路，并利用工作队的资源为产业发展提供便利，以务实的作风推动设想快速落地。

金融助农　村支书带头尝鲜

下黄村是庆云镇较为偏僻的一个村，户籍人口1100多人，而常住人口仅有300多人，空心化趋势明显。自2010年起，村支书何田根就开始尝试发展产业，先后带头试种金银花、养殖禾花鱼和螺蛳，但由于经营管理不成熟、市场价格不理想等原因未能实现产业推广。

下黄村海拔700米，辖区气候及土壤环境适合野生黄精生长，不少村民在务农之余挖黄精去卖，一年四季都有制药厂收购，一斤能卖过4.5元，销路和价格都不错。渐渐地，小部分农户自发种起了黄精，但规模不成气候。何田根看上了黄精易于打理，效益较可观，有心将其作为产业推广，然而资金不足的问题摆在了眼前。

在调研过程中，工作队了解到何田根的这一想法，在与下黄村“两委”开会讨论后，鼓励村里先试点种植再视结果推广，待条件成熟再成立农民种养专业合作社，争取更多政策支持。

工作队采用组团帮扶模式，搭建起各方力量联动的平台。针对黄精产业，工作队主动提出为有意愿的农户申请惠农贷款，并联络制药厂收购。工作队队员张建来自中国农业银行乐昌支行，在团队中担任金融助理。惠农贷款手续简化，办理便利，张建说：“何田根确定申请贷款后，经过收集资料、实地考察、信用评分等环节，差不多12个工作日后，就申请到了10万元惠农贷款。”同时，工作队还邀请制药企业负责人上门考察，洽谈收购事宜，提供技术方面的建议。

有了工作队给予的定心丸，何田根又一次坚定了带头尝鲜的决心，于2021年8月启动种植，从完善设想到启动种植只用了不到一个月时间。他还从其他农民那里借用了一些闲置土地，计划每年新种几亩黄精。何田根说，工作队还派了队员常驻下黄村，密切追踪农户种植动态，帮助农户扫除障碍。

指导改造酿酒设施　产量大幅上涨

“我觉得我很幸运，（工作队）无缘无故给了我那么多帮助。”谈起工作队，庆云镇广田村的邓乙生心怀感恩。邓乙生是土生土长的本地农民，多年来均采用土法酿酒，由于技术好，他酿的米酒品质较佳，口碑很好，供不应求。但由于配套设施不完善，卫生条件不好，产业总是做不大。想发展，既缺少资金，也缺少专业设备。

“他家里7口人几乎靠他一个人供养，经济压力较大。”张建表示。2021年国庆期间，张建从朋友处得知乐昌有酿酒农户经营不善，或许可以低价转卖酿酒设备，便赶忙联系。然而那个农户的设备位于大源镇的深山里，从庆云镇驱车前往需要2个小时。邓乙生一开始打算自己骑摩托前往，由于路途太远，最终还是由工作队队员在国庆假期载着他去查看设备。“那台设备只用了一年多，还很新，原价要一万多块钱，但我们只用了原价30%的价格就把它拿下了！”张建开心地说道。

工作队队员周双林表示，在工作队的帮助下，不到一个月时间，邓乙生就完成

工作队和邓乙生带回的新设备

了发酵房和酿酒房的改造，还将一个天然山洞做成了藏酒房。

改造带来的效益提升效果显著。“以前一锅米只能出8斤酒，现在可以出12斤—13斤，出酒率大大提高。而且每月产量达到300斤—350斤，比以前提高150斤左右，口感也变得更好，有客户反映我以前的酒火气重，喝了容易上火，现在就不会了。”邓乙生满意地说道。

（黄博超）

驻韶关乐昌市庆云镇帮镇扶村工作队成员

- 邝春明：队长，来自韶关市公安局
- 蓝丽华：队员，驻五里冲村第一书记，来自韶关市委军民融合办
- 邹伯红：队员，驻金坪村第一书记，来自韶关市税务局
- 周双林：队员，来自韶关调查队
- 罗成析：队员，来自韶关海事局
- 钟剑光：队员，来自中国石油韶关分公司
- 张　建：金融助理，来自中国农业银行东昌分行

第二章　民生无小事　枝叶总关情

驻揭阳市揭东区龙尾镇帮镇扶村工作队：
三年浇灌出绚丽的教育之花

广东省教育厅、广东工贸职业技术学院驻揭阳市揭东区龙尾镇帮镇扶村工作队自开展工作以来，始终聚焦当地群众所急、所需、所求，着力解决让孩子在家门口读好书的迫切需求，立足于教育系统资源及专业优势，推进以龙尾镇“三所学校”建设为核心，覆盖全镇的基础教育硬件提升工作。三年的用心浇灌，让基础教育之花绚丽绽放，工作队致力于将龙尾镇打造成全区乃至全市的“试验田”，为乡镇基础教育的改革创新提供更多“龙尾”经验。

东莞支教团队合影

龙尾中学物理实验室改造投入使用

“软硬”兼施　提升镇域基础教育水平

工作队立足于自身专业资源优势，累计投入资金1851.13万元，对龙尾镇中小学校的硬件设施进行了全面的改造。一批现代化的运动场地、图书馆、实验室、阶梯教室、食堂和宿舍拔地而起，为师生们提供了更加舒适、便捷的学习和生活环境。如今，走进龙尾镇的中小学，崭新的硬件设施让昔日校园焕发出新生机。

在工作队的助力下，龙尾镇的基础教育软实力也在不断增强。优秀的师资力量是提升教学质量的关键。因此，工作队积极加强与相关地市教育系统、师范类高校以及国内公益支教组织的交流协作，通过结对帮扶、人才引进、教学共建等多种方式，累计引进了52位高素质支教老师。优秀师资的注入，不仅有效缓解了龙尾镇师资力量不足的问题，还带来了先进的教学理念和方法，推动全镇教学管理水平显著提升。

在各方的共同努力下，龙尾镇的基础教育取得了令人瞩目的成绩。2021至2023学年，全镇中小学入学率稳步升高，中考市、区重点达线率累计提高了10.83%。在各类竞赛中，龙尾镇的学生也屡获佳绩，共获得国家级奖项1人、市级奖项22人、区级奖项179人。这些傲人的成绩，不仅展示了龙尾镇学生的综合素质和发展潜力，也进一步激发了广大师生的学习热情和奋斗精神。在各级各类评选中，全镇教师共获得国家级奖项3人、省级奖项5人、市级奖项84人、区级奖项284人。

立足全区　推动基础教育改革创新

以龙尾镇教育改革为突破口，工作队助力揭东区教育改革。为了指导和推进揭东区义务教育优质均衡发展和高质量发展实验区建设，对照教育部《县域义务教育优质均衡发展督导评估办法》各项指标要求，工作队对全区所有义务教育阶段学校进行了细致的考察和评估，最终形成《关于揭阳市揭东区义务教育优质均衡发展有关情况的调研报告》，为教育改革提供了有力支持。

在工作队看来，乡镇“三所学校”（即中心小学、初中和完全中学）的建设和发展，是提升乡镇基础教育水平的关键所在。因此，工作队联合揭阳市教育局、揭东区教育局有关同志组成调研组，对揭东区11个乡镇的“三所学校”及高中阶段学校进行了深入调研，形成《关于揭阳市揭东区乡镇“三所学校”建设情况的调研报告》《关于揭东区普通高中办学情况的调研报告》。

工作队深知，若想推动全区乃至全市的教育改革，就需要先找到示范引领的“样板间”。驻镇期间，工作队推动龙尾镇教育改革创新，希望将其打造成全区乃至全市的“试验田”。为了全面落实《广东省人民政府办公厅关于印发广东省“百县千镇万村高质量发展工程”教育行动方案（2023—2027年）的通知》，助推揭东区基础教育高质量发展实验区建设，工作队结合驻镇以来掌握的相关情况，梳理了

龙珠中心小学运动场改造投入使用

龙尾镇基础教育面临的问题，围绕建好乡镇“三所学校”这条主线，形成《龙尾镇基础教育改革建议方案》。这份方案着重关注教师队伍结构和配备，为补齐乡镇基础教育的关键短板提出改革建议，期望以龙尾镇的改革试点带动全区乃至全市的乡镇基础教育改革创新。

自派驻龙尾镇以来，工作队扎根乡村、聚焦教育，让优质教育触手可及。这不仅是一项教育帮扶工程，更是一盏点亮乡村未来的明灯。在这片热土上，教育之光正熠熠生辉，照亮乡村振兴的希望之路。

（张嘉敏）

驻揭阳市揭东区龙尾镇帮镇扶村工作队成员

- 胡浩伟：队长，来自广东省教育厅
- 王晓亮：队员，驻高明村第一书记，来自广东省教育厅
- 龙光星：队员，驻龙珠村第一书记，来自广东工贸职业技术学院
- 蔡少德：队员，来自广东工贸职业技术学院
- 罗福周：队员，来自广东工贸职业技术学院
- 潘　欢：队员，来自广东工贸职业技术学院
- 卢敏夫：队员，来自广东工贸职业技术学院
- 黄晓东：金融助理，来自中国农业银行揭东支行
- 李婵娟：科技特派员，来自仲恺农业工程学院
- 林冰珊：高校志愿者
- 陈锶敏：高校志愿者

驻肇庆市德庆县凤村镇帮镇扶村工作队：

水善利万物　凤村焕新颜

2021年6月30日，来自广东省水利厅和中国进出口银行广东省分行的驻镇帮镇扶村工作队正式进驻肇庆市德庆县凤村镇。三年来，工作队抓重点、干实事，在凤村镇开展农村供水、灾害防御、雨污分流、巷道硬化、助学助教等系列民生工程。他们像西江奔腾的江水，给凤村这片土地浇灌出了新的希望之花。

驻肇庆市德庆县凤村镇帮镇扶村工作队合照

工作队撬动社会投资全面改造九龙匝水厂

发挥行业优势　施展“水上功夫”

坐落于西江中下游，凤村镇依西江支流水系而居。位于新红村的九龙匝水厂，覆盖凤村将近两万人口的日常用水。过去，水厂制水工艺落后，水质不稳定，“喝上放心水”成了老百姓的盼望。工作队进驻凤村镇后，充分利用省水利厅的行业优势，不仅新建了乾相供水站分担供水压力，更是拉动了250万元的社会投资全面改造九龙匝水厂，彻底改变了雨天供水浑浊问题。更可喜的是，两个水厂于2022年、2023年相继获评广东省农村供水“粤美水站（厂）”称号，工作队受到极大鼓舞。

除了供水保障，工作队也重视保障粮食安全的水利基础。在工作队的争取下，省水利厅拨付专项经费帮助禄村村、大村村、古杏村完善了灌溉陂头和灌排渠道，同时工作队响应国家高标准农田建设要求，争取完成11330亩耕地的高标准农田建设，惠及全镇18个行政村。这些工作，让凤村镇切切实实尝到了农田水利现代化的甜头。

秀丽的山水风光是凤村镇的一张亮丽名片。然而，每当暴雨天气，凤村镇便会笼罩在可能发生洪涝灾害和山体滑坡的阴霾中。河道行洪不畅，洪水漫堤过路，也拖累了凤村镇的发展。工作队进驻后，非常重视灾害防御能力的提升，投入专项资金修复洪水冲击导致的塌方、毁坏地段，并改造了水旱灾害防御指挥中心。智能化水利系统被工作队带进凤村，6套雨量、水位监测设备守护着河域安全，雨洪监测和预警系统让凤村人不再惧怕大自然的灾害威胁。

工作队攻坚克难，还啃下了禄村河综合治理这块硬骨头。2021年以来，禄村驻村团队深入建设禄村河改造项目。不仅清拆了两岸污染养殖场，还对河道进行了清淤和拓宽，还给禄村一个清澈的生态湿地。三年间，河左岸的撂荒地实现土地流转，滨河活动空间、滨河停车场、滨水河长制文化广场等便民服务设施在禄村河两岸建起，禄村河成为串联沿线产业、文化和生态资源的宝地，禄村老百姓“一河两岸”的梦想成为现实。

聚焦急难愁盼 照亮群众“出路”

公路建得好，乡村振兴才能跑得快。道路一直是凤村镇政府苦恼的重要工程，工作队进驻三年以来，统筹利用帮扶资金和民生实事资金，对镇村主干道进行道路亮化，安装了1615盏太阳能路灯。坑坑洼洼的道路铺上崭新的沥青，夜晚也不再摸黑前行，修路修的是凤村的出路，路灯照亮了凤村的未来。

工作队和镇委镇政府劲往一处使，驻村工作如火如荼。“永播凤乡村振兴示范带”沿线的508户农房三年来全部完成了风貌提升。工作队还规划将长达20.9公里的农村公路由3.5米扩建为6米并全面硬底化，到2024年这项计划已初具成果，路面改造及硬底化完成了12.18公里，路面已完成15.81公里拓宽。道路改造的终点将至，农村工作的脚步却不会停止。三年来，通过清拆危房、改善村容村貌、铺设生活污水管道、种植优质苗木，美丽宜居的凤村呈现欣欣向荣之势。

汇聚多方力量 擦亮公益品牌

公益，是工作队解决“教育难”的破题之法。在工作队的努力协调之下，向凤村镇伸出的援手越来越多。从2021年以来，广东省水利厅、中国进出口银行广东省分行向凤村镇政府、中心小学、禄村小学、古杏教学点等捐赠了200余台电脑和打印设备。广东省教育基金会捐赠了约20万元的图书物资，广东狮子会资助了47名学生的基本生活费用，联合读书促进会向478名学生发放了11万元奖学金。各单位、社会

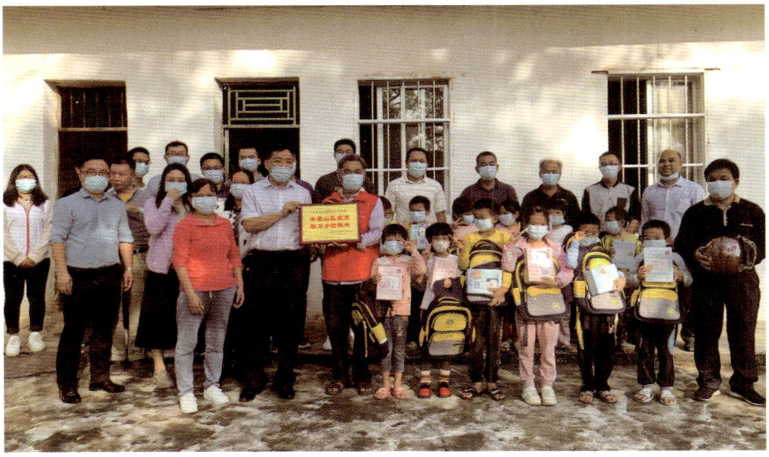

工作队开展助学助教活动

组织的爱心举措，让凤村的下一代得以茁壮成长。

定向帮扶之外，工作队也深知调动全社会力量共同参与，才是长久之道。三年间持续开展的“接力帮扶，爱心慰问”专项活动、“帮智扶教，人才振兴”主题讲座、“奖学助学”等活动，让凤村的公益教育成为一张闪亮名片。比如禄村村、古杏村的“时光之禄”“时光之杏”儿童公益图书馆，由深圳大学和满天星儿童公益组织帮扶建设，如今两座图书馆总藏书10000余册。图书馆自2022年底全面建成开放后，定期开展线上教学活动。每年寒暑假，深圳大学、满天星儿童公益组织都会组织大学生、志愿者来村里开展“时光益读”公益读书活动，深受孩子和家长们的欢迎。

凤村镇驻镇三年，工作队始终把群众最关心的事情放在心上、干在实处。如今凤村镇水清山绿，道路不再泥泞，村里书声琅琅，公益微光从这里绽放，也将走得更远更稳。

（李　艳）

驻肇庆市德庆县凤村镇帮镇扶村工作队成员

◆王海丽　队长，来自广东省水利水电科学研究院
◆韩长峰　队长，来自广东省水文局肇庆水文分局
◆陶　楠　队员，驻禄村村第一书记，来自广东省水利厅
◆罗泽燕　队员，驻古杏村第一书记，来自中国进出口银行广东省分行
◆余　刚　队员，来自广东省水利厅
◆黎向东　队员，来自中国进出口银行广东省分行
◆罗　柘　金融助理，来自中国农业银行德庆县支行
◆王永康　金融助理，来自中国农业银行端州区支行
◆刘　洋　队员，来自中国进出口银行广东省分行
◆尤斌昊　队员，来自广东省西江流域管理局
◆戴庆鸿　队员，来自中国进出口银行广东省分行
◆周　璐　队员，来自广东省东江流域管理局
◆高倩玉　队员，来自广东省水文局
◆王晶京　队员，来自广东省水文局

驻梅州市五华县河东镇帮镇扶村工作队：

播下“健康+”种子　打造卫生强镇

从补齐镇3间卫生院基础设施短板、新建4个行政村规范化卫生站、积极推进紧密型县域医共体建设，到以党建引领培育人才队伍、因地制宜发展乡村产业、全力创建广东省健康教育示范镇……三年来，在梅州市五华县河东镇，来自广东省卫生健康委、南方医科大学的驻镇帮镇扶村工作队，积极携手镇委镇政府，以“五大乡村振兴提升”为发展重点，充分发挥卫健行业优势，促进优质医疗资源下沉，让幸福的种子在河东大地萌芽生根。

“把小事办成，干一件成一件，就是最好的结果。”工作队队长闵娜说，在河

驻五华河东镇帮镇扶村帮镇扶村工作队

东镇这片热土上，工作队播撒了巩固脱贫攻坚、基建、医疗、教育和产业帮扶的种子，全力打造一支“带不走的帮扶战斗队伍”，为这片土地留下希望的火种。

立足根本　提升基础设施水平

“2023年红薯产业为村集体创收约4.8万元，村民们都分到了红利。”在河东镇黄湖村，工作队队员、驻黄湖村第一书记林晓洋兴奋地说。

黄湖村位于天云岭森林公园附近，拥有良好的生态环境。然而过去很长时间，黄湖村饱受降雨不足等气候条件限制，长期缺水，农田水利基础设施大多落后废置，村里农田撂荒现象严重。

为解决好黄湖村村民急难愁盼的事，工作队自筹资金投入10万元为黄湖村打造三口农业灌溉用水井，整治撂荒耕地种植黑豆、水稻等，完成占耕图斑整改共52.8亩。

“黄湖村两委干部集约全村闲置土地260亩，引进惠州红薯种植企业，租赁其中60亩给企业用于发展高代脱毒红薯种植示范。”林晓洋介绍，当地还借助县政府统筹省驻镇帮镇扶村资金900余万元，整治黄湖村十字路口至天云岭森林公园入口道路两侧的风貌，将黄湖村境内主干道打造为县级旅游观光风景带。

激发乡村基层治理新活力离不开各方力量。在村级层面，黄湖村发动社会力量

河东镇三村联动建设“油乡・水韵”乡村振兴示范带

工作队引入卫生专项资金，升级改造建设河东镇油田卫生院医养结合项目

捐助100万元重建鸳鸯桥和黄排上文体广场，丰富村民业余文化生活；争取五华县水利局投入400余万元，对黄湖水库除险加固，新建库边路，美化水库周边环境，一步一个脚印地建设宜居宜业和美乡村，实现村庄旧貌换新颜。在乡镇建设方面，河东镇人民政府统筹资金1000万元帮助推进油新村、化裕村、和民村“三村联动”风貌示范带项目建设；统筹资金111.3万元升级改造河东圩镇长乐农贸市场和奖补太和村文体广场建设。

“乡村基础设施的完善，既能形成投资拉动效应，又能厚植农业农村发展优势，为乡村振兴打下更坚实的基础。”闵娜说。

软硬齐抓　促优基层公卫能力

小病不出村，大病不出县。医疗服务的改善，给当地老百姓带来实实在在的获得感。入驻以来，工作队自筹帮扶资金632.5万元，动员社会各界捐款62.5万元，向当地捐物总折款240.55万元，投入1720万元全面补齐河东镇3间卫生院县域医共体内检验检查结果互认、特色发展及信息化联通的配套医疗设备，并安排2023年中央专项彩票公益金升级改造油田卫生院，创新发展医养结合模式。

“在村里就能看病买药了，不用再骑一个小时摩托车去县城了。”蝉塘村卫生院里，村民陈先生正在就医，谈起村里医疗服务的提升，他竖起了大拇指。

过去，蝉塘村是典型的“三少”村，农地少、人口少、经营活动少，村集体年收入长期位居河东镇末尾，村中原有的卫生站简陋且不规范，内部空间狭窄，药品严重不足。“通过前期调研，我们发现河东镇基层医疗服务薄弱，远远不能满足当地群众就医需求。”闵娜表示，为了改变镇村医疗服务落后面貌，工作队积极筹划争取“补短板”，大力推进河东健康教育示范镇建设，在组团单位南方医科大学自筹资金的资助下，为蝉塘村建设了一所涵盖诊室、药房、配药室和治疗室的标准化卫生站，为黄湖、油田、太和、河口四个行政村新建规范化公建村卫生站，增加群众基本公共卫生服务的可及性和便捷性。

在此基础上，工作队还以“软硬兼施”为抓手，提升河东镇基层医疗卫生机构服务能力。硬件方面，自筹资金支持河东卫生院新门诊楼大厅升级改造，油田卫生院东挡土墙修建和平南卫生院入口排水设施及硬底化，候诊雨棚等项目补齐短板建设；协调相关单位和企业支持防疫物资、卫生医疗设施设备、健康包、老人包和五华县公立卫生院（站）微型升级改造所需建筑材料和洁具等，总价值约207万元。软件方面，推动10家省级卫生医疗单位对五华县镇村紧密型县域医共体建设开展卫生医疗专业及管理水平提升培训15场。

因地制宜 做强乡村农业产业

在五华消费帮扶（河东）馆内，货架上商品琳琅满目，摆放得井然有序，茶叶、食用油、酱油、客家娘酒、蜂蜜等农特产品应有尽有。

“这几年，依托河东镇的大昌粮贸、老聚通酱油和引进建设的五华消费帮扶（河东）馆等企业平台，工作队发动消费帮扶总额约370万元。”五华县河东镇党委副书记、镇长江志彤说。

产业振兴是乡村振兴的基础。工作队深知产业的重要性，自进驻以来积极引进生态农业开发有限公司在原省定贫困村建立产业帮扶基地，并协助企业成立县乡村振兴局授权的“五华县消费帮扶（河东）馆”；协调惠州薯源农业有限公司到驻点村建设“高代脱毒红薯种植示范基地”；通过两个重点帮扶村建设公共区域楼顶光伏发电等一系列举措，着力引导优质产业项目落地河东镇，实现产业兴旺，农民共同富裕。

工作队还结合本地资源禀赋，盘活土地，发展新产业。2022年，96千瓦光伏发电项目、142.5千瓦光伏发电项目分别在蝉塘村和黄湖村建成，分别增加村集体年收入5万元和7万元。

“要实现镇村高质量发展，关键还是要做强农业产业。”闵娜谈起河东镇产业的发展方向：“比如高车塘村四面环山，土壤富硒，非常适合发展种植天然有机产品。”

对此，工作队引进了广东坚为生态农业开发有限公司，在高车塘村投入200万元开展食用菌和五指毛桃生态种植，建立广东省卫生健康委、南方医科大学产业帮扶基地。该基地种植项目占地约10亩，种有木耳、茶树菇、香菇等，2022年产量约15万斤，年产值约200万元；为高车塘村创造集体收入3.5万余元，为20余名村民提供就业，人均年务工收入近3万元。

春种一粒粟，秋收万颗子。三年时光如水轻轻逝，工作队播撒下来的种子已在河东镇悄然开花。如今，黄湖村和蝉塘村均被评为五华县文明村，上榜广东省乡村治理百镇千村示范村创建名单。

（符诗富）

驻梅州市五华县河东镇帮镇扶村工作队成员

- ◆闵　娜　队长，来自广东省卫生健康委
- ◆刘克荣　队员，驻蝉塘村第一书记，来自南方医科大学
- ◆林晓洋　队员，驻黄湖村第一书记，来自广东省第二人民医院
- ◆陈代球　队员，来自南方医科大学
- ◆陈源红　队员，来自南方医科大学
- ◆邓永福　队员，来自五华县卫生健康服务中心
- ◆卓　玲　金融助理，来自中国农业银行兴宁兴福支行
- ◆李　娟　高校志愿者
- ◆陈意婷　高校志愿者

驻梅州兴宁市石马镇帮镇扶村工作队：

优化医保服务　答好民生答卷

2021年6月，由广东省医疗保障局牵头的驻镇帮镇扶村工作队进驻梅州兴宁市石马镇。该镇位于兴宁市东北部，距离县城较远，群众办理医保业务十分不便。

为提升群众办事体验感，工作队因地制宜、整合资源，对原来的镇党群服务中心进行了扩容改造和软硬件升级，不断提升镇域公共服务能力，构建起标准统一、运行高效、服务一体的医疗保障基层服务体系。

三年的时光里，无论是蜿蜒崎岖的山间小径，还是广袤无垠的田野阡陌，都留下了他们深深的足迹，这个小镇也发生了翻天覆地的变化。

坚持“标准化”建设　改善基础设施条件

走进石马镇党群服务中心，宽敞明亮的服务大厅让人眼前一亮，功能区划分明朗，设施设备齐全，指示标识清晰。工作人员服务热情、细致，还提供免费充电、饮水、药箱等便民服务。

据了解，该镇原党群服务中心办事大厅面积小，基础设施设备较简陋，服务形式较单一，特别是对于服务对象覆盖面较大、业务量较多的医保工作而言，功能明显不足。

针对这个问题，工作队充分利用自身资源优势，积极筹措资金约50万元，对镇党群服务中心进行升级改造，将面积从90平方米扩容至180多平方米，设置了业务办理区、等候区、自助服务区、党建书吧等多个功能区域。工作队还将24项医保事项纳入服务范围，配备了标准规范的办公设备以及便民应急物品，并张贴了醒目规范的服务标识。

“我们老年人对于很多现代设备的操作、业务办理不是很了解，工作人员都会耐心指导，协助办理业务，服务十分好。”村民邹伯在办理医保业务时说。如今，镇党群服务中心的医保窗口承办35项医保下沉服务事项，涵盖下放至镇街一级的所有医保业务，还推广了医保经办服务“线上办、掌上办”和医保电子凭证应用，群众满意度显著提高。

坚持“精细化”管理　提升便民服务水平

医保办理的硬件设施升级了，便民服务水平也需进一步提升。

为此，工作队建立了一支“镇、村（社区）医保网格服务队伍”，采取“1+1+N”模式，将管理形式网格化，激发经办新动能。把居民医保征缴、报销、政策宣传、业务代办帮办等纳入网格管理，包干到户、服务到人，辐射27个村（社区）共3万余人，真正做到“小网格、大责任”。

其中，虎石村被选取作为村级医疗保障服务点（试点），推动医保高频服务事项下沉至村，实现群众医保“家门口”办，解决医保经办服务“最后一米”问题，让参保人员享受到更贴心的医保服务。

以主动服务、有求必应为工作理念，石马镇医保服务点创新服务方式，增强了群众幸福感。帮办代办、容缺受理、延时服务、自助办理等创新服务都让参保人员享受到便利与温暖。值得注意的是，服务点还对残障人群、孤寡老人、五保户、高龄老人等特殊人群提供“帮办代办”服务，让他们实现办理“零跑动”。

除此之外，石马镇医保服务点还采用“线上+线下”的方式宣传医保政策，让宣传手段更接地气，使医保政策深入人心。在集市边、稻田旁，工作人员利用群众劳动间隙时间，向群众讲解参保案例及最新医保政策，同时利用微信群、公众号等及时宣传医保相关政策，让参保群众在享受到热心医保服务的同时，能够及时了解医保最新政策。

在工作队的努力助推下，石马镇成为梅州市首个镇级“全国医疗保障基层服务

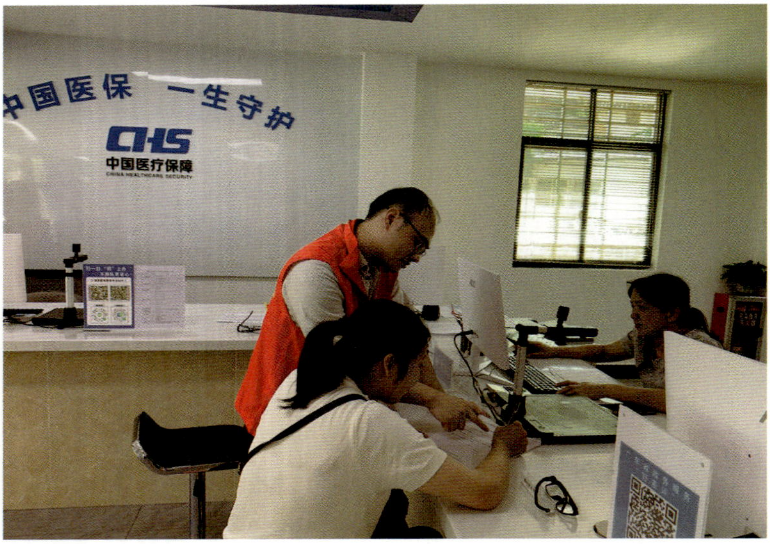

工作人员正在为群众办理业务，做到“优质高效为您服务、真诚微笑让您满意”

示范点”，为梅州市各县（市、区）的镇级示范点建设提供了样板。梅州更以此为基础，推出相关工作方案，建成第一批11个镇级医保服务示范点，优化了医疗保障资源配置，提升了群众的获得感、幸福感和安全感。

从硬件到服务，工作队打通了医保服务“最后一公里”，在石马镇搭建起一座坚固的桥梁，承载着关怀与温暖，连接了政府与民众，为当地百姓提供了更便捷、更高效的医保服务，为群众的幸福生活筑牢了坚实根基。

（张　璠）

驻梅州兴宁市石马镇帮镇扶村工作队成员

◆蓝　鑫：队长，来自广东省医疗保障局
◆李宝元：队员，驻马石村第一书记，来自广东省医疗保障局
◆肖宇华：队员，驻马石村主任助理，来自广东省医疗保障局
◆贺冰洁：队员，驻下庄村主任助理，来自广东省医疗保障局
◆张　丹：队员，驻下庄村第一书记（2021.7—2022.12），来自广东财经大学
◆林　可：队员，驻下庄村第一书记（2023.1—2024.7），来自广东财经大学
◆陈　奋：队员，来自广东财经大学
◆王志勇：队员，来自广东财经大学
◆杨　新：队员，来自广东财经大学
◆施　维：金融助理，来自中国农业银行广东省分行
◆徐良雄：科技特派员，来自惠州学院
◆吕镇城：科技特派员，来自惠州学院
◆罗铝铿：科技特派员，来自惠州学院
◆陈晓彬：高校志愿者
◆王怡婷：高校志愿者

驻揭阳市揭东区桂岭镇帮镇扶村工作队：

激活乡村教育“一池春水”

自2021年6月以来，共青团广东省委、广东省交易控股集团组团结对入驻揭阳市揭东区桂岭镇。驻镇帮镇扶村三年，工作队始终坚持“乡村振兴必先振兴乡村教育”的帮扶理念，把优先发展乡村教育事业作为重中之重，助力全镇教育高质量发展，探索出以乡村教育“一池活水”激荡起乡村振兴“满园春色”的帮扶路径。

工作队参加玉白村绿美青年林植树活动

学生们在崭新的跑道上热情高涨地进行体育运动

聚焦办学条件 倾力打造乡村教育“硬支撑”

有好的办学条件，才有好的乡村教育。工作队把改善办学条件作为补齐桂岭镇教育民生短板的首要举措，通过一系列有力举措，加强学校基础设施建设，为乡村教育发展提供坚实的硬件保障。

据了解，工作队首期筹款40万元，专项用于开展全镇办学条件改善提升工程，着力推进中小学校标准化建设，努力弥补乡村教育在硬件方面的不足，力争让桂岭镇的每一所学校都成为学生开心、家长放心的场所。

为帮助学子强健体魄，工作队着力改善学校体育设施，争取到广东省青少年发展基金会·锋基金支持，为桂岭中学援建一个价值超10万元的专业化“杜锋篮球场”。此外，工作队还争取到爱心企业和爱心人士的支持，筹集到80万元资金用于玉白小学建设标准化塑胶操场、篮球场及一批文体设施器材配套。

除了强健体魄，工作队还为乡村学子的精神世界“添砖加瓦”。工作队注重提升学生的阅读条件，协调联动广东新华发行集团、揭阳新华书店等，帮扶玉白小学采购近1500册青少年读物，帮助改造阅览室布局配置，改善读书环境，夯实玉白小学开展读书行动、建设“书香校园”的硬件保障。

“粤山海·见花开”广东福彩乡村美育社团受邀到广州市少年宫参加广东省青少年美育成果展演

聚焦优质教育　倾心促进乡村教育“软发展”

优质教育资源不足长期困扰桂岭教育高质量发展。在工作队的积极努力下，这一“老大难”问题正逐步得到破解。工作队通过多元化、多角度、多渠道整合资源力量，努力扩大桂岭镇优质教育供给和覆盖面、受益面，让乡村孩子也能享受到优质的教育资源。

发展优质教育，首要难题是如何做好乡村教师队伍的建设。工作队立足岗位所缺、专业所求，创新教师补充机制，为全镇先后争取配备10名高校志愿者、8名希望乡村教师、3名校园青年社工。新力量的加入，充实了乡村教师人才队伍，缓解了全镇教师紧缺的问题，为加快实现优质教师资源的供给和均衡配置奠定了坚实基础。

除了扩充师资，开展素质教育是工作队的另一个发力点。工作队投入40万元帮扶资金，联合镇团委共创“两帮两促·筑梦童行”文明实践志愿服务品牌。此外，工作队常态化开展“周末课堂”“夏冬令营”活动，持续开设书法、绘画、器乐、舞蹈、跆拳道、口才等素质课程，现已累计开展20期400余次授课，覆盖学生超1.2万人次。

工作队还积极链接省级资源和平台，为发展素质教育提供更为广阔的空间。比如连续3年邀请省青科协、广东科学中心等赴桂岭镇开展“青春情暖·科学家进校园”“科学伴我同行”等科教送校活动，加强学生科学教育，激发学生兴趣，培育学生科学梦想。另外，工作队联动“广东福彩育苗计划”平台，连续2年在玉白小学打造2个省级标准的乡村美育（特色器乐和创意舞蹈）示范公益社团，覆盖村青少年儿童达210人，并推荐其在省级平台参加成果展演，赢得学校和家长一致好评。

聚焦身心稳固　倾情为乡村教育发展“护好航”

育人育心，浇花浇根，学生的身心健康是乡村教育帮扶不可忽视的一部分。青少年学生正处于生理和心理变化的关键时期，因此，工作队大力实施学生身心健康护航行动，帮助他们健康成长。

实施营养改善计划，是工作队关注乡村学生身体健康的“着力点”。工作队积极协调中国儿童少年基金会、广州市美赞臣公益基金会等公益资源支持，争取到“用爱传递　更好开始——乡村母婴营养改善计划”落地桂岭镇，为全镇青少年学生赠送市值54万余元的营养奶粉3000罐，有力保障学生营养需求，帮助学生培育健康体魄。

除此之外，乡村学生的心理健康也时刻牵动着工作队队员的心。依托省12355青少年综合服务平台，工作队连续三年开展“12355进学校、进农村”心理健康关爱行动，邀请13位专业心理咨询讲师赴桂岭镇中小学校累计开办34场心理讲座，并组织开展心理健康问卷调查，合计覆盖中小学生3000余人次，并对部分学生开展“一对一”定期跟踪服务，全力呵护青少年学生心理健康。

省12355平台心理咨询老师连续3年为桂岭镇中小学生开展心理咨询活动

“不让一个学生因家庭经济困难而失学”，工作队将困难学子的帮扶工作作为重点任务，为乡村贫困学子的求学之路护航。工作队成立桂岭镇防止返贫致贫帮扶基金，首期投入30万元，重点关注保障脱贫家庭学子的学习和生活条件，帮助解决后顾之忧，促进身心健康成长。此外，工作队依托“青年云支教”活动，联合韩山师范学院，以一名家庭困难学生配对一名大学生志愿者的形式开展线上辅导，持续提升学生学业水平，现已累计覆盖全镇学生200余人。

（张嘉敏）

驻揭阳市揭东区桂岭镇帮镇扶村工作队成员

◆陈健彬　队长，来自共青团广东省委员会
◆张献伟　队员，驻玉白村第一书记，来自广东省志愿者行动指导中心
◆吴桂弟　队员，驻乌围村第一书记（2021.6—2023.2），来自南方联合产权交易中心
◆胡小升　队员，驻乌围村第一书记（2023.2—2024.7），来自广东省交易控股集团
◆葛　磊　队员，来自共青团广东省委员会
◆刘　毅　队员，来自共青团广东省委员会
◆廖英明　队员，来自南方联合产权交易中心
◆马路凯　科技特派员，来自仲恺农业工程学院
◆郑俊龙　金融助理，来自中国农业银行揭阳分行
◆黄　豪　高校志愿者
◆周扬程　高校志愿者
◆王湘婷　高校志愿者
◆王秋妮　高校志愿者

驻清远英德市水边镇帮镇扶村工作队：

“一户一策”办实事

入户走访关注重点家庭、重点妇女、重点儿童群体，因地制宜发展蔬菜和麻竹笋产业，多措并举提升公共基础设施水平……由广东省妇联牵头，中远海运特种运输股份有限公司（下称“中远海运特运”）和广东女子职业技术学院（下称“女子学院”）三个单位组建的驻镇帮镇扶村工作队进驻清远英德市水边镇以来，聚焦乡村振兴驻镇帮镇扶村“五大任务”开展针对性帮扶，“一户一策”办实事，用心用情促发展，驻镇三年交出了一份亮眼答卷。

逐户摸查防返贫　巩固拓展脱贫攻坚成果

“我们是驻镇帮镇扶村工作队，这次的走访，主要想看看你们家里情况怎么样？有没有什么困难？……”2022年10—11月，根据牵头单位省妇联指示部署，工作队对全镇235户重点家庭、重点妇女、重点儿童共409人开展一对一入户走访活动，全面了解他们的困难问题。同时，工作队还分类分批对全镇近300户低保困难家庭进行遍访，对195名低保家庭实施教育帮扶。三年来，共投入近80万元落实“一户一策”产业、教育、医疗等帮扶措施。

“非常感谢省妇联领导对孩子无微不至的关心，连日常生活和营养补充都考虑得那么周到。”领到营养钙片的那天，周小朋友的爷爷紧握着白坑村第一书记刘彬的手动情地说道。儿童时期是骨量积累的关键时期，为了护航孩子们健康成长，

工作队筹资打造妇女儿童活动阵地

2023年10月，省妇女儿童基金会向水边镇捐赠了1000盒儿童营养钙片，工作队协调制定了详细的全镇适龄儿童发放名册，对重点儿童家庭入户探访派送，跟踪孩子们的成长情况，让捐赠活动有效惠及目标人群。

保民生也要强教育，组团单位中远海运特运将46万余元的“6·30”帮扶资金用于资助全镇困难家庭的义务教育在校生和大中专学生；省妇联协调广州爱心企业助学50名小学阶段困难儿童，每人发放助学金1200元。工作队也为水边儿童带来了更丰富多彩的生活，不仅筹资建设全镇8个妇女儿童阵地，实施“爱心家庭+留守儿童”项目，策划成立白坑村教育基金会，还组织水边镇的孩子们参加暑期城乡儿童结对研学交流体验活动、图书漂流城乡儿童爱心手拉手活动等近十场暑期关爱活动，助力孩子们的成长、成才。

在多方位的立体帮扶下，至2024年8月，水边镇原16户重点监测户已有13户成功消除返贫风险，水边镇原270户低保户已有82户收入水平超过当地最低生活保障线，逐步退出低保，脱贫攻坚成果得到全面巩固。

多措并举强产业　助推实现强村富民

“这几年，在工作队和驻村第一书记的帮扶下，白坑村在党建工作、基础设施建设、公共服务水平、巩固拓展脱贫攻坚成果及集体经济发展等方面都迎来了全面提升。”水边镇白坑村党总支书记黄伟东深有感触。组团单位援建的白坑村供水项目，在提升村民生活用水水质的同时为新开通的广连高速水边服务区有偿供水，每年可为村集体增收15万元以上；白坑村蔬菜种植基地试点项目也已实现连片规模化种植，“合作社+公司+农户”的产业发展模式，有效提升了白坑村蔬菜等农产品种植规模与品质，带动村民创富致富。

乡村要发展，产业必先行。“自入驻以来，组团单位先后自筹资金近300万元投入产业发展。”工作队队长高永军举例表示，坚持问题导向，开展精准帮扶，白坑村现在已经从集体经济薄弱村变成了集体经济强村，连同水边镇其他三个村，已经提前两年实现省定15万元的村集体收入目标。一同改变的还有黄竹村，工作队抢抓英德市发展麻竹笋百亿产业契机，建设黄竹村麻竹笋加工厂，不但为村集体增加收入，还为部分村民提供了就业机会，激发了广大村民种植麻竹笋的热情。工作队坚持促消费和强产业相结合，帮扶期间组团单位累计采购水边镇大米、蔬菜等农产品超130万元。

除了因地制宜、精准施策发展好特色产业外，工作队也积极“造血”，在水边镇开展惠农基础金融贷款，三年来共授信40多名致富带头人成功贷款超300万元。“我们还与镇有关部门多次协调广连高速水边服务区，吸纳水边镇90多名包括困难群众在内的村民就业。”高永军表示。2022年水边镇遭遇百年不遇的特大洪水，为

白坑村蔬菜种植基地带动村民创收致富

加快灾后复工复产，省妇联积极统筹资源，筹措资金85万元，用于灾后修复水毁农田等项目。2023年上半年，为保证粮食安全、减少撂荒地数量，工作队向省妇女儿童基金会申请15万余元实施水稻种植奖补，助力水边镇复耕复种和产业发展。

重服务打基础　提升镇村公共设施

教室窗明几净，学生寝室墙面雪白，低矮的大通铺变成了漂亮的双层床，放假回来的学生们惊喜地发现热水村小学大变样了。“原来破旧的木制门窗全部换成锃亮的不锈钢门窗，还加装了防盗网，教学楼走廊也全部新装了宣传挂画。”学校张校长高兴地说，多年的老校区变得焕然一新。

这一切，都得益于工作队的大力帮扶。2022年，中远海运特运出资300万元支持水边镇四类7个项目建设，涵盖基础设施、巩固脱贫、教育帮扶和产业发展等方面，热水村小学功能场室改造项目正是其中之一。为保证工程质量和进度，中远海运特

在工作队的支持下，水边学校焕然一新

运驻热水村第一书记李冬明和工作队员杨烨多次到施工现场督导，确保达到最佳改造效果。

改变不止一点。修建热水村新岭桥、热水村湾尾桥、乌城村机耕桥，白坑村、热水村部分道路硬底化，改善水边学校办学条件和水边卫生院医疗条件……三年来，工作队先后筹集经费320多万元，打通老百姓生产生活和出行致富“最后一公里”，有效提升镇村基础设施和公共服务水平。

在绿美乡村的建设中，工作队也不曾缺席——争取专项经费开展“家越美　粤幸福”项目创建，持续推进“四小园”和“美丽庭院”建设。与清远市妇联一同协调碧桂园旗下公司为水边镇免费提供价值200万元的经济花木紫薇杜鹃等2000余株，在流寨村集中连片种植1000余株，打造镇队共建“乡村振兴林”。

（刘　涵）

驻清远英德市水边镇帮镇扶村工作队成员

◆高永军　队长，来自广东省妇女联合会

◆刘　彬　副队长，驻白坑村第一书记，来自广东省妇女联合会家庭期刊集团有限公司

◆李冬明　队员，驻热水村第一书记，来自中远海运特种运输股份有限公司

◆杨　烨　队员，来自中远海运特种运输股份有限公司

◆谢　耘　队员，驻流寨村第一书记，来自广东女子职业技术学院

◆马坤才　队员，来自广东女子职业技术学院

驻茂名信宜市水口镇帮镇扶村工作队：

三大“工作公式”防返贫

2021年6月，由广东省残联、省邮储银行组团的工作队进驻茂名信宜市水口镇开展驻镇帮镇扶村工作。三年来，工作队守住防返贫底线、扶持产业发展、优化基础设施，用三大“工作公式”在水口绘出一幅发展新画卷。

“动态监测＋精准帮扶”防返贫

省定贫困村脱贫不易，如何“防返贫”、巩固拓展脱贫攻坚成果，是工作队进驻水口镇后最关心的问题。三年间，工作队在水口总结了一套工作方法。

针对脱贫户，工作队实行常态化帮扶，优化“监测、预警、扶持、保障”防贫全线工作。三年来，工作队共筹集约70万元用于帮扶脱贫户，存在返贫致贫风险的645户1498人全部被纳入返贫监测系统。

工作队深知帮扶不能停留在嘴上，更要实践在脚下，“常入户走走”成了驻镇的工作特色。除了不定期走访慰问脱贫户，入户慰问人数达到1300多人，针对重点帮扶对象，一人一策，精准发力。针对水口镇1户孤儿监测对象，工作队送上物资减轻生活负担，并且督促村干部、班主任时刻关注孩子的心理和学习变化情况，以便及时给予帮助。

来自广东省残联的工作队成员来到水口镇，最关心的还是农村残疾人帮扶工作。农村残疾人生活水平和帮扶程度都比较低，亟须政策上的倾斜。工作队对水口

工作队入户慰问

镇上的残疾人家庭开展入户调研，关注重点人群，对全镇返贫监测系统的义务教育阶段学生和全省高中阶段以上残疾学生、残疾人家庭学生每人发放500元至1000元助学金。除了资金帮扶，工作队坚持“授人以鱼不如授人以渔”，将4位肢体残疾人对接到爱心企业就业，帮助3名精神残疾小孩顺利进入特殊教育学校就读。在走访中，工作队还为残疾人帮扶对象及时提供康复训练、行动辅具、职业技能培训等资源。

“美化面子 + 优化里子”强基础

在水口镇，村道崭新宽阔，路边灯火明亮，街心公园里老人乘凉、孩童嬉闹，一片安居乐业的景象。这是工作队提升水口镇公共基础设施水平和公共服务能力的一个缩影。

三年来，工作队筹集约80万元用于完善村居基础设施，改善人居环境。从群众最关心的“行路难”问题入手，推动翻修镇村街道，还争取社会力量捐赠了560多盏路灯。公园是村民锻炼身体、放松身心的重要场所，工作队与水口镇政府合力打造到永村新铺公园、岭上村好心林两个口袋公园，美化群众生活环境。

在精神文明提升上，工作队借助组团单位的资源优势，协调策划了一系列主题活动。协调省残联在水口镇举办“奋进新征程　建功新时代”主题宣传系列活动和丰富多彩的残疾人书画展、优秀残疾人先进事迹宣讲、文艺演出等活动，水口镇的残疾人有了属于自己的文化空间和展示舞台。工作队还主动支持镇舞蹈代表队踊跃参加茂名市、信宜市百姓广场舞大赛，舞蹈代表队在比赛中斩获银奖，展现了水口群众奋发向上的精神风貌。

“产业探索 + 壮大村集体经济”促增收

产业发展好，才能给巩固拓展脱贫攻坚成果持续提供动能。工作队成功筹集了约130万元资金，专门用于推动产业发展壮大。立足当地资源禀赋，工作队推动水口镇种植红松茸、肉姜、丝苗米和广藿香等特色作物。值得一提的是，红松茸在央视等多家媒体上得到广泛宣传，已成为水口镇特色农业的一张亮丽名片。此外，广藿香项目与茂名农垦达成了合作，丝苗米项目则与省农科院植保所建立了合作关系，这些合作为水口农产品的进一步发展提供了强有力的支持和保障。

通过“筑巢引凤”，工作队为村集体经济发展注入动能。先是积极推动约600亩土地流转，引进企业种植各类农作物，吸纳100多人就业。还支持三个村建设物业来提高村集体收入，其中为到永村争取到100万元资金投入、为群丰村和双山村分别争

“奋进新征程　建功新时代”主题宣传系列活动

取到15万元。

此外，工作队还支持水口镇成立强村公司，在农业种植基础上逐步开展加工业务，延长农产品产业链条，并给村民提供电商技能培训等。充分发挥村“微工厂”作用，建设23个帮扶车间，吸纳1000多人就业，让群众增收可盼可喜。

（李　艳）

驻茂名信宜市水口镇帮镇扶村工作队成员

◆朱自强　队长（2021.6—2023.3），来自广东省残联
◆谭穗玲　队长（2023.3—2024.7），来自广东省残联
◆叶小蛟　队员，驻到永村第一书记，来自广东省残联
◆谢　峰　队员，驻岭上村第一书记，来自中国邮政储蓄银行广东省分行
◆麦嘉良　队员，来自广东省残联
◆林瑞生　队员，来自中国邮政储蓄银行广东省分行
◆李永杰　金融助理，来自中国农业银行东莞分行
◆张太平　队员，来自华南理工大学
◆史　伟　队员，来自华南理工大学
◆马伟文　队员，来自华南理工大学
◆丘飞龙　“三支一扶”人员
◆陈国权　“三支一扶”人员

驻茂名市电白区马踏镇帮镇扶村工作队：

“勘探”乡村发展新“元素”

来自广州海洋地质调查局的帅庆伟，在单位做了近7年技术工作，曾跟随调查船出海进行海上勘探、地质取样等一线工作，可以说是个不折不扣的“勘探人”。2021年，他来到粤西，成为驻茂名市电白区马踏镇帮镇扶村工作队的一员和石古湾村驻村第一书记。

他说，电白的乡村很奇特，一个村有5种方言，为了摸清村里的情况，寻找帮扶的落脚点，他每天都拉上一个村干部一起下乡调研。帅庆伟晚上和村民开“板凳会”，坐在板凳上和村民聊天，一边记录村民的需求和村里存在的问题，一边思考对策，如何争取资金，如何向村里、镇里以及组团单位反馈，如何调动资源……在他的讲述里，驻镇帮镇扶村的日常忙碌而充实，挑战不少但温情满满。

勘探特色“元素”　为产业发展聚优势

开启工作之后，石古湾村的产业发展问题是拦在工作队面前的一道难关。石古湾村的村集体收入主要来自旧市场的铺租，年收入5000元，市场环境较为脏乱差。

了解情况后，帅庆伟和工作队决定盘活这个旧市场。为此他们向各方申请，共争取到了150万元重建旧市场，完善各项基础设施，增加学生托管场地；结合旧村委大楼，增加出租铺面；成立农业技术服务公司，销售农药、化肥和种子，以及开展农业技术培训等，以增加村集体收入。

帅庆伟和村民

经过调研，工作队发现，由于种粮收益低，村里部分土地存在季节性撂荒的情况；此外村里种了许多沉香，但是大多由隔壁镇的种植大户承包种植，村中散户居多，收益不明显。

怎样才能打造富民兴村产业？为了挖掘村里的优质资源，并结合广州海洋局的专业优势，工作队筹集资金100万元，在村里开展土壤地球化学调查，划出了“富硒富锗”的土地区域，完成了石古湾村“广东天然富硒土地”的申报。下一步，他们将引导村民调整农产品种植结构，提升农产品附加值，探索打造“一村一品”，发展特色农业产业。

巩固拓展脱贫攻坚成果　让村民生活更幸福

工作队的首要任务，是巩固拓展脱贫攻坚成果。石古湾村内共有防返贫监测户62户，工作队通过入户走访，调研了他们的生活状况和返贫风险，以此为基础制定帮扶措施。

工作队走访了解到，监测户丁叔靠做临时工补贴家用，他们家的住房问题一直没能得到解决。丁叔的老屋是危破泥砖房，2021年10月，村里开展“三清三拆”工作，丁叔非常配合地拆掉了自己的老屋，住在外出工作的兄弟的老屋中，但后来这

村里来了勘探队

间老屋也成了危破房。了解到丁叔家的情况后，工作队决定给他建一个新房子。

经过申请，组团单位向丁叔捐赠了8.5万元资金，工作队的金融助理还帮他申请了5万元免息贷款，帮助丁叔建成了一座占地60多平方米的红砖房。

监测户杨叔一家五口人，仅他一人有劳动能力，由于需要照顾母亲、妻子和两个儿子，他只能晚上打鱼谋生。工作队坚持不漏一人的帮扶保障举措，通过与电白区乡村振兴局和马踏镇农办等部门的积极沟通协调，为其争取到了在镇政府当保洁员的公益性岗位。保洁员工作时间灵活，不仅方便他接送孩子读书，也可以让他分身照顾母亲和妻子。10月，杨叔上岗的第一天，就发短信向工作队表达感谢，让帅庆伟他们感到非常欣慰。

开展“第二课堂” 让乡村教育更全面

“耶！今天是手工课！”下午4时30分，石古湾村小学放学的铃声响起，学生兴冲冲地收拾好书包来到“第二课堂”的课室准备上课。

石古湾村小学的“第二课堂”也是在调研中发现的需求。此前不少村民抱怨，由于白天要外出务工，他们经常不能及时来学校接孩子放学。而学校由于经费、师资等问题，也不能很好地开展“四点半课堂”和“第二课堂”，无法提供托管服务，并且美术、音乐、体育等课程只能靠其他科目的老师代课，教学质量难以保证。

了解到村民、学生和老师们的需求后，工作队开始向各方寻找有效的帮扶方式。最终，在组团单位的支持下，工作队找到了钟吉女士——52岁的她曾是广州海洋地质调查局海地幼儿园的高级教师。2022年3月17日，钟吉来到石古湾村小学，将“第二课堂”和“四点半课堂”结合起来，在课后为孩子们带来音乐、舞蹈、美术、书法和手工等课程。

钟吉来到石古湾村小学后很喜欢这里的孩子，她热心投入乡村教育事业中来，为孩子们开发兴趣爱好，让他们更加努力地学习和展现自己。在钟吉的带领下，孩子们的作品在各年级比赛中斩获了不少奖项。

（李国华）

驻茂名市电白区马踏镇帮镇扶村工作队成员

- 王和锋　队长，来自自然资源部南海局
- 麦彤宇　副队长，来自广东财贸职业学院
- 王玉清　队员，来自广州海洋地质调查局
- 杨文健　队员，驻长山村第一书记（2021.8—2023.6），来自自然资源部南海局
- 朱　健　队员，驻长山村第一书记（2023.6—2024.10），来自自然资源部南海局
- 帅庆伟　队员，驻石古湾村第一书记，来自广州海洋地质调查局
- 徐海铭　队员，驻黄羌村第一书记，来自广东财贸职业学院
- 姜立标　科技特派员，来自广州城市理工学院
- 张明容　科技特派员，来自广州城市理工学院
- 程清伟　科技特派员，来自广州城市理工学院
- 钟树东　金融助理，来自中国农业银行电白支行
- 余静敏　金融助理，来自中国农业银行电白支行
- 蔡洁莹　高校志愿者
- 谢宝荣　高校志愿者
- 郑家俊　“三支一扶”人员

驻茂名市茂南区金塘镇帮镇扶村工作队：

帮扶资金有效撬动民间资金

“以前我们村那条路被村民戏称为‘千年泥巴路’，现在硬化后村民都很满意。”茂名市茂南区金塘镇锡塘村村支书李泽飞说。不止锡塘村，金塘镇其他村的基础设施也发生了新变化，修污水管道、拓宽桥梁、修灌溉渠……

第一批驻镇帮镇扶村资金到位后，驻茂名市茂南区金塘镇帮镇扶村工作队率先确定一批村民呼声较高的民生项目，并通过调动村委会积极性、撬动爱心人士捐款等方式推进项目实施。据工作队统计，工作队将330万元帮扶资金用于上述项目，撬动爱心人士出资、村民自筹共324万元。

解决一批急难愁盼问题

工作队队长韩宏君介绍，驻镇以来，工作队优先解决村民反映较多的民生问题，借此与各村委会建立良好的工作联系。2021年12月，工作队通知每个村委会上报两个民生项目，并对各个项目进行实地核查，保证项目确实符合民生需求，帮扶资金花在刀刃上。

各村委会积极响应。金塘村委会提出将通往黄泥塘自然村的一条230米长的机耕路拓宽硬化，连接县道，方便村民出行和菜农运输；智深塘村委会提出修建三溪垭自然村的污水管网，减轻污水扰民程度；桥东村委会提出修建灌溉渠解决近20亩农田缺水问题，拓宽一条易塞车的村道以便会车；锡塘村委会则提出将一条连通2个行政村的350米长泥巴路硬底化。

韩宏君表示，工作队核算工程成本后预留10%的利润给施工队，且只承担一部分工程款，不足部分由村委会解决，可通过发动捐款等方式筹集。村委会可在资质合规的前提下自行组织开展建设，且需优先雇用本地村民。

在实际操作中，不少村委会和村民发挥了积极性、能动性，村委会干事创业的力量得到释放。锡塘村支书李泽飞表示，过去连接锡塘村、塘桥村的村道被村民戏称为“千年泥巴路”，下雨天泥泞难行，趁着这次工作队提供15万元帮扶资金，李泽飞下定决心将它做好，他找到一个做小工程的村民，说服他适当让利承接项目。2022年1月项目顺利完成。

桥东村有一条村道连接3个自然村，过去路面只有3米宽且呈S形，汽车通行不便，曾经发生车子冲下田的事故。该村村主任曾向村支书邱彩华建议拓宽路面，并承诺协调用地。趁着工作队解决民生问题的契机，桥东村于2022年1月顺利将这条机耕路拓宽至6米，其间村民让出路边农地配合建设，只领取了1000多块钱的补偿。一位本地爱心人士得知此事后，主动捐款10万元用于村庄建设。

建立利益联结　撬动企业家出资

在筹建这批民生工程的过程中，工作队和各村委会都有意识地争取本地能人出资，适当建立利益联结。

“村里走出去的企业家们有钱，也有情怀把家乡建设好，我们就专门找本村的企业家，而且建设的地方要尽量离他们的家近一点，这样更容易撬动他们。”韩宏君表示。如金塘村、黄泥塘村，规划拓宽硬化的村道有一条230米的机耕路和2条170米的人行道，均靠近本村一个企业家的家，把路修好对他们也是实实在在的好处。在工作队和村委会的争取下，该企业家承接了道路修建工程，工作队只支持40万元帮扶资金，其余成本由企业家承担。

撬动效果大大超出韩宏君的预期。这位企业家不仅完成了既定3条村道的拓宽、硬化工作，而且统一安装石凳、太阳能路灯且承担电费，并翻新了不远处的金塘镇敬老院的院子。韩宏君表示，上述工程的费用据核算需要150万元，相当于企业家承担了110万元。此外，黄泥塘自然村全村路网硬底化也暂时由该企业家垫资进行。

锡塘村村道、金塘村机耕路改造前后对比

工作队通过精神鼓励调动本地能人的积极性。韩宏君表示，为家乡做好事对他们而言是一种荣誉，工作队和金塘村委也会向他们赠送锦旗表示感谢。

据工作队调研，金塘镇南方村部分区域缺少水源，导致较多耕地撂荒、数十个鱼塘闲置。因地势较高，工作队计划铺设地下水管进行引水。工作队计划出资30万元，且有两位企业家有意向各出资10万元。韩宏君表示，工作队支持其中一名企业家在工程完成后承包南方村部分闲置鱼塘并进行合理开发，以此调动当地能人捐资建设的积极性。

据工作队统计，工作队共使用330万元帮扶资金推进群众急难愁盼项目，并撬动本地企业家及爱心人士捐款、村民自筹共324万元。

（黄博超）

驻茂名市茂南区金塘镇帮镇扶村工作队成员

- 韩宏君：队长，来自国家林业和草原局驻广州专员办
- 蔡豪忠：副队长，来自中国中信金融资产管理股份有限公司广东省分公司
- 于宏韬：队员，来自国家林业和草原局驻广州专员办
- 罗国盛：队员，来自交通运输部广州打捞局
- 郭晓峰：队员，驻金塘村第一书记，来自中国中信金融资产管理股份有限公司广东省分公司
- 张子盛：队员，来自交通运输部广州打捞局
- 刘晓华：金融助理，来自中国农业银行南海分行
- 郑小麦：“三支一扶”志愿者
- 罗晓雯：“三支一扶”志愿者
- 符思娴：“三支一扶”志愿者
- 陈盛华：高校志愿者

驻韶关市翁源县龙仙镇帮镇扶村工作队：

救活“青龙”　唤醒良田

2023年春耕时节，韶关市翁源县龙仙镇青龙水圳的修缮工程迎来了尾声。施工期间，周边村民经常到施工现场“监督”，盼望着这条干涸多年的“青龙”早日“活”过来。工程队也赶着工期，让这一渠灌溉水能赶上春耕，重新滋润上万亩的农田。

青龙水圳的修缮，是驻韶关市翁源县龙仙镇帮镇扶村工作队在当地推动的民生实事之一。多方筹措资金资源，加快补齐民生短板，协助灾区复工复产，谋划推动产业发展……驻镇期间，他们耕耘“三农”，脚步扎实，收获颇丰。

正在修复的青龙水圳

修缮灌渠　唤醒万亩农田

2021年8月，工作队来到龙仙镇田心村调研，由当地村支书领着查看了年久失修的青龙水圳。“两面光”的青龙水圳多处出现了坍塌、淤塞、干涸的情况，沟渠“跑、冒、漏”现象严重，导致部分农田严重缺水。据了解，该灌渠灌区已经干涸多年，涉及10个村，受影响的农田达1.28万亩。

田心村党支部书记吴艺龙跟工作队介绍，过去依赖水圳灌溉的农田现在有不少已经撂荒了，其中受影响比较严重的农田面积达到3000亩，在田心村就有近700亩，有的水田变成了旱地，过去能种水稻的田后来只能种番薯、玉米以及一些蔬菜。

了解情况后，工作队积极与多部门沟通，借助组团单位资源优势，经过多次对接推动，成功申请项目入库，后又通过多方协调争取资金支持。2022年8月，总投资6000多万元的青龙水圳修缮项目正式开工。

抗洪救灾　助力复工复产

驻镇的经历中，令工作队队长刘国强印象最深刻的，莫过于2022年6月13日的那场暴雨。暴雨来临前，工作队就奔赴地势低洼的新尧村参与部署抗洪抢险工作，帮农户搬运财产，并组织转移群众。13日晚上特大暴雨来袭，不少农房的一楼都已经被淹没了。

“要不是你们，我们都来不及跑了！”有村民事后跟工作队成员说道。后来下乡时还会有村民拉着他们的手表示感谢。

洪水退去后，工作队和村民们一起清扫淤泥，帮忙疏通交通要道，并协助推动塌陷的主要道路和桥梁重建或修缮。

被冲垮的除了基础设施，还有农业产业。龙仙镇三华片区是全镇受2022年两次洪灾影响最严重的地区之一，当地的水稻、水果和蔬菜种植受到极大影响。全镇14000多亩三华李几乎绝收，其他农作物受灾也非常严重。

产业受冲击，工作队首先想到的就是原本靠这些产业分红或参与这些产业的脱贫户的收入如何保障。于是，工作队协同农业部门开展受灾情况统计，精准核查群众受灾情况，重点核查脱贫户种养业损失，一边争取上级补助，引导村内配合保

2022年洪灾后，工作队进村开展道路清淤工作

险公司完成理赔工作，一边鼓励和支持农户开展补种和改种工作，推动农业复工复产。

新尧村的600亩蔬菜种植田有部分灌渠被冲毁，他们就利用上级救灾资金修复被破坏的水渠，清理淤塞的泥沙杂物，并发动企业捐赠化肥等生产资料。在2022年7月，这600亩地大部分都已经种上了新的蔬菜。

招商引资　谋划产业发展

乡村要振兴，关键看产业。推动乡村产业发展，带动农户和集体增收是工作队工作的重中之重。他们调研了解到，三华李是翁源县的“国字号”名优特色水果，全县种植面积超过3.2万亩，仅龙仙镇就有1.6万亩，龙仙镇是三华李的发源地。但龙仙镇三华李产业规模化水平比较低，品牌效益还不明显。

2021年龙仙镇两次水灾到来的时候，三华李正值收获季节，洪水让不少果农颗粒无收，极大地打击了种植户和企业对产业发展的信心。

如何才能破除这种靠天吃饭的困境？如何引领三华李产业高质量发展？工作队提出了建设产业园的想法，通过建设精深加工车间、冷链设施等项目，延长三华李的产业链。

工作队积极开展招商引资工作，寻找优且强的企业参与建设三华李产业园、农产品批发市场、现代蔬菜种植基地等项目，让企业建立与农户的利益联结机制，带动村民增收致富。要求企业配齐配全精深加工产业链，以扩大产业规模。

后来，工作队成功推动5家公司和镇政府签订合作协议发展糯米酒、腐竹、蚕桑、食用菌、农文旅等产业项目，总签约投资金额共4.756亿元，多家企业的农业产业项目陆续落地。

（李国华）

驻韶关市翁源县龙仙镇帮镇扶村工作队成员

- ◆刘国强　队长，来自翁源县财政局
- ◆刘　东　队员，来自翁源县自然资源局
- ◆刘琼珊　队员，来自翁源县乡村振兴局
- ◆郑志文　队员，驻三华村第一书记，来自翁源县自然资源局
- ◆江志坚　队员，驻新尧村第一书记，来自翁源县财政局
- ◆陈裕联　金融助理，来自中国农业银行翁源支行
- ◆许慧怡　高校志愿者，来自翁源县龙仙镇人民政府
- ◆闫乐乐　高校志愿者，来自翁源县龙仙镇人民政府
- ◆赖思萌　“三支一扶”人员，来自翁源县龙仙镇人民政府
- ◆高誉菡　“三支一扶”人员，来自翁源县龙仙镇人民政府
- ◆林渝钧　“三支一扶”人员，来自翁源县龙仙镇人民政府

驻清远市佛冈县迳头镇帮镇扶村工作队：

点亮“心愿灯”　照亮求学路

“感谢工作队的关心和帮助！”得知自己的孩子被广州港技工学校顺利录取，清远市佛冈县迳头镇楼下村村民范建楷心中感激万分。

2021年7月9日，广州港集团作为牵头单位，与广州市委外办、广州市农业农村局、广州市港务局、广州市广播电视台共同派员组建驻镇帮镇扶村工作队，进驻迳头镇开展定点帮扶工作。

工作队秉持“培养一个孩子，帮扶一个家庭”的理念，抓住人们最关心、最现

驻迳头镇帮镇扶村工作队队长钟伟文到郑大姐家了解情况

实的子女教育问题，以“就学+就业”为主、“助学+支教”为辅，探索教育帮扶新模式。

“就学＋就业”　为山区困难学生寻找一条新出路

2022年6月中旬，在家忙农活的范建楷正为读初三的儿子未来出路而发愁：眼看中考临近，儿子范智锐每次模拟考的成绩都离高中录取线有很大差距，考不上高中，他的出路在哪？一次村民大会上，工作队队员驻楼下村第一书记叶宇翔在与范建楷的交谈中了解到他的担忧。

“我也是愁啊，想让他们好好读书。”迳头镇仓前村的郑大姐也在为自己15岁的侄子郑鼎的升学发愁。工作队队员驻仓前村第一书记张兵在走访调研时了解到，郑大姐的弟弟前些年因病去世，弟媳因不堪家庭重负离开了家，留下两名未成年子女暂由她照顾。但是郑大姐年岁已高，家庭也不富裕，在郑鼎的升学问题上有心无力。

为进一步巩固拓展脱贫攻坚成果，防止困难家庭因学致贫，两名驻村第一书记在与工作队队长钟伟文积极沟通后，向广州港技工学校争取资源倾斜，为困难学生提供学位，帮助他们解决就学、就业等问题。

在工作队的努力争取下，学校在招生学位、宿舍紧张的情况下，仍然拿出招生指标给迳头镇的困难学生，为他们提供免费就学的机会。经过身高、视力、辨色力的测试以及面试、心理测评等环节，成功录取范智锐、郑鼎等3名学生。他们将从当年秋季起进入学校学习，入学后还可以争取助学金、奖学金等，表现优秀的学生毕业后还能到广州港集团工作。

“助学＋支教”　为农家学子点亮一盏“心愿灯”

“谢老师，6（3）班的小升初英语毕业联考成绩排全镇第一名，平均分比第二名高了近20分。”工作队队员谢宏桥收到学校老师发来的喜讯时激动不已，深感自豪。自2021年派驻迳头镇帮镇扶村工作队担任队员以来，他还多了一重身份——支教老师，利用晚休时间为迳头镇中心小学6（3）班的同学辅导英语。

迳头镇中心小学6（3）班学生收到“微心愿”礼物

在学生们最后一次晚修课上，他还给孩子们带来了一份特别的礼物——由广州市委外办的青年党员、团员认领的42名学生的“微心愿”。“无论你出生在什么样的家庭，面临多大的困难，遭受多么严重的挫折，请永远保持对学习的热爱，对知识的渴求和对美好生活的向往！”谢宏桥在“迳头镇中心小学6（3）班毕业晚会暨‘微心愿’认领活动”上，鼓励台下42名即将毕业的学子自立自强。

同样将孩子们的“微心愿”放在心上的还有队员黄烁镛。2021年12月，他邀请广州市广播电视台新闻资讯音乐广播支部书记徐宏、主持人陈仰菡等同事来到迳头镇燕岭希望小学，给该校89名学生送上他们许下的“微心愿”。此外，黄烁镛还利用本单位“6·30”帮扶资金捐款3万余元设立“迳头镇边缘困难学生资助帮扶项目”并帮扶了44名学生。

小小微心愿，浓浓帮扶情。“微心愿”认领活动为迳头镇的小朋友带来文具、体育用品、儿童读物等，这些在城市孩子看来再普通不过的基本用品，对山区的孩子来说却是一个不容易实现的心愿。

张兵在了解到山区孩子面临的困境后，想方设法引入社会公益组织广东省国健公益助学促进会，通过结对帮扶、定向资助以及综合素质拓展课程等方式帮助8名迳头镇困难家庭学子打开心扉，提升他们的综合素质，帮助他们顺利完成学业。这8名学生不仅每年可以获得由爱心人士捐赠的2.4万元助学金，还能参加由专业师资授课的各类素质拓展课程。

“把困难家庭的孩子培养成才，是一条重要的帮扶之策。今后，我们工作队还将继续探索新的教育帮扶着力点。”工作队队长钟伟文说。

（戴弯弯）

驻清远市佛冈县迳头镇帮镇扶村工作队成员

- 钟伟文：队长，来自广州港集团
- 张　兵：队员，驻仓前村第一书记，来自广州市农业农村局
- 叶宇翔：队员，驻楼下村第一书记，来自广州市港务局
- 黄烁镛：队员，来自广州市广播电视台
- 谢宏桥：队员，来自广州市委外办
- 李永朝：金融助理，来自中国农业银行佛山高明支行
- 郑嘉怡：高校志愿者

驻阳江市阳东区东城镇帮镇扶村工作队：

暴雨过后紧急启动的帮扶行动

“市场档口生意怎么样？女儿读书还顺利吗？家里热水器能用吗？……”2021年春节过后，驻阳江市阳东区东城镇帮镇扶村工作队入户回访前段时间被纳入“防止返贫动态监测系统”的监测对象黄奇凤，关心问候她的家庭情况。

“现在收入稳定下来，不用担心女儿读书，住上新房用上新家具，感谢工作队对我们的关心和帮助。”黄奇凤表示，2021年一场暴雨意外把家庭带入困境，幸好在最困难的时候得到了镇政府和工作队的帮扶。

黄奇凤家赖以生存的养殖场被一场突如其来的大暴雨击垮

在工作队的帮助下，黄奇凤在狮子山市场获得店面进行肉鸡售卖，足以维持生计

就在几个月前，黄奇凤还在为家庭收入、女儿读书的学费、住房问题等一桩桩烦心事担忧着。

暴雨冲垮生计　帮扶托举希望

黄奇凤48岁，离异多年，和18岁的女儿相依为命。2021年8月，黄奇凤女儿收到了大学录取通知书，然而家里无力支付其学费。

2016年以前，黄奇凤主要靠务农、打散工赚取微薄收入，生活不稳定，被列入当时的贫困户。到了2017年，在脱贫攻坚工作队的帮助下，黄奇凤成功申请到2万元的扶贫专项资金，并投入肉猪、肉鸡的养殖生产，家庭收入逐渐有所起色，成功脱贫。

2018年，事情发生转折。9月是台风多发季节，黄奇凤的养殖场准备搬迁，一场持续数日的暴雨汹涌而来，将没来得及圈养的鸡苗淹死了半数以上，家庭收入也因此损失严重。

收到消息后，工作队迅速采取行动，及时将她纳入“防止返贫动态监测系统”，归为“脱贫不稳定户”类，建立一户一档，谋划一户一策，并实时动态监测最新情况。

在多方努力下，工作队积极跟进黄奇凤的帮扶方案，最终敲定并落实了肉鸡养殖帮扶项目和水盘店帮扶项目，按计划从资金支持、养殖技术、销售渠道等方面给予帮扶。

在安置到新养殖场后，工作队一方面为黄奇凤争取到10200元启动资金，用于购买300只肉鸡；另一方面联系市区里人流量较大的狮子山市场，为她办理狮子山市场水盘店租赁合同事宜，并预付了一年22200元的店面租金，让她有正式店面可以售卖肉鸡。

同时，工作队组织黄奇凤定期参加肉鸡养殖技术培训，让她不断提升肉鸡养殖专业水平。随着时间推移，店铺开张，工作日渐忙碌，黄奇凤一步步迈向稳定的生活。

求学路上遇坎坷　帮扶助力圆梦

收入的头等大事暂且解决，但一想到女儿上大学需要一大笔学杂费和生活费，黄奇凤又皱起了眉头。

为了帮助这个家庭越过第二个坎，助力女孩实现读书梦想，工作队积极采取行动为黄奇凤女儿申请助学资金，想方设法降低黄奇凤母女的生活成本。

2021年8月，工作队帮助黄奇凤女儿申请5000元的“圆梦行动”助学金；10月，工作队通过驻镇帮镇扶村资金和“6·30”帮扶资金，帮助黄奇凤女儿申请到生活补助3500元；12月，工作队联系到爱心企业安佳乐厨业有限公司，成功促成企业对黄奇凤女儿每学期2000元的教育捐助。

寒冬“家徒四壁”　帮扶送上温暖

“以前洗澡只能用热水壶烧水，现在有了你们送的热水器，方便很多了。”春节期间，工作队联合中国农业银行阳江阳东支行一道前往黄奇凤家开展春节走访慰问，阳东支行为她送上了价值3000多元的家电和日用品，助其添置了热水器、洗衣机、电视等物品，黄奇凤很感动。

“家徒四壁”是工作队初次踏入黄奇凤家的第一感受。黄奇凤2021年6月搬进政府提供的廉租房，由于收入拮据，屋里家具非常缺乏，“椅子、桌子和一张折叠床，几乎是我们当时看到的所有家具。”工作队队长廖珍妹回忆。

了解到情况后，工作队联合东城镇乡村振兴办公室出谋划策，经过多方的努力，成功动员广州市敏捷投资有限公司出资，帮助黄奇凤家逐步添置了电风扇、燃气灶、床等家具家电用品。

“这个冬天特别冷，但是我身体很暖和，心里暖洋洋的。”广东冷空气突然来袭，所有工作队成员记挂着黄奇凤廉租房的保暖情况，黄奇凤对前来探望的工作队表示衷心感谢。

不忘初心使命　切实做好帮扶

黄奇凤仅仅是东城镇所有防止返贫动态监测对象的一个缩影。廖珍妹表示：“工作队会竭尽所能做好帮与扶，希望帮助更多的‘黄奇凤’们摆脱返贫风险，过上安居乐业的生活……”

自入驻以来，工作队全面摸查镇上所有的脱贫户家庭情况，遍访了257户脱贫户和5户监测对象，重点监测他们的收入支出情况、“两不愁三保障”及饮水安全状况等，关注老弱病残等特殊群体家庭，做到早发现、早干预、早帮扶，坚决守住不发生规模性返贫的底线。

东城镇通过动态监测排查出5户监测对象，其中包括3户脱贫不稳定户和2户边缘易致贫户。廖珍妹表示：“工作队正与当地镇政府一道，做到一户一策，因户施策，有的放矢，精准发力，切实做到分类分级帮扶。”

（黎祖瑜）

驻阳江市阳东区东城镇帮镇扶村工作队成员

◆廖珍妹　队长，来自阳江市阳东区委办公室

◆王珊珊　队员，来自阳江市阳东区文化广电旅游体育局

◆陈立云　队员，来自阳江市阳东区人大常委会办公室

◆杨杏德　队员，来自阳江市阳东区农业农村和水务局

◆李　飞　队员，来自阳江市自然资源局阳东分局

◆梁扬柏　队员，驻石仑村第一书记，来自阳江市阳东区住房和城乡建设局

◆梁光任　队员，来自阳江市阳东区卫生健康局

◆李响记　队员，来自中国移动阳东分公司

驻云浮市郁南县桂圩镇帮镇扶村工作队：

“村民就是亲人，每一个都要帮到位”

元宵佳节已过，但陆文培想起当天吃的那顿团圆饭，内心还是暖烘烘、甜滋滋的。“一大早，驻镇干部们就提着大包小包到我家来了。”

陆文培是云浮市郁南县桂圩镇岗子村的脱贫户。适逢元宵佳节，佛山市三水区驻桂圩镇帮镇扶村工作队想到陆文培家中只有他一个人，当即决定去陪这位独居老人过节。“以往过节都是冷冷清清的，没想到这次来了这么多人陪我这个老头。”陆文培笑得有些腼腆。

天冷心不冷　冬衣暖人情

春节期间，工作队特意准备了米、油、慰问金，慰问了镇里18户防返贫监测户。慰问了一圈，队员梁镛斌留意到图新村防返贫监测户练海明家住的房子比较老旧、潮湿，家中孩子容易受寒着凉。“他立马回家把大人小孩的干净衣服收集整理了三大包，专程开车送到练海明家里。称得上是雪中送炭了！”工作队队长郭治邦说。

工作队的暖心体现在工作中的点点滴滴。梁镛斌是从部队退伍的特种兵。2021年中秋节，他想到有一户低保户是已故老兵的遗孀，便自掏腰包购买了月饼、米、油等，到其家中慰问，唠唠家常。“村民就是我的亲人，更何况又是老兵遗孀。我哪怕是天天去，都不为过。”梁镛斌说。

事事有回音 解群众之难

桂圩镇金旺村村民老刘是家中主要劳动力，妻儿均有精神残疾。2021年5月，老刘不幸中风，导致下肢无法行动，一直瘫痪在床，生活不能自理。一家三口全靠老刘微薄的退休金维系生活。

工作队在下村入户走访过程中了解到，老刘一家因种种原因一直未进行评残鉴定，没有办理残疾证。为解决老刘一家办理残疾证的问题，工作队联系了村委会干部开展工作，同时联系当地民政、残联配合支持。

准备妥当后，队员和桂圩镇乡村振兴办、村委会工作人员驾车将老刘一家三口送至郁南县民政局办理相关手续。工作队兵分两路，一队护送老刘到县人民医院出具鉴定证明，一队护送其妻儿到民安医院做精神鉴定。老刘一家三口在一天之内顺利拿到了鉴定证明。

“我们来驻镇帮镇帮镇扶村，就是要帮有需要的群众解决他们的困难。只有把一件件小事做好、做实了，才能带动后续发展。”郭治邦说。

工作队走村入户，为村民们做了很多实事

驻镇半年有余，镇里不少困难群众都有郭治邦的电话，遇到问题就直接打电话向他求助。“有一天一大早，我接到冲路村一户低保户的电话。她说她脑袋疼，晕得很，想去县里医院看医生，但是家里还有一个精神障碍的儿子，要一起带着。”郭治邦说：“我心想，这么早客运班车还没营业，村干部也很辛苦，让他们多睡一会儿，就干脆我自己从镇里过去，开车送她去县里了。”

建立监测机制　因户施策帮扶

巩固拓展脱贫攻坚成果，是工作队进驻以来的头等大事。工作队实地走访了全镇22个村（居），遍访了949户脱贫户和18户防返贫监测户。

“我们和镇里5次探讨交流监测工作，3次上报监测数据调整，最终确定标识监测对象18户75人。”郭治邦介绍，为确定监测户，工作队和县、镇扶贫办工作人员走访核查监测对象超过100户次。“我们不能提高监测标准，但也不能放松这个标准，对于所有监测对象都要再三核实。”

为了做好防返贫监测工作，工作队还建立了“5个1”监测机制，包括1个防返贫监测系统，1套监管责任人（从镇党委、工作队、镇办公室、村委、村小组到村党员，监管责任到人），1套监测台账（18个监测对象1人1份监测对象信息登记表），1套颜色预警（红、黄、蓝三级预警），以及1套联系方式（监管班子电话、微信、二维码、防返贫监测系统）。

为了深入掌握监测户家庭情况，工作队多次走访监测户，时常召开帮扶研讨会。“我们因户施策，共制定了110条具体帮扶措施。”郭治邦说：“他们都是我们的亲人，每一个我们都要切实帮到位。”

（唐瑞谦）

驻云浮市郁南县桂圩镇帮镇扶村工作队成员

◆郭治邦：队长，来自佛山市三水区云东海街道办事处

◆朱　赟：队员，来自佛山市三水区云东海街道办事处

◆何社英：队员，驻木林村第一书记，来自佛山市三水区公安分局

◆龚妙添：队员，来自佛山市三水区妇幼保健院

◆梁镛斌：队员，驻岗罗村第一书记，来自佛山市三水区广建德保安服务有限公司

◆邓志升：金融助理，来自中国农业银行顺德分行

◆黄肇锋：“三支一扶”人员

第三章　悉心谋善治　乡村焕新颜

驻阳江市阳西县织篢镇帮镇扶村工作队：

党建带综治　积分促善治

驻镇三年来，广东省委政法委、广东南粤集团有限公司驻阳江市阳西县织篢镇帮镇扶村工作队助力加强农村基层党组织建设，发动群众积极参与乡村治理，推动健全自治、法治、德治相结合的乡村治理体系，促进乡风文明、治理有效。

织篢镇作为阳西县城关镇，常住人口约占全县的二分之一。乡村治理水平的提升，保障了镇域经济快速发展，2023年实现工农业总值同比增长16%，助力织篢镇上榜广东省镇域经济综合发展力百强镇。

实施乡村治理积分制

为提升村党组织的治理能力和水平，工作队推动组团单位党支部与织篢镇各行政村党支部开展结对共建活动，共同开展理论学习和调查研究。得益于结对共建，积分制逐渐在织篢镇推广开来，群众参与乡村治理的积极性不断提升。

在织篢镇和工作队的指导推动下，岑村、牛岭村等11个村相继开展乡村治理积分制。工作队发动社会力量捐赠4.8万元帮助各村开展工作，指导各村成立由村干部、村小组长、村民代表等为成员的农户积分评议小组，确保评议结果公平公正。根据群众需求，将大米、花生油、酱油等较为实用的生活用品作为奖品，将累计积分作为评选“道德模范”“星级文明户”“最美家庭”等各项荣誉称号的重要参考。充分利用信息化平台，让村民可通过“粤治美”小程序随时随地记录下好人好

织篢镇岑村乡村治理积分制第一季度工作总结会、积分兑奖现场

事并进行积分申报。

随着群众积极性的提升，共建共治共享的新格局逐步形成。2021年以来，织篢镇获评乡村治理示范镇，东村、岑村、大泉等村获评广东省乡村治理示范村，全部行政村获评“阳西县平安和谐村庄”。

提升群众安全感幸福感

为进一步夯实乡村治理根基，工作队利用组团单位自筹资金，实施多个驻镇帮镇扶村项目，推进平安乡村、法治乡村建设。

通过实施党建带综治项目，工作队助力织篢镇高标准建成新综治中心，招聘专职网格员46人组建阳江市首支专职网格员队伍，组建由专职网格员、240名兼职网格员、3000多名助理网格员组成的“丹江人”网格员队伍，会同“一村一警”做好矛盾纠纷排查等网格日常工作。

聚焦提升群众的安全感幸福感，工作队在各行政村新建、升级“雪亮工程”视频监控，因地制宜建设法治小公园、法治长廊等法治宣传阵地；依托西湖公园建设阳西法治广场，实现法在景中、寓教于乐；还在法治广场建设法律驿站并协调相关部门提供法律服务，实现普法宣传与法律服务相结合。

此外，工作队还推动各村组建由律师、志愿者、老村长、退休干部等组成的“五室合一”调解队，进村入户给村民群众普及法律知识、化解矛盾纠纷。驻村第一书记也积极参与村里矛盾纠纷化解，开展普法宣传。通过加强对乡村矛盾纠纷排查化解等，织篢镇综治中心接访矛盾纠纷化解率提升至97.3%。

护航未成年人健康成长

未成年人的健康成长，是家庭幸福安宁、社会和谐稳定的重要基础。工作队积极护航，开展未成年人保护和预防犯罪工作。

为加强对未成年人的普法宣传，工作队安排资金支持织篢镇学校建设法治书吧、购买法治宣传图书，会同镇综治中心在辖区28所学校组织开展“平安法治进校园，护航青春助成长”为主题的“开学第一课”平安法治宣传活动。

此外，联合民政“双百”社工站、团委“青合力”等加强对困境儿童、农村留守儿童的走访慰问和关爱帮扶；联合县检察院“蕾蕾工作室”，开展法治课堂、模拟法庭、检察开放日等宣传活动；助力镇综治中心将“粤心安”社会心理服务室、

工作队自筹资金建设阳西县法治广场

妇联“舒心驿站”和禁毒“访谈室”整合在一起，为问题青少年、留守儿童、吸毒青少年等特殊群体提供心理辅导、情绪疏导等心理健康服务。

工作队还会同镇党建办开展党建引领乡村振兴“心连心　共富裕”党员干部密切联系服务师生工作，发动镇党员干部密切联系服务277名师生，组织“双百”社工服务全镇困境儿童等超过9000人次。

（陈　诺）

驻阳江市阳西县织篢镇帮镇扶村工作队成员

- 曾为科：队长，来自广东省委政法委
- 邹庭松：队员，驻塘村村第一书记，来自广东省委政法委
- 周高峰：队员，驻谷围村第一书记，来自广东南粤集团有限公司
- 苏临会：队员，来自广东南粤集团有限公司
- 廖文彬：队员，来自广东南粤集团有限公司
- 王庆亨：金融助理，来自中国农业银行阳西支行
- 陈锦娴：“三支一扶”成员
- 梁正娴：“三支一扶”成员
- 江冠炫：“三支一扶”成员
- 吴美婷：高校志愿者
- 李林蔚：高校志愿者

驻韶关市翁源县官渡镇帮镇扶村工作队：

打造“内外兼修”美丽圩镇

广东省发展改革委、中国农业银行广东省分行驻翁源县官渡镇帮镇扶村工作队入驻以来，聚焦官渡镇域基础设施和公共服务短板，坚持将单位职能优势与驻镇帮镇扶村工作相结合，以镇区提升改造为切入点，大力提升圩镇品质。谋划官渡镇街及周边村庄提升工程、暴雨洪涝灾害应急基础设施建设、官渡新镇区排水防涝综合整治等一系列项目，多渠道筹措项目建设资金，全方位补齐镇街基础设施建设短板。

针对人居环境短板　提升圩镇基础设施

工作队在调研中发现，六里社区虽是本镇重要交通节点、城镇人口主要集聚地，但自2004年三镇合并后，公共基础设施建设长期得不到有效改善，存在道路下沉及破损、排水排污系统落后、污水处理设施缺失、道路两旁摊贩乱摆乱卖、车辆乱停乱放、形象品位较低等问题，与六里片区发展定位、群众对美好生活的需求严重不匹配，亟须进行全面整治。

为此，工作队会同官渡镇党委、镇政府多次研讨协商，按照里外结合、有序实施的原则，对六里片区街道进行系统谋划、整体设计、一体打造，谋划官渡镇街及周边村庄提升工程，对主街、第三支路、邮政路、六里小学支路、河边村进行升级改造，打造成为美丽圩镇示范点。项目总投资约3026万元，其中省发展改革委区域协调发展战略专项资金（基建投资及配套）支持2500万元，省驻镇帮镇扶村资金安排300万元，其余由翁源县财政统筹解决。

官渡镇街及周边村庄提升工程于2023年5月正式完工，惠及六里社区及附近村庄2万多名群众，实现服务民生与镇街风貌“双提升”，进一步加强六里社区及周边村庄生产生活服务供给水平。该项目的建成有效发挥了六里社区作为官渡镇农贸文旅服务副中心的功能，推进镇区扩容提质，进一步完善官渡镇“一带两轴四片区”镇域总体发展格局。

采用以工代赈模式　推动灾后恢复重建

2022年6月，受韶关市严重暴雨洪涝灾害影响，官渡镇多处水利、道路、桥梁等基础设施严重受损。工作队深入谋划推动本镇基础设施灾后恢复重建工作，在多方协调下，工作队成功争取国家发展改革委中央预算内资金500万元用于恢复重建官渡镇损毁基础设施，项目总投资574.7万元，建设内容包括丰山角陂修复工程、老鸦山道路修复工程等修复及重建工程。项目采用以工代赈模式，积极吸纳受灾群众和防止返贫监测对象参与项目建设，在灾后重建的同时保障人民收入稳定，努力帮助困难群众渡过难关。

官渡镇暴雨洪涝灾害应急基础设施恢复建设项目于2023年8月顺利完工

官渡镇街及周边村庄提升工程于2023年5月正式完工

官渡镇暴雨洪涝灾害应急基础设施恢复建设项目于2023年8月顺利完工。项目建成后，一批毁坏的水利设施和道路、桥梁工程得以修复，有效推动当地灾后重建工作，加快恢复正常生产生活秩序。

实施防涝综合整治 增强防洪排涝能力

针对城镇内涝问题，工作队加强基础设施摸底调查，深入研究根源所在，进一步谋划增强官渡镇区内防洪排涝能力。

工作队推动翁源县防洪排涝规划项目纳入省发展改革委统筹的2023年省重大项目前期工作经费盘子，争取资金240万元，配合县、镇开展排洪防涝规划编制；以实施排水防涝综合整治项目为切入点努力消除灾害隐患，谋划推进官渡新镇区排水防涝综合整治项目，完善官渡镇重要干道配套排水管网建设，该项目主要包含镇区主要排洪涵道改造工程、市政道路重修工程等。

官渡新镇区排水防涝综合整治项目于2023年8月开工，2024年4月底完成主体工程。项目建成后，系统提升了官渡新镇区防洪排涝能力，有效降低暴雨洪涝危害，切实保障了人民群众的生命财产安全。

多渠道筹措建设资金　全过程参与项目建设

为解决工程项目资金缺口，工作队坚持多方协调、多措并举，积极争取各类资金用于官渡镇基础设施建设。充分发挥省直机关及金融部门职能作用，紧扣当地亟待建设项目资金需求，积极向国家发展改革委、省发展改革委、农行广东省分行等单位请示汇报，成功争取中央预算内投资、省级专项资金和定向资金共计7300余万元，充分发挥各类资金叠加效应，有力解决项目资金筹措难问题，逐步补齐镇域基础设施短板。

在建设过程中，工作队充分发挥“监督员”作用，全过程参与项目规划设计建设等各项工作，及时协调财政部门支付项目资金，落实工程监理、资金“双签”等各项制度，确保争取来的资金落在实处、取得实效。

（陈　诺）

驻韶关市翁源县官渡镇帮镇扶村工作队成员

◆王　慧：队长，来自广东省发展改革委
◆范成砖：队员，驻河边村第一书记，来自广东省发展改革委
◆徐平超：队员，驻华东村第一书记，来自中国农业银行广州分行
◆梁景庭：金融助理，来自中国农业银行东莞分行
◆陈文珍：金融助理，来自中国农业银行韶关分行
◆康桦华：科技特派员，来自广东省农业科学院动物卫生研究所
◆彭新宇：科技特派员，来自广东省农业科学院动物卫生研究所
◆向　华：科技特派员，来自广东省农业科学院动物卫生研究所

驻清远连州市丰阳镇帮镇扶村工作队：

司法帮扶促振兴　共筑和美丰阳景

“未来，我们一定能够看到一个更加繁荣、美丽、和谐的丰阳！”三年驻镇工作结束之际，驻清远连州市丰阳镇帮镇扶村工作队队长罗建华期待道。自2021年7月正式入驻丰阳镇以来，罗建华和队员们一起奋战在丰阳镇乡村振兴工作一线，擘画发展新蓝图，绘就镇村新面貌，谱写产业兴旺新曲目，传唱和美乡村新故事。

谱写三产融合共富曲

乡村要振兴，关键在产业。为推动丰阳镇乡村产业发展，工作队通过完善镇域农产品质量追溯体系，选出柑橘、富硒大米和马蹄等9个产业基地申报出口和粤港澳大湾区菜篮子基地备案，让丰阳农产品走向更大的市场。工作队还规划设计了“红色党建+乡村产业+古村文化+劳动教育”四位一体的综合性乡村体验线路，推动农文旅产业融合发展。

牛肉干是丰阳镇当地传统特色美食。为推动牛肉干产业发展壮大，工作队与广东省农科院合作研发了丰阳牛肉干标准化生产设备，并制定提交丰阳牛肉干食品安全标准和生产工艺流程，推动牛肉干加工工艺成为连州市级非物质文化遗产。工作队还顺利推动盘活丰阳村1800亩天然富硒土地，成功取得全省第一批天然富硒土壤认证标识，并推出丰阳富硒大米品牌，以品牌效应带动产业增收。

乡村产业要振兴，离不开人才的支撑。工作队在丰阳吹响了人才集结号，组织了“乡村振兴大讲堂”等系列培训40余场，参训人员超过2000人次，培育农村网红及带货达人5人，培训丰阳村民成为助农电商平台店长130余名、乡村主播30多名，孵化本地农民成立电商企业2家，为乡村产业兴旺发展注入了人才活力。在工作队三年的帮扶助力下，全镇11个行政村村集体收入全部超过15万元。

共绘美丽镇村新面貌

走进丰阳古村，古朴的村落被青山绿水环绕，犹如走入水墨画卷里，整洁的村居和秀美的景色让人流连忘返。三年前，为盘活丰阳古村，工作队邀请考古专业教授团队对古村落的历史、碑刻、民俗文化等开展系统研究，并设计了丰阳古村保护及活化利用方案，建设古村文化博物馆，打造千年古镇文化中心，引入商业资本发展民宿等产业，让丰阳古村洗刷历史烟尘，重新焕发光彩。如今，丰阳古村铺头街被评为广东省历史文化街区，是清远市唯一入选的古街区。

丰阳不仅有古村，还有绿水青山生态美景。工作队与连州市水利局、镇政府共同推进丰阳镇小河流域治理，争取行业资金超过4000万元，进一步提升朱岗、新立、陂岭、旗美4个村超20平方公里的河道风貌。同时工作队还推动完成了湖江—丰

工作队聘请拍摄团队拍摄记录丰阳镇产业发展情况

阳村富硒土地灌溉水渠、水井、陂头建设及陂岭坪头园桥梁建设，完成连鱼塘村、松树榜村、丰阳村道路硬化建设等项目，助力丰阳镇打造生态宜居美丽乡村示范镇。

2022年末，“百千万工程”的号角吹响，工作队闻令而动，协助丰阳镇制定“文化旅游特色镇”建设方案，持续开展“环境卫生整治、圩镇秩序管控、基础设施提标、服务功能提质、特色风貌提升”五大行动，建设丰阳村史馆等标志性建筑，持续推动镇容镇貌改善提升。

丰阳村史馆揭牌仪式

传唱基层治理好声音

工作队充分发挥省司法厅和中山大学、广东司法警官职业学院等组团单位的资源优势，打造法治丰阳名片，巩固拓展脱贫攻坚成果，落实民生实事，共建宜居宜业和美镇村。

人民调解是化解矛盾纠纷、维护社会和谐稳定的“第一道防线”，工作队积极引导干群参与矛盾纠纷调解，共调处矛盾纠纷84件，成功率100%。同时工作队还把优质法律服务下沉至农村，推动完成镇、村公共法律服务工作站（室）全覆盖，实现32家律师事务所党支部与全镇32个农村党支部的结对共建，并建立“线上+线下”双线法律服务体系，将法律触角向田间地头延伸。在工作队的支持下，丰阳镇还打造了法治文化广场、法治公园、法治长廊等法治阵地10个，依托11个行政村文化礼堂搭建群众身边的法治文化活动平台。三年来，丰阳镇累计开展法律咨询服务260多人次、审核合同570多份、举办专题法律讲座21次、化解矛盾纠纷13起。

在巩固拓展脱贫攻坚成果方面，工作队在完善“监测帮扶”机制的同时，还积极探索增加脱贫户、监测户造血能力的方式。如组织25户监测户联合成立“司中合作社”，通过消费帮扶定期分红，助力23户监测户消除风险隐患，帮扶监测户人均增收超6000元。工作队还引导推广“龙头企业+合作社+基地+农民”等利益联结方式，让有劳动力和就业意愿的低收入人群实现转移就业，三年设立公益性岗位超过100个，发放公益岗位工资超过100万元。

（李国华）

驻清远连州市丰阳镇帮镇扶村工作队成员

◆罗建华：队长，来自广东省司法厅
◆陈新跃：队员，驻朱岗村第一书记，来自广东省司法厅
◆刘　遵：队员，来自广东司法警官职业学院
◆冯子禄：队员，驻新立村第一书记，来自广东司法警官职业学院
◆黄旭俊：队员，驻大富头村第一书记（2021.7—2023.7），来自中山大学
◆陈英群：队员，驻大富头村第一书记（2023.7—2024.7），来自中山大学
◆蒋文涵：队员，来自中山大学
◆肖　力：队员，来自中山大学
◆李凯朋：高校志愿者，来自连州市团委
◆成　坚：高校志愿者，来自连州市团委
◆何利婷：“三支一扶”人员，来自连州市团委
◆吴敏华：金融助理，来自中国农业银行广东省分行

驻韶关市始兴县罗坝镇帮镇扶村工作队：

推动文旅融合促“镇”兴

2021年7月，来自广东省文化和旅游厅、广东省出版集团的成员组成驻镇帮镇扶村工作队，进驻韶关市始兴县罗坝镇。驻镇三年，工作队依托组团单位优势和当地旅游资源，助力乡村文化建设，深入挖掘开发特色资源，推动罗坝镇农文旅融合发展，走出了一条独具特色的乡村振兴之路。

助力乡村文化建设　丰富群众文化生活

在罗坝镇，原本半封闭的镇政府大院和旁边两个旧粮仓通过精心规划与改造，

广东省流动博物馆到罗坝镇举办展览

摇身一变成了开放式的党建文化广场、文体活动中心和风度书房。这是罗坝镇补齐公共文化设施短板的文明实践综合体项目。在工作队的积极协调下，该项目300万元的建设资金得以顺利解决。这些文化空间建成后，附近村民有了更多休闲娱乐的好去处。

而这只是工作队助力罗坝镇文化基础设施建设的缩影。据了解，工作队积极为燎原村和上营村的综合文体广场、下何屋组美丽乡村示范点建设、全村巷道硬化和亮化工程等项目协调建设资金，支持淋头村完善村阅览室、设置非遗展示厅，并捐赠5000册图书和电脑等物资。

在工作队看来，乡村文化建设不仅要完善文化基础设施，还要丰富群众文化生活。因此，工作队积极协调广东省流动博物馆到罗坝镇举办展览。虎年展、历史文化名城名镇名村展、粤菜文化展、流动博物馆等丰富了村民的精神文化生活，为镇村带来精彩的文化盛宴。工作队还积极推动广东美术馆“艺术进万家——美育乡村支教”项目落地罗坝镇，让艺术的种子在乡村沃土中生根发芽。

活化利用围楼资源　开展特色文旅活动

作为“围楼之乡”，始兴县现存200多座大小、风格各异的围楼，有“有村必有围、无（冇）围不成村”之说。其中最出名的围楼，莫过于罗坝镇燎原村的全国重点文物保护单位——长围村围屋。在工作队的助力下，罗坝镇围楼的文化遗产保护与利用工作取得了显著成效。为了更好地保护和开发“国保”长围村围屋，工作队推动始兴县安排财政资金1000万元用于修建燎原长围旅游公路，整治提升长围周边环境，扶持编制长围消防设计规划资金30万元，支持向国家文物局申报长围消防工程经费269万元。

工作队还加强与广州美术学院、新华学院、广东财贸职业学院等高校协同合作，对古围楼进行系统性修复。如今，长围景区已逐步成形，吸引了大量游客前来观光游览。此外，燎原村“忠厚传家”围楼的维修工作在50万元资金的助力下顺利推进，角田村刚健中正围楼成功入选第十批省级文物保护单位。

为了进一步活化利用围楼资源，工作队挖掘围楼文化内涵，打造围楼文化品牌，举办系列文旅活动。长围村连续两年举办“百年围楼·国潮兴生”非遗国际时

2024年7月，长围村举办“百年围楼·国潮兴生”非遗国际时装秀

装秀活动，将古老围楼与现代时装融合，焕发百年围楼新活力。

持续擦亮旅游品牌　走出乡村振兴之路

如今走进罗坝镇，见证沧桑岁月的古围楼，正在精心的保护开发中重新焕发生机。在燎原村，工作队协助建设村史馆，通过展示燎原村村史及当地客家人生活场景，丰富长围旅游内涵。为进一步开展围楼的运营开发工作，工作队协助村委成立了长围旅游开发有限公司，并抓住广东省旅博会的契机宣传推广围楼旅游，扩大长围的知名度和影响力，持续擦亮罗坝镇的文旅招牌。

依托丰富的森林资源和地热资源，罗坝镇的生态旅游也日渐火起来。工作队积极调研镇内自然资源，安排200万元资金修建淋头村绿美古树公园，协调330万元资金改造提升都亨石笋公园，并引入社会资本开发当地温泉资源。2023年11月，上营村“望月怀远·东方始兴”温泉度假村项目落地并试营业，为罗坝镇乃至始兴县发展文旅产业、促进农文旅融合、提升镇村风貌起到先行示范效应。如今，罗坝镇已形成罗坝长围—淋头古树公园—都亨石笋公园的核心旅游景点，文化旅游与生态旅游深度融合。

以文塑旅，以旅彰文。工作队通过文旅帮扶，助力乡村文化建设，丰富群众文化生活，并依托围楼、古村落、美丽乡村、温泉等资源，发挥罗坝镇历史、人文及

都亨石笋公园改造提升后，众多游客在周末及节假日前来游览打卡

生态优势，持续擦亮罗坝镇的旅游招牌。如今，罗坝镇农文旅融合成效显著，乡村振兴之路越走越宽。

（张嘉敏）

驻韶关市始兴县罗坝镇帮镇扶村工作队成员

◆杨智勇　队长（2023.7—2024.7），来自广东省文化和旅游厅

◆黎金柱　队长（2021.7—2023.7），来自广东省文化和旅游厅

◆王江涛　队员，驻燎原村第一书记，来自广东省文化和旅游厅

◆谢志远　队员，驻上营村第一书记，来自广东省出版集团广东科技出版社

◆彭杰专　队员，来自广东新华发行集团韶关新华书店

◆周元强　队员，来自广东省立中山图书馆

◆陈文超　队员，来自广东新华发行集团英德新华书店

◆江胜华　金融助理，来自中国农业银行韶关分行

◆郭巨先　科技特派员，来自广东省农业科学院蔬菜所

驻梅州市五华县横陂镇帮镇扶村工作队：

“村超”点燃“镇”能量

办好足球赛，激活“镇”能量——由广东省体育局、广东省广晟控股集团有限公司联合组成的驻镇帮镇扶村工作队交出了一份特别的乡村振兴答卷。

进驻梅州市五华县横陂镇后，工作队深挖横陂本土特色文化，以“群众足球”为发展切口，在全县率先举办镇级足球联赛，聚力打响“村超”品牌，做实“体育+”帮扶工作，为乡村文化振兴注入强劲动力。

2023年五华县横陂镇乡村振兴“长乐烧杯”足球联赛开幕

以赛为媒 提升干群凝聚力

横陂镇素有“足球之乡”美誉，镇内足球文化底蕴深厚，且有一定的群众基础，诞生了李惠堂等杰出体育人才。“小足球藏着大能量”，工作队提出了举办“村超”赛事的设想，既能丰富群众精神生活，又能进一步发扬横陂足球文化。

为摸清横陂镇的基础情况，工作队走村入户开展调研，围绕“村超”赛事举办的可行性进行了精细且科学专业的“解剖”，累计开展调研10余次，开展随机问卷调查3次，收集意见建议50余条，其中，群众参与度及场地条件这两个方向的调研结果均为优良，为“村超”赛事的顺利举办起到关键性作用。

以“办出特色、办出精彩”为目标，工作队强化组织保障，聚焦抓好场内场外、主要干道等区域环境提升、食宿保障等工作，为运动员和观众提供暖心的赛场环境。按照“附近村、就近踢”的原则，合理制定场地使用计划，充分将镇内4个符合比赛条件的场地使用起来，同时谋划推进帮扶项目，建设了广晟章联体育文化广场，为横陂镇第二届“村超”提供场地支持。

动员参赛阶段，各村村“两委”干部通过牵头组织本村精英参赛，发动在家村民、在外青年等参与到赛前筹备、赛中组织、赛后服务等活动中来，极大增强了各村村民的集体荣誉感，推动他们主动关心村内大小事。办赛期间，各村纷纷自发资助球队，其中东山村队资助款达8万元。

2023年五华县横陂镇乡村振兴“长乐烧杯”足球联赛比赛现场

作为山区乡镇，横陂存在人才严重流失的问题。“村超”的举办恰好为外出人才提供了一个平台，促使他们为振兴家乡体育事业贡献力量。工作队通过优化资格认定标准，赋予外出人才参赛资格，吸引更多人才返乡，带动镇域招商引资等工作。

以赛为媒 焕发文明新气象

随着“村超”的火爆开展，横陂镇的村民们在家门口就能参与足球赛事，体验足球运动独具的魅力及欢乐，日常生活变得更加丰富多彩；外出人才在返乡参赛观赛过程中，也增强了对家乡文化的归属感、认同感。

赛事期间，村内打麻将、打扑克牌的人少了，村民们茶余饭后的谈资逐渐从乡里乡亲间的八卦话题变成了各村队伍的比分情况。矛盾纠纷减少，村民更加团结，邻里相处和睦，“村超”在促进乡风文明建设方面产生了积极作用。

2022年1月7日，横陂镇首届“乡村振兴杯”足球联赛总决赛在球王公园足球场圆满落幕，这项为期近半年的“村超”赛事，与五华县承办的中超第一阶段比赛交相辉映，开创了中国足球发展史上的一个历史纪录，即同一个时间、同一个镇域，中国职业足球（男子）最高水平联赛和最基层业余足球联赛同时进行，因此成功吸引了《人民日报》等多家主流媒体关注，多场比赛吸引约40万人次在线观看，进一步擦亮了五华横陂“球王故里”的金字招牌。

以赛为媒 拓宽助农增收路

横陂镇首届“村超”的成功举办与火热程度，让工作队备受鼓舞。在筹办第二届“村超”时，工作队打开了“体育+”新思路——将特色农产品搬至赛场展销，并认真落实展位设置、产品挑选、监督管理等各项工作。

于是，在第二届“村超”赛场，除了球迷以外，前来参展的游客也络绎不绝，丝苗米、茶叶、龟苓膏等优质特色农产品深受欢迎，现场达成交易，赛事引流效果十分明显。

“村超”火起来，镇域经济也释放出新活力。据调研了解，赛事举办期间，横陂辖内商户营收较平时至少提高了50%。

工作队进一步谋划提升“村超”赛事品牌价值，思路逐渐清晰。一方面，可以强化赛事IP，如在VI设计、场地气氛、活动内容等方面上推出更多本土化、特色化的元素，吸引撬动更多社会资源，增强品牌自我造血能力；另一方面，突出竞技性和娱乐性，吸引和培养更多足球爱好者，切实为足球职业化、人才发掘作出更多贡献。

（陈 诺）

驻梅州市五华县横陂镇帮镇扶村工作队成员

◆罗东斌：队长，来自广东省黄村体育训练中心
◆余卓成：队员，驻坝头村第一书记，来自广东省二沙体育训练中心
◆黄建文：队员，驻章联村第一书记，来自广东省广晟共享服务有限公司
◆全卫斌：队员，来自广东省黄村体育训练中心
◆陈 凯：队员，来自广晟控股集团总部
◆胡 辉：队员，来自广东珠源建设工程有限公司
◆郑越顺：队员，来自五华县采茶戏传承保护中心
◆谢佳涛：金融助理，来自中国农业银行广州花都支行
◆郭俊林：金融助理，来自中国农业银行广州番禺支行
◆李正斯：高校志愿者
◆张心怡：高校志愿者
◆李炽章：“三支一扶”人员
◆魏欢欢：高校志愿者

驻清远市阳山县黄坌镇帮镇扶村工作队：

赓续红色血脉　筑牢安全防线

2021年6月，广东省应急管理厅、中国光大银行广州分行组成的驻镇帮镇扶村工作队进驻清远市阳山县黄坌镇，正式开启为期三年的乡村振兴驻镇帮镇扶村工作。三年里，工作队引导黄坌创建防灾减灾特色镇（村），盘活特色红色资源，谋划兴旺镇村产业，促进村民家门口就业增收，助力基层应急管理能力和治理水平不断提升。

黄坌镇山地面积约占总面积的94.5%，是粤北地区典型的山区镇

夯实红色根基 建强组织力量

黄坌镇位于阳山县北部，是阳山唯一一个全镇域革命老区，是全国著名的坚守高陂108天战斗所在地。工作队入驻后积极开展传承培育红色文化与加强基层党组织建设等工作，提升抓党建促乡村振兴水平。

为保护和盘活革命遗迹，传承红色文化，工作队共筹集帮扶资金约1300万元，高标准建设“坚守高陂108天战斗”纪念广场、提升高陂村党群服务中心。高陂村红色爱国主义教育基地成功被认定为党史学习教育基地，高陂村也于2023年被列入首批“百千万工程”典型村培育名单。工作队还指导在10个平安村在村口建设和党群服务中心改造等项目中植入红色文化、老区精神元素，提升红色文化的辨识度和传播力。

欲筑室者，先治其基。基层党组织是实现基层有效治理的“神经末梢”，是政策落地“最后一公里”的推动力量。工作队积极推动黄坌镇选准配强基层党组织书记工作，严格按照“宁缺毋滥、精心培养、着眼长远、成熟一个发展一个”的原则有序发展党员，共培养吸收9名党员，镇村党组织力量得到进一步加强。

做活产业促增收 搭建平台拓销路

乡村旺不旺，关键看产业。黄坌镇总面积164平方公里，林地面积约150平方公里，山地面积约占总面积的94.5%，是粤北地区典型的山区镇，产业发展基础比较薄弱。为盘活山村特色产业，壮大农村集体经济，工作队把兴产业、稳就业、创品牌作为重头戏，重点发展“两茶一饼”支柱产业，引导壮大蚕桑种养、五指毛桃种植和军鱼养殖产业，形成特色产业兴旺发展的新格局。

为拓宽农特产品销售渠道，工作队充分利用组团单位资源，搭建平台、完善服务，建成乡村振兴助农产品展销馆，开发“黄坌网上集市”微信小程序，让农户和企业的产品走上云端，销往更大的市场。工作队还推动建设了“乡村振兴帮扶车间”，让更多的村民得到了在家门口稳定就业增收的机会。

产业发展也带动了村集体增收。工作队结合当地实际，推进消费帮扶、土地流转和资产盘活等工作，在推动产业发展的同时采取多种形式创新村集体经济运营模式。经过三年帮扶和发展，黄坌镇7个行政村集体经济收入均超过10万元，其中发展较好的村集体收入接近20万元，产业发展成效逐步显现出来。

消除山区隐患点　筑牢防线保民生

工作队进驻后，很快了解到黄坌镇地处山区，全镇自然灾害频发、防灾减灾救灾基础薄弱。为此，工作队发挥组团单位优势，不断健全黄坌镇防灾减灾救灾组织体系，按照“三定”方案高标准落实编制、职责和办公场所，搭建镇村两级防灾减灾救灾机构，理顺联动工作机制，完成7个行政村“一库一中心”建设和防灾减灾基础设施建设，实现省、市、县、镇、村应急指挥链路“五级”贯通，态势研判“一张网”“一张图”共享共用。

为加强防灾减灾救灾能力建设，工作队组织和指导黄坌镇应急救援中队开展队伍操练，协调连南瑶族自治县矿山救护队教练员进村开展专项训练，并与县综合应急救援大队开展联训联演，同时还结合日常巡查和遂行应急救援任务，开展实战化的救援训练，全方位提升救援人员能力水平。得益于健全的防灾体系和能力过硬的救援队伍，三年来，黄坌镇成功抵御了2022、2023年特大“龙舟水”灾情，快速高

工作队筹集资金重点整治了黄坌老区学校教学楼北侧山体地质灾害点

效处置了6起森林火情，成功转移229名群众、救助38名灾民。

山区防灾须防患于未然，工作队通过加强自然灾害隐患排查整治，提升镇村整体安全水平。经过全面排查，全镇共发现20余处地质灾害隐患点。工作队筹集资金重点整治了黄坌老区学校教学楼北侧山体地质灾害点，完成高陂村“一河两岸”治理、高陂河塘底村段“龙舟水”水毁堤坝及应急通道综合整治工作。

驻镇三年，工作队累计筹集或协调经费近1600万元，指导完成了黄坌镇和所有行政村的“五级贯通”指挥体系建设、防灾减灾救灾能力“十个有”建设，建成防灾减灾宣传教育阵地，整治了多个地质隐患点，共协调落实70余件民生实事。

（李国华）

驻清远市阳山县黄坌镇帮镇扶村工作队成员

◆杨　前：队长，来自广东省应急管理厅

◆旋美锋：队员，驻高陂村第一书记，来自广东省应急管理厅

◆林运通：队员，来自广东省防灾减灾中心

◆叶元平：队员，驻王村村第一书记，来自中国光大银行广州分行

◆甘振鹏：队员，来自中国光大银行广州分行

◆邹光明：金融助理，来自中国农业银行阳山支行

◆梁小容：高校志愿者

◆甘锦威：高校志愿者

◆夏　宇：高校志愿者

◆卢隽贤：高校志愿者

驻茂名市电白区麻岗镇帮镇扶村工作队：

共建“五治融合”新乡村

2021年，国家税务总局广东省税务局和国家石油天然气管网集团华南分公司组成的工作队进驻茂名市电白区麻岗镇。自驻镇帮镇扶村工作开展以来，工作队探索完善自治、法治、德治、智治、协治相结合的新时代乡村治理体系，为麻岗镇开启了和谐美好生活新篇章。

“三位一体”自治机制建立

“广东省乡村治理示范村”坑内村是工作队在麻岗镇交出的一张高分答卷，这里处处是工作队改革的“试验田”。工作队结合坑内村实际情况建立“三位一体”村民自治机制，引导村民参与民主协商、民主决策、民主管理、民主监督。

“坑内村人居环境整治红黑榜”上线以来，坑内村责任到户不再是空话。红黑榜上定期展示村子里先进与落后的事例，是否上榜成了村民茶余饭后热议的话题。

“坑内村文明家庭积分制度”则把积分玩法落到实处。针对“一约四会”——村规民约和村民议事会、道德评议会、红白理事会、禁毒禁赌会，工作队细化积分内容，严格设定评分细则，线上打分、线上复核、线上排名的一条龙流程，简化了积分制度操作难度，坑内村形成了“共治共享、人人有责”的良好氛围。

坑内村村规民约并非千篇一律，而是结合“开放、多元、包容、奋进”的核心价值理念，逐步培育村民参与乡村治理的主体意识。村民们以一诺千金的诚信，共同制定了这份特色村规民约，并在日常生活中共同践行、互相监督。

“道德与法治”课堂深入乡村

“诈骗钱财可耻，劳动致富光荣”——引导村民树立正确的价值观念，也是工作队结合镇情积极开展的一项工作。近年来，农村电诈频发成了乡村法治建设的难题，“法不责众”的错误思想让部分村民心存侥幸。

工作队在麻岗镇掀起一波法治热，联合镇政府大力开展法治宣传活动，引导村民学法懂法。悬挂横幅、张贴宣传标语、开辟宣传栏，火热的宣传氛围充分提升了广大村民对于法治的关注度。工作队还集中开展高压打击电诈行动，与镇村干部协作，进村入户进行地毯式排查摸底，对摸排出来的重点人员建立专属管控档案，掐灭电诈违法行为的火苗。

除了完善自治、宣传法治，工作队还聚焦德治，充分发挥道德引领功能，为自治、法治营造良好的道德氛围。

结合三位一体的乡村治理机制，工作队开展积分评比、红黑榜、美丽庭院、农村文明家庭、星级文明户等评比活动，充分发挥先进模范示范引领作用，以“关键

党员志愿者和网格员进村开展法治宣传教育

坑内村新时代文明实践站开展文化活动

少数”带动“绝大多数”，形成“好人好事有人夸、坏人坏事有人抓”的乡风文明局面。

依托新时代文明实践站，工作队还把丰富的文化活动带入麻岗镇，举办“颂乡村振兴　歌盛世中国”大合唱、四点半课堂、“书写乡村振兴”书法活动等群众性文化活动，不断丰富村民的精神生活。

“智治＋协治”共筑温情麻岗

数字时代，智能技术成为乡村治理的新抓手。工作队也积极创新治理手段，“温情麻岗”智慧平台就此诞生。这是一个由工作队、麻岗镇政府与中国移动公司合作打造的数字化乡村治理平台，麻岗镇开启了5G“云上乡村”。党建工作、综合治理、事件调度、信息通知，这些看似复杂的任务，通过数字化和信息化处理，变得既高效又保质。平台还有“智慧党建”“随手拍”和居民调查问卷等实用工具，真正实现“互联网+”赋能村民自治。

“温情麻岗”有了“智慧”加持，还需“人情”协力。为了更好地化解乡村纠纷矛盾，驻村第一书记、村委会干部、网格员和党员代表加入村民矛盾调解委员会，组成一支最了解麻岗镇大事小事的“专业团队”。结合新时代“枫桥经验”，

驻坑内村第一书记林桂鹏为村民讲解“温情麻岗”智慧平台

镇驻村领导干部、驻村第一书记、村委会、驻村律师、妇联、公安、法院等多方力量联动打造枫桥式乡村治理工作站。各部门有机衔接、相互协调，组团式服务麻岗大家庭，做到“小事不出村、大事不出镇”。

（李　艳）

驻茂名市电白区麻岗镇帮镇扶村工作队成员

◆戴宏辉	队长，来自国家税务总局广东省税务局
◆林楷彬	队员，驻白马村第一书记，来自国家石油天然气管网集团有限公司华南分公司
◆林桂鹏	队员，驻坑内村第一书记，来自国家税务总局广东省税务局
◆关健荣	金融助理，来自中国农业银行开平支行
◆梁栋新	队员，来自电白区税务局
◆苏晓彬	队员，来自国家石油天然气管网集团有限公司华南分公司
◆杨家宇	队员，来自茂南区税务局
◆罗丽霞	高校志愿者

驻梅州兴宁市永和镇帮镇扶村工作队：

编纂镇村志记历史　建通信合作社创未来

“乡村要振兴，文化须先行。编纂镇村志正是文化振兴的落脚点和承载点。”广东省人民政府地方志办公室、中国联通广东分公司驻兴宁市永和镇帮镇扶村工作队队长梁晓君如是介绍工作思路。

三年来，工作队通过编修镇村志、成立通信合作社、培育农业品牌等举措，推动当地文化振兴和产业振兴。如今，永和镇已形成10家农业龙头企业、2个省级示范社和1个省级示范家庭农场，培育多个特色产业和乡土品牌，产业年产值达到2000万元以上，联农带农超150户，增加村集体经济收入超400万元。

建立村史馆及方志驿站　赋能基层治理

在沙坪村村史馆里，陈列着木犁、簸箕等传统农具，一件件老物件向人们展示着以往的生产生活轨迹。墙上挂有一张中国航天专家、国际宇航科学院院士何质彬等沙坪村50余位乡亲与工作队的合照。

“这是2023年在广州召开的沙坪村乡村振兴在外乡亲座谈会，希望通过乡亲的力量，推动乡村振兴高质量发展。”工作队队员、驻沙坪村第一书记冯育平介绍，沙坪村已经成立乡村振兴建设基金，捐款额超40万元。

为了更好地赓续永和镇传统文化基因，广东省人民政府地方志办公室作为组团牵头单位，联合兴宁市志办与地方乡亲的力量共同推动《永和镇志》等镇村志编

2023年在广州召开的沙坪村乡村振兴在外乡亲座谈会合影

修，建立沙坪村史馆、兴宁市镇村三级方志驿站、方志书驿、祝枝山书法园等文化传播阵地，挖掘申报红色遗址保护以及举办全省脱贫攻坚成果巡回展，抓住各种机遇让方志文化走进大众、融入乡情，为树立文明乡风作贡献。

梁晓君表示，编修镇村志不仅助力永和镇文化振兴，更能通过发动全民参与缔造美好环境与幸福生活，让老百姓在精神文化层面有更多的充实感、获得感、幸福感。

引入光伏发电停车场　赋能集体经济

在永和镇沙坪村党群服务中心门前，两侧的土地已经清理平整，光伏发电停车场建设如火如荼。“光伏发电效益将成为村集体新增6项收入的重要组成部分，从而实现沙坪村村集体经济从3000元到超23万元的飞跃。”沙坪村干部何伟崇介绍，工作队自筹80万元用于两个重点村沙坪村、永星村的光伏发电项目，由沙坪村通信合作社负责管理。

据了解，沙坪村通信合作社的原始资金由中国联通广东分公司与村集体共同筹集，用于网络基础设施建设。入社村民不仅可以享受合作社专属优惠套餐和自家独享的网络服务优势，还能获得合作社的定期分红福利。合作社的宽带安装、维护修障等工作也为村民提供了就业机会。

如今，全镇有永星、沙坪、新中、蓝排、新寨、社区等6个村（居）成立通信合作社，村民入社360余户，每村每年可获2万元以上的合作社分红。

2023年11月，永和镇被梅州市“百千万工程”指挥部列为“发展新型农村集体经济”破题攻坚行动示范镇。截至2024年5月，梅州全市合计已有40多个村签署通信合作社协议，其中30多个村已投入运营，为2000多户村民带来了优质、高速、实惠的通信产品，为村集体经济带来新增、可持续的稳定收入超40万元。

此外，依托中国联通广东分公司数字化等资源优势，永和镇注入了15种数字化应用。“我们在山塘水库等重点水域的入口处安装了13套‘智能防溺水摄像头’，在山林56个入口安装‘沃哨所森林防护系统’，在9个烟花爆竹经营场所安装AI监控，以及500家三小场所安装‘智慧烟感’，为群众生产和生活安全保驾护航。”梅州联通技术总监、工作队队员刘远标介绍。

培育本土丝苗米品牌　赋能产业振兴

一排排整齐有序的田垄、一片片绿油油的秧苗，走进兴宁丝苗米永和种植基地，农户们正在热火朝天地劳作。

“我们在蓝排村、华岭村、永星村、沙坪村建成兴宁丝苗米种植基地超800亩，

兴宁丝苗米永和种植基地

通过与华南农业大学等高校合作，大力推广丝苗香米增香增产机械化生产技术。”梁晓君表示，在华南农业大学科技特派员团队的指导下，2023年早稻产量达到亩产1300斤，产米率50%—55%的高产指标。

梅州市柒农米生态农业科技有限公司（下称“柒农米公司”）是工作队引进的龙头企业。“为了打造‘柒农米’丝苗米优质品牌，我们流转撂荒耕地1431亩，覆盖永和7个行政村，建立4个玉米、丝苗米连片产业基地，带动附近村民就业。”柒农米公司总经理温爱文介绍，柒农米公司投资了370万元，建成烘干厂房、烘干车间等多套一体化设施，日烘干量40吨，产能年烘干量2800吨，产值130万元。

工作队以产业为重心，探索构建“优质企业带动、乡村新业态驱动、金融撬动、消费帮扶拉动”的乡村产业帮扶模式，强化产业带动农民增收。在兴宁市永和镇新寨村，工作队依托自然资源条件、用地布局，结合梅一客农耕体验园基础，推动形成一产蔬菜大豆、二产豆制品加工、三产休闲旅游业的综合产业发展路线。

“一开始我们在清理周围杂树的时候，发现了这所闲置17年的百年老校湖乡小学，我们将其修缮改造成为餐厅，提高农耕体验园的承载能力。”梅州市风衣谷生态文化产业有限公司董事长张雪莲表示，通过盘活改造百年老校湖乡小学，打造乡村特色餐厅“兴宁故里”，配套风衣谷农耕体验园、客家非遗体验馆，使新寨村成为新乡村网红打卡点，2024年2月至5月，到新寨村的游客达到2万人次。

湖乡小学被盘活改造为乡村特色餐厅“兴宁故里”

“新寨村作为典型村率先谋划好发展方向，村集体经济收入已经达到83.52万元。”永和镇党委书记曾波表示，新寨村在原来发展光伏发电、入股工业园的基础上，将继续流转80亩土地发展大豆、板栗南瓜等蔬果种植业，全力支持企业发展餐饮业。

（符诗富）

驻梅州兴宁市永和镇帮镇扶村工作队成员

- 梁晓君　队长，来自广东省人民政府地方志办公室
- 冯育平　队员，驻沙坪村第一书记，来自中国联通广东分公司
- 黄佩德　队员，驻永星村第一书记，来自广东省人民政府地方志办公室
- 刘远标　队员，来自中国联通梅州分公司
- 黄望平　队员，来自中国联通河源分公司
- 陈龙泉　金融助理，中国农业银行广东省分行
- 唐湘如　科技特派员
- 潘圣刚　科技特派员
- 莫钊文　科技特派员
- 陈荣导　高校志愿者

驻茂名高州市云潭镇帮镇扶村工作队：

为乡村治理插上“智慧翅膀”

干净的圩街、宽敞的村道、明亮的路灯、绿油油的农田、热闹的球场以及巡航的无人机，绘就一幅和谐秀美乡村画卷，这是茂名高州市“东大门”——位于三官山脚下的云潭镇。

三年来，广东省政务服务数据管理局、工业和信息化部电子第五研究所和广东省二沙体育训练中心驻高州市云潭镇帮镇扶村工作队发挥资源优势，推动招商引资1亿多元，投入自筹资金2275.25万元，助推云潭镇“百千万工程”落地见效。

镇村治理“一网统管”

进驻云潭镇初期，工作队发现，每逢墟日，云潭镇不算宽敞的道路总会因为车流的突然增加而变得更加拥挤，相关网格员也未能及时得到反馈信息。此外，在基层治理、应急处置、消防抢险等方面普遍存在不够智能化、精细化的问题。

为推进云潭镇乡村治理体系和治理能力现代化建设，工作队发挥数字政府建设优势建立“一网统管”运行系统，打造省市共建数字化治理示范镇。

什么是“一网统管”系统？在云潭镇政府内的一块大屏幕前，工作人员只需轻轻敲击键盘，便能设定无人机巡航路线，无人机可瞬时飞离智能机巢开始巡航工作，就如高空鹰眼实时监控各处情况，远处山林上的茂密树木也清晰可见。此外，工作人员只需观察屏幕进行操作，便能完成垃圾倾倒、森林防火、违禁游泳电鱼、观察独居老人状态等相关事件的督促办理。工作队队长董支臣表示，伴随着“一网统管”系统的使用，当无人机巡航发现存在道路交通拥堵问题时，便能迅速反馈相关网格员处理，进而引导道路交通。

2022年，云潭镇成为广东省唯一入选镇域治理“一网统管”试点镇街。如今，云潭镇成为全省首个实现“粤智助”全覆盖的乡镇，有效减轻基层工作负担，提高工作效率和政务服务效能。

“今后‘一网统管’系统还会往适老化、适残化等方向发展，既要满足镇域治理需求，也会考虑群众的所思所想，精准收集群众各方面诉求，解决群众急难愁盼问题。”广东省政务服务数据管理局负责“一网统管”建设的何放说。

建设番薯全产业链

“我们种出来的番薯不愁卖，价格又好，多亏工作队为我们拓宽销路！”一早，垌头村薯农张伯便把200斤现挖的优质番薯拉到村委会，一边忙着上秤一边激动地说。云潭镇是省级“一村一品、一镇一业”番薯专业镇，特色农产品“爆皮王”番薯是广东十大名薯之一。近三年，云潭镇年销售番薯2000万斤，总产值8000万元。

自进驻以来，工作队协同云潭镇党委政府，累计投入新品种脱毒番薯苗近13万株，利用村集体流转土地打造2个脱毒种苗繁育基地，建设“广东省农业科学院作物所示范展示基地”，举办“云潭镇甘薯高效栽培技术培训会”。为进一步加快云潭镇番薯全产业链、全价值链建设，工作队还成立了茂名数字链农产业联合体云潭服务中心，完成番薯主题文化广场、云潭镇乡村振兴农产品展销中心和番薯深加工厂建设。

为有效促进村民盘活撂荒地，工作队经过长期调研，立足当地资源禀赋，引进特色经济作物。在新农村，工作队投资近100余万元，建成具备日产1000斤生产能力的蕉芋粉丝加工厂。在丰文垌村，建成千禧果种植基地，带动120位村民就业；在新华村，利用闲置的460亩地建设成香水柠檬种植基地。“酸果子成了致富果。”新华村村民谢永生开心地说。

产业兴则乡村兴。三年来，工作队始终坚持以产业为引擎激发强村富民新动能，建成4个乡村振兴帮扶车间、5个生产基地，组团单位开展消费帮扶累计金额642万元，促进农户增收，壮大集体经济，推动云潭镇特色产业高质量发展。

捐赠学校 109 台多媒体黑板

高州市云潭镇共14个村（居），各村由于过去缺乏规划，村中巷道甚多，大部分都没有安装路灯，村中又多为留守老人和儿童，夜间出行十分不便。为解决群众急难愁盼问题，工作队自筹经费100万元，增添713盏太阳能路灯，点亮群众“幸福路”。

为解决镇上交通压力，工作队投入资金130万元建设群众“共富路”；为提升学生的学习环境，工作队出资11万元，为新农、新华和垌头的小学添置603套桌椅；投入近100万元，为垌头小学建设现代化操场和捐赠空调等等。除此之外，工作队还积极发动社会力量，联系腾讯为云潭镇共14所中小学捐赠了109台多媒体黑板。“多媒体黑板的应用可以丰富课堂教学形式，提高教学效果，让课本内容生动起来，从而激发学生学习兴趣。”云潭第一中学校长李树协说。

“下一步，工作队将会继续发挥组团单位资源优势，持续做好各项帮扶工作，提高乡村的教育设施水平，为乡村孩子营造优良的学习环境。”董支臣表示。

腾讯公益慈善基金会援助高州云潭一中多媒体黑板捐赠仪式

云潭足球队VS那霍足球队比赛现场

建成粤西第一个村级 11 人制足球场

为健全乡村健身设施，促进全民健身活动的有效开展，工作队充分链接多方资源，与茂名市文广旅体局共同出资近120万元，筹建新华村11人制标准足球场和榕木塘村7人制足球场，新华村球场面积约4500平方米，是粤西地区第一个村级11人制足球场。建成的足球场自投入使用以来，辐射带动周边群众，逐渐成为云潭镇乃至周边村镇开展足球运动的主要场地。

此外，工作队推动2021年广东省民俗趣味运动会落地云潭，“让大家在运动中收获健康，在健康中享受快乐，在快乐中收获幸福。”工作队队员兼驻新华村第一书记何央说。

运动会的举办，使村民“乡村要振兴，健康要先行”的意识也越来越强烈。云潭镇举办迎春杯足球赛、男子篮球友谊赛、登山节等体育活动越来越多，越办越红火。三年来，工作队陆续修建了健康绿道，在新农村建设教育实践基地，进一步丰富群众的体育生活，推动乡村全民健身全面发展。

（许东宜）

驻茂名高州市云潭镇帮镇扶村工作队成员

◆董支臣：队长，来自广东省政务服务和数据管理局
◆张　科：队员，驻新农村第一书记，来自广东省政务服务和数据管理局
◆何　央：队员，驻新华村第一书记，来自广东省二沙体育训练中心
◆石雄毅：队员，驻垌头村第一书记，来自工业和信息化部电子第五研究所
◆李　东：队员，来自广东省二沙体育训练中心
◆张义安：队员，来自工业和信息化部电子第五研究所
◆冯　郁：金融助理，来自中国农业银行
◆杨升威：“三支一扶”人员
◆葛昶延：高校志愿者
◆邱伟迪：高校志愿者

驻河源市紫金县敬梓镇帮镇扶村工作队：

两斤猪肉奖出一个示范村

2023年4月19日，驻河源市紫金县敬梓镇帮镇扶村工作队在南村村举行第四次人居环境考评表彰大会，给每家干净整洁户送上了2斤猪肉。这是工作队为推进人居环境整治而设立的“猪肉奖”。

开展驻镇帮镇扶村过程中，工作队创新工作方法，除了“猪肉奖”，还摸索出了推进禽畜圈养和“三拆除”的“小绿屋”方案。工作队的积极探索，让山区小镇发生了诸多喜人变化——农村人居环境越来越好，基层治理水平显著提升，村民参与乡村建设的积极性也越来越高。

卫生搞得好，奖两斤猪肉！

起初，工作队所认识的敬梓镇，在河源市农村人居环境整治评估中排名倒数，还被亮了红灯。当地农村“脏乱差”现象比较普遍，南村村就是其中一个典型，村内甚至没有固定的保洁员。

农户门前屋后的区域为什么不能自己打扫干净？如何发动农户参与村庄治理，实现共建共享？经过一番调研和讨论，工作队提出了在村里开展考评并给予奖励的想法。经过镇党委会讨论，《南村村2022年人居环境考评实施方案》于2021年12月出台，通过每月在村里开展考评和设置“猪肉奖”等方式激发村民的积极性。

评估队伍按月进行考评，采取“现场查看、当场打分”的方式，同时邀请村里德高望重的老人进行监督，提高考评公信力。根据考评结果，为排名前十的农户颁发奖品——2斤猪肉和一块流动的“干净整洁户”牌匾。

讨论奖品的时候，有人认为奖猪肉太土了，不如发钱来得实在。但工作队队长郭国宏和队员们觉得，猪肉不是土，而是接地气，也可以有小小的噱头，一次颁奖也就20斤猪肉，费用不高，却能引起村民对人居环境的重视。

“脏乱村”变成示范村

2022年2月末，工作队队员和南村村干部组成考评队伍，对全村200多户村民进行评估，同年3月1日，在村小的广场上为排名前十的农户颁发“猪肉奖”。

有一位村民对郭国宏说，现在村里没有人缺这2斤猪肉，但是镇里、村里能够为村民组织这样的活动，让他们觉得干部们有在认真做事，是真心想让村子变好的。这句话让郭国宏意识到，他们做对了。

后来，工作队进一步完善了考评方案，考评从每月一次改成了每季度一次。几斤猪肉，提高了村民参与“门前三包”的积极性。2023年4月19日，郭国宏到南村村参加第一季度的人居环境考评表彰大会，又有10户村民领到了猪肉。村民廖艳妹已经是第四次领到“猪肉奖”了，80岁的她依旧干劲十足，说要争取下个季度继续拿奖。“猪肉奖”带来的变化是巨大的，南村村家家户户门前屋后已经很难看到卫生污点。2023年4月中旬，南村村还入选了2022年广东省乡村治理示范村名单。

工作队为南村村干净整洁户发猪肉

2022年3月1日，南村村第一次发“猪肉奖”

“小绿屋”破解“三拆除”大问题

人居环境整治，“三拆除”是一大难点。刚开始下乡开展危破泥砖房清拆工作，村民工作都很难做通。村民的担忧主要有两个，一是担心危破房清拆后不能再建房，二是担心危破房中的杂物无处安放。

针对建房问题，工作队在拆除泥砖房前专门为村民办理一户一宅的证书，清拆后也能保障农户对该建设用地的使用权。未来如果村民有建房的需求且符合一户一宅的要求，就能申请在其原来的危破泥砖房所在地块建房。这一操作有效打消了村民们的顾虑。推进过程中，让村民亲自测量四至，进一步提升了村民对干部的信任度。

如何稳妥拆除村民们的杂物房？工作队推出了“小绿屋”方案。“小绿屋”一开始是工作队在推进禽畜圈养工作时研究出来的工作方法，为农户发放占地3平方米、由绿色铁皮搭成的棚舍，动员农户自行购买铁网围出6平方米的禽畜圈养场地。

此前，工作队在田头村清拆一间危破泥砖房的时候，由于泥砖房内放有棺木，村民一直不愿意拆除。于是他们承诺在清拆后的地块上搭建“小绿屋”，帮助村民将棺木等杂物搬进去，这才顺利推进了清拆工作。这一举措很快在全镇推广，有效提高了危破泥砖房的清拆速度。工作队进驻后，全镇共拆除泥砖房366座，拆除面积达5.55万平方米，搭建用于禽畜圈养和推进泥砖房清拆的“小绿屋”一共430个。

驻镇以来，工作队深刻认识到，开展人居环境整治，不只是对垃圾、污水、危破房进行整治，更重要的是探索出好的工作机制，培养农户共建共享的意识，才能让农村人居环境得到长效治理。

（李国华）

驻河源市紫金县敬梓镇帮镇扶村工作队成员

- ◆郭国宏：队长，来自河源市人民检察院
- ◆沈建驰：队员，驻中联村第一书记，来自河源市人民检察院
- ◆彭孝忠：队员，来自河源市文化广电旅游体育局（河源市文化馆）
- ◆刘　艺：队员，驻正联村第一书记，来自河源市文化广电旅游体育局（河源市博物馆）
- ◆黄汉华：队员，驻敬梓村第一书记，来自河源市中医院
- ◆张汉朋：队员，驻南村村第一书记，来自紫金县公路事务中心
- ◆张志光：金融助理，来自中国农业银行紫金支行

驻江门市新会区沙堆镇帮镇扶村工作队：

公用项目收费　破解停车难题

走进江门市新会区沙堆镇梅兴村，村主干道宽敞整洁，大小车辆有序摆放，村风和谐，村民和睦。很难想象在不久之前，梅兴村村民还饱受交通堵塞、环境脏乱差等问题困扰。

“特别是高峰时段，乱停放的车辆甚至能将仅7米多宽的乡道占据过半，我们出行实在不便。”“一些水产运输车辆习惯性滞留在村核心居住区域，污水横流，臭气弥漫，难以忍受……”面对村民们的抱怨，驻沙堆镇帮镇扶村工作队队长、驻梅兴村第一书记李维睿的工作清单上多了一项任务——修建停车场、规范停车秩序。

补短板　多单位合力建停车场

“建停车场一离不开钱，二离不开地。”工作队看到村委会毗邻村核心区域的地理优势，瞄准了村委会附近空余的村集体用地，初步解决了停车场的建设用地问题。在组团单位的大力支持下，工作队积极协调热心企业、院校等多方资源，促成总投资超80万元的公益民生工程——梅兴村公益停车场项目成功落地实施，并于2022年1月顺利完工。

这是一场多方合力的成功案例。项目由江门市人民政府办公室统筹推进，由保利长大工程有限公司银洲湖高速TJ06标项目部牵头实施，照明路灯、车位划线、墙绘等配套工程由广东中沛建设有限公司、五邑大学艺术设计学院及社会热心人士协

五邑大学艺术设计学院学生为梅兴村停车场创作乡村特色墙绘

力完成。

“艺术学子带来的墙绘作品很有创意，整个村容村貌都焕然一新了。”“以前照明困难的区域容易发生车辆蹭刮事故，现在有了新停车场和照明路灯，明显避免了不少民事纠纷。”村民们对新建的停车场十分满意。

定规则　开大会确定车位收费

停车场建起来之后，各种管理上的难题开始浮现——部分村民在停车区域乱丢乱放垃圾；有村民不遵守规范，一车占据多个车位停放；个别村民延续以往习惯性路边停车的陋习……工作队和村“两委”干部认为，这些乱象或多或少与村民“反正免费、管我咋用”的心理有关。综合多方因素考虑，他们提出了“探索实施专用车位收费制”的设想。

“收费制”说法一经传出，村民纷纷提出顾虑：捐资建成的停车场采取收费制，是否会违背其公益本质？收费制能否做到合理定价？收费制获得的利润如何惠及村民？

收费制采取的是定价竞投而非溢价竞投，根据定价规定，货车专用车位租金

1000元/年，小车专用车位租金500元/年，“有偿专用费”的租金设置明显低于市场价。为体现公益性，收取的专用费用将纳入村集体经营性收入，在除去停车场运营及卫生保洁的基础费用之后，本村村民有权享有剩余的产业分红。

理解这项工作的运作逻辑之后，村民们反响热烈，竞标首日达成20个车位的交易，在随后7个工作日里，相继划出了13个专用车位。车位竞投采取自愿原则，竞投后剩余车位仍遵循“先到先得、免费使用”规则，保障村民各取所需，并保留20多个公共车位免费面向社会公众开放。

深思考　公用项目收费促善治

为了更好地规范停车行为，梅兴村联合镇公安交警部门，向全体村民发出文明停车倡议书，开展劝导式执法，号召村民树立文明停车意识。

李维睿发现，在农村地区，村民的行为很大程度上受到舆论环境的影响。他指出，巧用这种舆论影响，可以最大化发挥法治德治相结合的作用，“既然500块钱可以租到一个专用车位，村民自然也不好意思再乱停放了。”

“收费制”还带来了意想不到的“惊喜”——部分村民家中不止一台车辆，在综合各项成本的考量后，最终选择盘活自家闲置宅基地或尚未利用的空地，将其开

梅兴村停车场实现有序停车

发成专属停车场。“这也是实现车辆有序停放的另一种解题方式。”李维睿笑谈，现在的梅兴村，在村民主动配合的大环境下，停车秩序已大为改观。

李维睿表示，这次的“专用车位有偿使用”案例，成功摒弃了以往公用项目“谈钱色变”的旧思想观念，很好地平衡了资源的有限供给性、特殊需求性及使用公平性。他谦虚道：“不知这麻雀般小的案例是否具有代表性，接下来就交由时间来检验了。”

（黎祖瑜）

驻江门市新会区沙堆镇帮镇扶村工作队成员

- 李维睿：队长，驻梅兴村第一书记，来自江门市人民政府办公室
- 梁志明：队员，来自江门市公安局新会分局
- 马观池：队员，来自沙堆镇农业农村办公室
- 余嘉彤：队员，来自沙堆镇人民政府
- 高龙长：金融助理，来自中国农业银行江门分行
- 梁雅颖：“三支一扶”人员，来自沙堆镇农业综合服务中心
- 余健伟：高校志愿者，来自沙堆镇人民政府

驻湛江雷州市附城镇帮镇扶村工作队：

让雷州文化“活”起来

湛江雷州市清端园游客中心外，多了一块写有“自驾驿站·湛003”的牌子。这意味着包括陈瑸故居清端园在内的雷祖古庙、崔氏宗祠、楹联碑廊、南渡河等50多个景点被串联起来，形成领略雷州文化的绝佳路线。

“现在流行‘微度假’”，驻湛江雷州市附城镇帮镇扶村工作队队员吴轶元谈起自己和身边亲友的共同感受，“一到周末和小假期，大家都愿意开车到村里转转。”为促进附城镇文旅产业发展、带动周边村民就业增收，工作队特邀学界业界专家多次实地考察，打造出一条涵盖古海上丝绸之路、古驿道、古道及数十处名胜

工作队实地考察路线

古迹的自驾乡村旅游路线。

据不完全统计，自2022年6月揭牌以来，清端园自驾驿站月均接待游客超过1000人次。坐拥大好风光，深挖历史文化，附城镇释放出发展的新能量。

出发！开启附城乡村自驾游

说起历史人物陈瑸，附城镇南田村的村民们都对这位同乡如数家珍。他与海瑞、丘濬合称“岭南三大清官”，是清初履台官员中任职时间最长、政绩最为卓著的官员。雷州水患，他将任内俸禄5000两白银悉数捐出修堤，却无暇顾及自家的茅草屋。康熙五十七年（1718年），陈瑸于任上病逝，皇帝下旨赐祭葬，谥清端。

“清端园的名字就是从这里得来的。”据陈瑸史迹博物馆馆长陈则晓介绍，作为廉政教育基地和海峡两岸交流基地，清端园已成为党员干部及两岸同胞学习交流的重要平台。加强周边配套设施建设，结合乡村振兴谋划发展，是清端园的未来方向。

“我们希望通过设置自驾驿站，激起大家自驾游的兴趣，毕竟附城的美值得更多人了解。”工作队主动对接雷州市陈瑸史迹博物馆、广东省自驾旅游协会湛江分会、茂德公国际旅行社，依托附城镇名胜古迹、民俗文化、红色文化、绿色生态等特色资源，进行资源深度整合和盘活。2022年6月22日，“广东省自驾旅游协会湛江

清端园园内景观

自驾驿站揭牌仪式合影

分会附城镇自驾驿站·湛003”牌子在清端园游客中心揭牌，为附城镇文旅融合发展打开了新局面。

工作队还计划与清端园携手打造集廉政教育、对台交流、技能培训等于一体的乡村振兴干部培训学院。一方面以清端园为载体，弘扬廉政文化和爱国主义精神，另一方面更好地带动南田村文旅产业发展，促进村民就业增收。

开锣！雷剧文化迎来新春天

“城东村的谢鸿保是远近闻名的铁杆戏迷，晚饭后我们便一起去东关文化楼看雷剧。鸿保告诉我，雷剧有300多年历史。村里人无论是在家务农经商，还是外出打工谋生、求学创业，雷剧美妙的声调、腔调、音调、情调都是他们的精神家园……”2021年10月20日的日记中，吴铁元记录下自己观看雷州市恒鑫雷剧团演出《汉宫寒月》的感受。

雷剧起源于雷州半岛，用雷州地区方言表演，以雷胡为主要伴奏乐器，婉转声律和动人故事承载着浓厚的雷州文化。每年春节、农历六月和晚稻收割后，村村都会上演雷剧。据一位雷剧剧团工作人员估算，他所在剧团2021年全年演出超过200

场，每场观众人数往往能达到数百人。

但即使如此，雷剧仍无可避免地呈现出衰落态势。工作队在前期调研中了解到，活跃在雷州的雷剧艺术团逐年减少，剧作内容陈旧、专业人才和观众群体萎缩等问题愈发突出。

如何振兴雷剧，或者说，如何振兴雷州文化？经过数次调研和讨论，工作队决定做一件“大事”——以文化振兴为抓手，依托雷州开放大学、附城籍文化界代表及广州的院校专家等，挂牌成立“雷州市附城镇文化振兴研究中心”。

作为工作队牵头、附城镇人民政府和雷州开放大学联合成立的非营利民办非企业单位，研究中心成员由雷州开放大学和附城镇热爱文化艺术的志愿者共同组成，设立理事会及监事，下辖综合业务、研究开发和财务监督三个办公室，与工作队合署办公，旨在建设雷州文化保护传承和开发利用的关键平台。

吴轶元介绍，雷州市附城镇文化振兴研究中心将联合附城中学开展“雷剧文化进校园”活动。一方面，将雷剧文化内涵和丰厚的师资力量引入校园，加强校园美育，丰富学生课余生活，同时完善教学乐器设备、道具等，为学校文娱活动提供更好的硬件设施支撑；另一方面，为雷剧表演艺术传承、雷剧文化发展做出新的尝试，为传统文化注入新鲜血液。

“我想，雷剧在雷州半岛将会迎来一个春天。”吴轶元写在日记结尾的期待，正在变成现实。

（池奕霏　洪景颜　符常凤）

驻湛江雷州市附城镇帮镇扶村工作队成员

- ◆袁锦培：队长，来自南沙区黄阁镇人民政府
- ◆姚　东：队员，驻南田村第一书记，来自南沙区人力资源和社会保障局
- ◆候华亮：队员，驻埔西村第一书记，来自南沙区横沥镇综合行政执法办公室
- ◆吴轶元：队员，来自南沙区综合行政执法局
- ◆鄞　壬：队员，来自广州南沙现代农业产业集团有限公司
- ◆刘文晓：金融助理，来自中国农业银行广州分行

驻河源市东源县漳溪畲族乡帮镇扶村工作队：

“捕获”省级非遗文化 IP

“没有农业农村的现代化，就没有国家的现代化。”这是驻河源市东源县漳溪畲族乡帮镇扶村工作队队员张建朕踏上漳溪畲族乡时，反复琢磨、时刻铭记的话语。2021年7月，他被派驻到中联村，担任驻村第一书记。

张建朕初识的中联村，村集体经济十分薄弱，2021年村集体年收入仅3万元。“没有产业，乡村振兴就是无源之水，无本之木。”张建朕开始思考如何给中联村找到一条富有本地特色且稳定持续的增收路径。在不断地摸索中，他将目光聚焦到了“中联村汶水塘捕鱼节”这项民俗活动上。

非遗升级　发展文旅有“面子”

中联村每年年初都会在全市闻名的汶水塘里下放鱼苗，村民们遵守约定，绝不捕鱼，保护水源。待到每年农历大年初三，全村男女老少再一同下水，合作捕鱼。获得“鱼王”称号的村民可得到村委会提供的“捕鱼节基金”奖励。

“能不能以捕鱼节为突破口，尝试发展特色文旅呢？”他这个想法一提出，村干部立刻提起了兴趣。经过一番市场调研，并且咨询资深民俗文化学者意见，大家凝聚了共识，认为可以汶水塘捕鱼节为基础，发展微型休闲文旅产业。

喊破嗓子不如甩开膀子。说干就干，张建朕和村“两委”班子初步确立了“两个方向两步走”工作思路：

第一步，补齐硬件短板。为增强捕鱼节项目吸引力和基础设施服务性，他充分发挥工作队资源优势，推动中联村汶水塘修缮工程项目入库，投入80万元乡村振兴专项资金，彻底修缮了塘壁，装饰了围栏，美化了树木，汶水塘微型休闲文旅景观初步成形。

第二步，全力冲刺“省级非物质文化遗产”资质。“捕鱼节”本身是市级非遗项目，但要想真正打出名气、搞出名堂，还要助推非遗项目升格提档。为此，张建朕带着村干部连日加班加点，填报省级非遗名录申报材料，各村小组长也发动本族乡亲，收集整理汶水塘捕鱼节历史资料。2022年5月，“中联村汶水塘捕鱼节”成功入选省级非物质文化遗产代表性项目名录。

如今，汶水塘景点名气越来越大，文化旅游形成的“小气候”初步带动了周边民宿、餐饮、垂钓、水果采摘等业态发展。

配套完善　发展文旅有“里子”

通过“强硬件”“提档次”“讲故事”，中联村汶水塘捕鱼节由市级非遗升格为省级非遗，发展文旅算是有了“面子”。但要想真正吸引客流，还得做好“里子”。

为此，工作队坚持“党建+文化+民生”，突出红色精神标识，以“汶水塘捕鱼节”这个省级非遗主题为抓手，将汶水塘景区划分为不同主题功能区，如党史文化

曾经样式老旧、池壁漏水的汶水塘焕然一新

汶水塘景区打造了多个主题功能区

角、暖心生活角、强身健体角、应急救护角等，增强汶水塘景区的层次感。围绕汶水塘铺设彩色绿道，将几大功能区与沿湖风光连点成线，以“彩色绿道”和“红色宣传”形成对汶水塘的色彩烘托。引进微型党建便民驿站，让群众感受到“党建在身边”。

为了让游客感受捕鱼节的历史感和趣味性，工作队融入文化创意，打造省级非遗研学基地，沿湖布置“水文化”“鱼文化”等主题元素，陈列历年捕鱼节精彩景象以及不同鱼类知识图画，体现本地特色非遗系列文化IP，让非遗文化“活”起来。

工作队计划增加非遗场景化展现频率，筹划将汶水塘捕鱼节活动由每年一场增加为每季度一场，进一步拉动游客量。此外，还将非遗研学基地同周边火龙果基地、蓝莓基地、葡萄基地、垂钓基地等共同规划建设，在非遗文化静态展示基础上，增加研学教育、生态康养、手工制作等沉浸式体验渠道。届时，农民的收入增加了，村集体也将挺起腰杆子。

（唐瑞谦）

驻河源市东源县漳溪畲族乡帮镇扶村工作队成员

◆杨　洋　队长，来自深圳市委统战部

◆张建朕　队员，驻中联村第一书记，来自深圳市委台办

◆段翱飞　队员，驻井贝村第一书记，来自深圳出版集团

◆姚同斌　队员，来自深圳出版集团

◆张　维　队员，来自深圳出版集团

◆冯伟亮　队员，来自河源市委党史研究室

下篇　撷英：身在他乡即故乡

历史的记录往往由碎片构成，在吉光片羽中，我们能拼缀历史的图景。

驻镇帮镇扶村工作队的队员，他们是个体的人，是热血为南粤乡村振兴的真实的人。

他们自觉地记录、讲述自己的驻镇故事，以帮扶为己任，以他乡为故乡，他们不只是履行责任，还在历史洪流中，发出属于这个时代的、有温度的声音。这种记录让历史更立体，更真切，也让工作队队员们留下了清晰的面容。

毫无疑问，驻镇帮镇扶村工作是一首奋斗的歌，一首万人合唱、千万人应和的歌。而工作队的队员，他们以各自独特的嗓音，分唱着不同的声部，合奏出一首激昂的乡村振兴之歌。

这是个体的价值所在，也是我们理应给予的赞许。

“想，都是问题；做，才是答案”

——记驻韶关乐昌市廊田镇帮镇扶村工作队队长邵卓

晚上10点，来自广东省农业科学院、驻韶关乐昌市廊田镇帮镇扶村工作队队长邵卓刚刚结束调研。第二天一大早，她又带着廊田镇的茶企马不停蹄赶到广州参加茶艺比赛。对于邵卓来说，这样满满当当的行程已经成为她的驻镇日常。“想，都是问题；做，才是答案。”这是邵卓的格言，她也这样践行着。

最“社牛”的队长

“试一下我们当地的茶，很好喝。回去后记得也帮我们推介一下！”初次见面，邵卓会为来访的客人泡上一壶乐昌的当地茶，半开玩笑地拉近双方的距离。邵卓笑称自己是“社牛”，和谁都能侃大山。邵卓来自广东省农业科学院，驻镇之前，她主要负责校企对接，爽朗的性格和良好的业务能力使她成功帮助院内众多科研成果实现转化。来廊田镇之后不久，她跟队员、廊田镇政府和18个村（居）以及村民都建立了友好的关系，并带领队员完成遍访工作。

在工作上，为了加深工作队成员之间的了解，同时加深队员们对驻镇工作的认识和对政策文件的理解，邵卓也摸索出一套切实可行的工作方法，开创了“领读机制”。每个队员轮流领读政策文件，根据自己的工作经验分享看法，共同探讨如何将政策落实到工作中来。领读机制让工作队6名成员碰头机会增多了，大家各抒己见，短时间内顺利破冰，逐渐熟络起来。

邵卓在廊田镇走访调研、了解民情

单是工作队内部熟悉、学习还不够，邵卓十分明确工作队的角色定位。“实现乡村振兴，工作队只是辅助，廊田镇党委、政府才是主角。”基于此，邵卓再次发挥了“社牛”的特质，主动将廊田镇分管农业的副书记邀请至工作队开联席会议。“工作队内部的交流碰撞有时候也可以给镇里面带来一些新角度、新点子。此外，邀请镇领导一同参加会议，也可以让我们彼此更紧密，配合更默契，工作开展起来更自如。”

最“大方”的梦想家

除了过人的社交能力，邵卓另一个特点是“大方”。2021年7月6日，工作队正式进驻廊田镇。驻镇工作怎么展开，各种制度怎么建立，邵卓一头雾水。得益于过去的科研经验，邵卓率先制定出队内工作机制，并在具体实践中总结出“调研一张表”。“以往调研要填写的表格很复杂，但我们刚来镇里的时候，需要对全镇情况做一个梳理和把控。这个时候就要抓大放小，表格应该简洁明了，方便我们快速摸清全镇基本情况。”邵卓制定的“调研一张表”，让工作队的工作效率大幅提升，在短短一个月内摸清了全镇的产业基本情况。“别的工作队来问我怎么做的，我直接就把表格发出去了，后面我的‘调研一张表’也在韶关全市示范推广。”

“当初我只想实现廊田振兴梦，现在我还想实现乐昌振兴梦、韶关振兴梦。资源共享、互利互惠，让我的梦想变得越来越大。”在完成全镇18个行政村（居）的走访调研后，邵卓提出“一所对一村”的结对帮扶做法，获得了省农科院的大力支持。仅仅使廊田一个镇获利，这不符合邵卓的处事美学。尽可能地互惠，让更多的人获益，才是邵卓的一贯理念。在邵卓的提议下，省农业科学院与廊田镇共建了科技特派员之家、农业科技超市和省农业科学院科技成果转化示范基地，形成村—镇—市—省多级帮扶辐射网络，为廊田镇以及乐昌市、韶关市聚集更多农业科技项目、成果、人才。

最接地气的实干家

“小芬，我给你带了点茶叶来，你不是说喜欢茉莉花吗？今天给你带的就是茉莉花茶。”邵卓熟门熟路地进了一处院子，院中的女孩正好蹲在墙根自拍。这是一户仍在防返贫监测系统的监测户。在镇上开展的电商培训班中，这家的女儿小芬便是其中一个学员。

如今开朗的小芬与邵卓第一次来时看到的她判若两人。小芬会对邵卓敞开心扉的原因有很多，其中很重要的一点是邵卓不跟她“来虚的”。邵卓不说空话、套话。“你的视频每天都要做，不能犯懒。有什么不懂的，你就去问那些哥哥姐姐。”邵卓还会时不时在微信上督促小芬剪视频、复习自考科目。“卓姐带着我去参加电商培训，给我介绍了很多优秀的哥哥姐姐。她想我好，但不会随随便便给我打包票。她告诉我，必须得我自己努力，才有可能取得成功。”小芬有些腼腆地说：“我觉得她这样说才实在，才是真的想帮我。”

“实在”是邵卓身上的另一个特点。工作队每组织一次培训，或去企业走访，邵卓的目的都很明确，“就教他们怎么赚钱。”镇里组织的电商培训，邵卓让专人在后台看数据，专门邀请来的电商公司只需要告诉种养大户要怎么拍、怎么播才能卖得更好，赚到更多的钱。“我们培训只看实用性。”邵卓说。为了切实增加村民收入，邵卓从镇内有基础的企业入手，激发企业内生动力，扩大生产规模，提供更多就业岗位。

“相较于‘从无到有’的工作队打包式自建、自管项目，我更倾向于锦上添花的‘保姆式’搭台、推介。如果一个项目不能适应市场的竞争，那工作队做多少都没用，再怎么谈增收都是一场空。”邵卓说。

（唐瑞谦）

文心雕“魂”　提振乡村“精气神”

——记驻梅州市五华县龙村镇潭溪村第一书记王宏芳

“我们村支书是个‘70后’，年龄比我还大一点，但他特别乐于接受新的事物。”

“我们村的妇女主任是村委会里最年轻的干部，抓工作特别细，任劳任怨。”

“我们村里还有一名预备党员，是从大山里飞出去的金凤凰，但他又飞回了大山，尤其擅长设计和规划……”

驻镇以来，“我们镇”“我们村”已经成了王宏芳的口头禅。作为驻梅州市五华县龙村镇帮镇扶村工作队队员、驻潭溪村第一书记，她对村里的情况如数家珍。推开一户人家的门，搬个小板凳坐下，她就能和村民熟络地拉家常。走在村子里，村民也会亲切地唤她一声：“王书记好！”

不愿“躺平”　甘愿下乡当“新兵”

干净利落的短发，笔挺的站姿，爽朗的笑声，王宏芳虽然转业多年，但依然保持着军人作风。从解放军外国语学院毕业后，她在部队里从事翻译工作。直到2009年从部队转业，她进入广东省文联组织联络部，开展对外宣传工作。

“我不愿意‘躺平’，总想着再锻炼锻炼自己，既然有这个机会，那就下乡当名‘新兵’。”正是抱着这样的想法，王宏芳主动报名参加驻镇工作。

2021年8月10日，王宏芳入驻龙村镇。一个月后，她正式以第一书记的身份来到潭溪村报到。报到那一天，恰好是教师节，她便留在村里和村干部、老师们一起吃饭。“大家围坐在临时借来的桌子前，吃着当地的家常小菜。一盘大猪肘子刚上桌，身旁的村干部就给我夹了一大块，让我在这个陌生的地方感受到了温暖。”在村里第一次聚餐的亲切画面，深深印在了她的脑海里。

让老百姓的“脑袋”也富起来

作为驻村第一书记，王宏芳每个季度都会给村里的党员们讲一次党课。“第一次开党会的时候，我发现台下坐着的都是白发苍苍的老人，他们甚至还带着自己的孙子来开会。”王宏芳敏锐地注意到，潭溪村的老龄化十分严重，全村常住人口1600人中，留守儿童和老人占了多数。

如何让老党员们喜欢听党课？王宏芳用足了心思，引入艺术党课概念，结合视频和音乐等多媒体手段，以互动的形式学习宣传乡村振兴战略，并传达相关文件精神。在这个过程中，不仅老党员们的积极性被充分激发出来，基层党组织建设得到加强，更重要的是，把乡村的精气神给凝聚了起来。

“如今全面脱贫，我们老百姓在吃饱穿暖方面基本不愁，但‘口袋’富起来，‘脑袋’还没富起来，群众的精神生活还不够丰富多彩。”这是王宏芳下乡以后最明显的感受之一。为此，她积极推进潭溪村新时代文明实践志愿服务工作。

在工作队的大力支持下，龙村镇志愿者协会潭溪村服务队揭牌成立，此后积极参与到文明创建、森林防火宣传等工作中。眼见村民的积极性、精气神提了起来，文明乡风建设取得了成果，王宏芳也颇有满足感。

王宏芳参与志愿服务

王宏芳教孩子使用相机

“对每个妇女和儿童的情况都了然于胸”

到任第一书记后不久，王宏芳遍访了村里的低保户和五保户。走访过程中，王宏芳发现村里有较多留守妇女儿童，他们的生活还存在一些困难。因此，她便交代给村干部一个任务——全面摸查村里妇女儿童的生活情况。

经过一番摸查后，王宏芳发现村里有一名二年级的女孩家庭情况非常特殊。她的母亲带着她从外省嫁到潭溪村，和养父组建了一个新的家庭。然而，她的养父经常酗酒，母亲选择离家出走，被留下的女孩只能跟着养父过着“饱一顿、饿一顿”的生活。如今，这个女孩又被她的姑父所收养，生活在邻村。

了解相关情况后，王宏芳立即前往邻村探望这个女孩，并且叮嘱邻村的妇女主任以及有关镇干部，以后一定要重点关注这个女孩的生活情况。自那以后，王宏芳坚持每个月带着慰问品看望这个女孩。

为了守住不发生规模性返贫底线，工作队对全镇24户重点监测户逐一入户核查后，向组团单位申请“6·30”帮扶资金，帮助改善低保户居住条件，充实村教育基金项目和产业项目。

凝聚“镇能量” 点亮“微心愿”

“我想要一个新的文具盒”“我想要一个篮球”“我希望我的家人健康幸福”……王宏芳走进潭溪小学，给学生们发了微心愿卡片。看完孩子们写下的心愿，她不禁湿润了眼眶：“孩子的愿望都是非常单纯质朴的。”

工作之余，王宏芳经常同家人分享自己的驻镇经历。有天晚上，她和正读大一的儿子小雨讲述了村里孩子的“微心愿”。没想到，小雨在几天后竟向她递交了一份寒假支教策划书。寒假期间，小雨到了潭溪小学，为孩子们开展了有趣的魔方课程，还打算拍摄一套魔方教学视频，让孩子们通过视频自主学习。

为了激发孩子们的艺术兴趣，王宏芳充分发挥省文联的资源优势，推动省视协“影视小屋”落户潭溪小学，省视协还捐赠了单反相机、投影仪等一批价值2万元的影视设备。“我打算让孩子们拍摄他们眼中的最美农村，并在村里办一个小型摄影展。”王宏芳满怀期待。

（谢晓莉）

一半柔软　一半刚强

——记驻梅州兴宁市水口镇帮镇扶村工作队队长温宇澄

“乡村振兴在路上，功成不必在我，功成必定有我！”自从担任驻梅州兴宁市水口镇帮镇扶村工作队队长之后，这是温宇澄常挂嘴边激励同事的句子，也是她自始至终铭记于心并努力践行的信条。

柔软而刚强的她，选择砥砺前行。一半柔软，让她看见种粮农民的不易、蜂农

温宇澄（左）帮助农户销售沃柑

的窘境、孩子的渴望而深受触动；一半刚强，让她毅然决然推动一件件、一桩桩关乎群众切身利益之事落地见效。

为了“甜蜜” 曾经“鲁莽”

“驻镇以来印象最深的事，就是我们工作队策划的蜂蜜消费帮扶行动。”温宇澄介绍，水口镇山地多，其中宋声片区地处偏远，涉及10个行政村。前些年蜂蜜行情好，村民们纷纷养起了蜜蜂，但本土蜂蜜在销售上遇到了一定困难。工作队经过一番商量，决定开展消费帮扶行动，很快联系上了天河区各单位工会。

“我们面临的第一个问题，是如何让优质土蜂蜜看起来上档次。”温宇澄指出，得益于优越的自然资源禀赋，宋声蜂蜜属于纯天然绿色原生态农特产品，品质上乘，但如何让土特产蜂蜜从包装上吸引人，是一个难题。“当时时间紧，身为门外汉的我们只能集思广益。”工作队齐心协力，仅用两天时间就顺利解决了蜂蜜的包装问题，“最终效果比我们预期的还好。”

然而，通往宋声片区的山路崎岖狭窄，产品运输成了第二个难题。温宇澄回忆道，出货当天，工作队发现货车没法进村，更到不了村民家里装货。“长达20多公里的山路，货车进不来怎么办？”身为队长的温宇澄一心想着帮村民出货，当下决定用自己的小车运输蜂蜜，工作队其他成员也纷纷加入运输行列。当天，队员们有的跑了三趟，有的跑了四趟，终于把包装好的几千斤蜂蜜全部运输下山，顺利送达货运中转场，最终促成营收额数万元。

温宇澄事后回想，笑言当时的决定多少有些“鲁莽”——自己用来运送蜂蜜的车子因山路崎岖而震坏车轴，花费了5000多元修理费。但她毫不后悔，“助农销售蜂蜜是一份甜蜜的事业，能够为村民做上一点实事也值得了”。

分饰三角 推进复耕

既是招商引资的业务员、村民的调解员，同时也是基层干部的督导员，温宇澄“一人分饰三角”，活跃在不同主体间，沟通协调盘活撂荒地的各项事宜。

驻镇期间，工作队调研发现，洋新村有处连片300余亩的农田撂荒已久。随后，工作队上门给村民做思想工作，村民们反映的问题引起温宇澄的深思。农田撂荒背后的原因，一方面是青壮年大多选择外出务工，村里务农劳动力严重匮乏，另一方面是村民普遍认为种地尤其是种粮不赚钱，村里务农的人逐渐稀少，两者相互作用并形成闭环，导致农民弃耕、农田撂荒。

“中国人的饭碗任何时候都要牢牢端在自己手上。到底怎么端？这些撂荒的良田得充分盘活起来才行。”摆在温宇澄面前的现实问题，是如何解决村庄空心化、老龄化等难题。

“引入适合的现代农业企业，进行规模化、机械化生产，说不定是一个新的出路。”抱着这样的想法，工作队积极招商引资，成功撮合当地镇政府、村委会与兴宁市初心优品农业科技有限公司签订合作协议，帮扶全镇整治撂荒耕地1500亩。

孩子笑了　心都化了

墙体老旧、门窗锈蚀、厨房漏水、设备简陋……工作队走访宋声片区时发现，宋声学校由于缺乏经费，办学设施条件堪忧。

急群众之所急，解群众之所困。在充分了解学校的实际困难后，工作队迅速采取行动，及时给上级领导汇报情况，得到了广州市天河区农业农村局的高度重视。组团单位积极“牵线搭桥”，不到一个月，就顺利联系到了广州市女企业家发展促进会和广州天河民营女企业家商会，成功促成了公益组织红棉汇对宋声学校的捐助。

“最感动的瞬间，就是看到孩子们脸上绽放笑容的时候。”温宇澄回忆，在宋声学校的捐资助学活动现场，孩子们的灿烂笑容让她“内心一下子被击中了”。“修缮校舍，维护设备，我们努力把学校基础设施短板补齐，给孩子们提供更好的学习环境。”

对人柔软　对己刚强

来到水口镇后，温宇澄深入走访调研了全镇39个行政村（社区）。出乎她意料的是，村干部队伍中的女性身影很常见，有不少村党支部书记是由女性担任，“在基层管理方面，女性的参与度、重要性有所提升”。

在温宇澄看来，女性干部所特有的“柔软”能让她在与村民沟通时善于换位思考，在与干部交流工作时体察更多细节。

“多亏有镇班子同事的关心问候，团队成员的并肩作战，亲朋好友的默默支持，让我熬过每个情绪低落的瞬间。”温宇澄坦言，有些时候不可避免会产生突发病痛的无助感、体力下降的无力感、亏欠家人的无奈感，但她更多时候清晰意识到，自己肩负着妻子、母亲、女儿、工作队队长等多重身份，在平衡好家庭与工作的关系之余，更要以“咬定青山不放松，风雨无阻向前进”的拼搏精神，以及“巾帼不让须眉”的豪情，努力撑起通往乡村振兴道路的“半边天”。

（黎祖瑜）

脱掉高跟鞋　下田“赶考”

——记驻汕尾市海丰县联安镇帮镇扶村工作队队长温子君

清晨，当第一缕阳光照进海丰联安镇友爱村，温子君又起了个大早，换上运动服，开始绕着村子晨跑。联安镇独特的自然风光，已经成了她生活中最美的风景线之一。

2021年7月22日，怀着期待和忐忑的心情，深圳市龙岗区工业和信息化局商贸流通科科长温子君来到汕尾市海丰县联安镇，书写她的驻镇故事。

脱掉高跟鞋：从大都市到田间地头

作为特区商贸流通行业的管理者，温子君平时多走在大都市弥漫着香水味的商场，接触的也多是时尚靓丽的企业管理层。当听到她要参加驻镇工作时，很多同事朋友都感到不可思议。但出身于山区的她却觉得，“想要为这个社会做点什么”。

2个“70后”、3个“80后”，组成了驻汕尾市海丰县联安镇帮镇扶村工作队，温子君担任队长。“到了联安镇后，发现这里的生活条件确实很艰苦。”由于镇上出租房紧缺，温子君便和队员们在村里租住了一套两层民居，打开窗户便能看见一片田园风光，不时还能看到一群白鹭在水面上嬉戏、觅食。

驻镇之后，温子君的生活变得格外充实，“白天忙得都没时间坐下来，晚上加班到十一二点也正常”。为了充分掌握联安镇的基本情况，她经常要下到田间地头，与农户、村干部悉心交流。同时，作为工作队队长，她又需要去链接各种资

温子君（中）和工作队队员在村里的稻田进行产业调研

源，和企业、政府部门打交道，充当各方沟通的桥梁。她笑言："现在回深圳，都是去拉资源的。"

有时忙起来，温子君周末也顾不上回家。她有一个正在读大学的女儿，两人现在都用视频通话，周末偶尔回河源老家看望父母。采访当天，正好是温子君母亲的生日，"我本来打算今天下午回家陪母亲过生日，但是刚才突然收到紧急开会的通知，看来又回不去了。"

下乡赶考：产业教育事事关心

驻镇期间，从街头巷尾到田间地头，温子君把联安镇反反复复走了好几遍。她发现联安镇农业资源很丰富，但是产业基础却非常薄弱；农村空心化十分严重，全镇户籍人口3.9万人，常住人口仅8000多人。

事实上，温子君有着多年涉农产业工作经历。2009年，她在龙岗区农林渔业局工作，2011年该局农业处被划到新成立的区经济促进局，之后她从2013年开始担任农业科科长，直至4年后调任到现在的岗位。

凭借着这番经验和前期调研，她提出要紧抓水稻种植，发挥农业龙头企业的示范带动作用。她留意到，国家级农业产业化龙头企业——广东海纳农业有限公司在联安镇设立了子公司，在优冲村打造了千亩有机水稻种植示范基地。

“这对于我们而言是个很好的机会。”温子君抢抓这一机遇，联络海纳公司的相关负责人，提议推广有机水稻“两稻三收”（早稻+晚稻+再生稻）种植模式，预计亩产实现增收1000元。

此外，温子君和队员们还与海纳公司洽谈整合田心村3000亩土地的事宜。之所以选定田心村，她看中的不只是土地的利用价值，还有它带来的乡村旅游效益。联安镇正在打造“鹭影禾香”乡村振兴示范带，而田心村恰好处在示范带的重要位置，因此可以进一步依托这3000亩种植基地，建设稻田公园，吸引更多的游客前来参观打卡。

除了关注产业方面的发展，温子君在日常生活中还细心留意乡村教育。“有一天，我在联安中心小学附近晨跑。当时，有个小男孩看到我之后，惊讶地问我：‘你是新来的舞蹈老师吗？’那一瞬间，我能够感受到他看到新鲜事物之后眼睛发亮的感觉。我本身也是做母亲的人，看到这个孩子，我就特别想去爱护他。”

联安镇共有3所小学、1所中学，温子君在驻镇期间走过好多遍。和老师、学生沟通交流后，她发现联安镇一大半学生都是留守儿童，或是来自单亲家庭，他们的生活缺少关爱和陪伴。而且，学校的老师大多是50岁以上的大龄教师，能给学生带来的新鲜感相对有限。

“我很希望能够让孩子们对外面世界有更美好的向往。”温子君和队员们开始谋划给学生们上心理健康教育课，跟孩子们多聊天、多互动。同时，她也呼吁更多的年轻力量来到联安镇，给孩子们传递阳光和希望。

（谢晓莉）

不囿于“两点一线”　驰骋在广阔乡间

——记驻揭阳普宁市里湖镇帮镇扶村工作队金融助理曾炜莹

从1998年出生的曾炜莹身上，可以窥见一部分“95后”的人生观和价值观。有时她是一个理想主义者，有时又是一个现实主义者。理想和现实在她身上交织而成的矛盾感，构成了独属于这个时代的青年们的独特魅力。

2020年大学毕业后，曾炜莹就职于中国农业银行东莞东城支行，成为一名柜员。踏入职场不过一年，她从银行走向田间，来到揭阳普宁市里湖镇，成为驻镇帮镇扶村工作队队员。离开家人、离开城市，前往一个全然陌生的潮汕小镇，让她做出这一选择的原因是什么？作为队里年龄最小、工作经验最少的一名队员，她的驻镇工作又是如何开展的？在不那么繁华的小镇里，她的生活又有何变化？

选择驻镇　探寻更多可能性

毕业后通过校招，曾炜莹进入了中国农业银行东莞东城支行。支行离家很近，骑个电动车就到了。上班、下班，偶尔加班，两点一线的生活很规律。“按部就班很安稳，但也让我感觉每天囿于枯燥乏味的工作，很机械。”初出茅庐的曾炜莹想趁年轻尝试更多的可能性，学习更多的知识。

2021年，广东省创新性部署开展了驻镇帮镇扶村工作，要求选派金融助理下乡，曾炜莹意识到这是一个不错的锻炼机会——不仅可以近距离地了解基层生活、锻炼业务本领，还可以为乡村振兴发挥金融力量。“我也想了解在不同的岗位上，我能做到什么程度，能否更加出众、出彩，实现自己的价值。”

思索的过程并不长，但这不代表曾炜莹做出报名参与驻镇这一选择是一时冲动。相反，这是她对自己人生价值和职业规划深思熟虑后的结果。“东莞虽然有我牵挂的家人，但我相信通过这次历练，我能成长为更好的自己。”能成为乡村振兴队伍中的一员，贡献自己的一份力量，她觉得非常骄傲。

小镇“深度骑行”式跑业务

作为金融助理，曾炜莹的工作职责之一，就是要为当地引入金融“活水”。“跑基层和坐柜台是完全不一样的。”2021年8月，初到里湖镇的她迎来了一大挑战——如何适应基层的工作方式?

“以前是坐在柜台就有客户来办业务，现在是要主动去挖掘、了解客户，掌握他们的金融需求。”起初，曾炜莹跟着工作队去调研走访，往往是比较沉默的一员。“不太敢、也不太好意思主动开口问。”这也使得她一开始的工作开展不是很顺利。“这会让我怀疑自己的价值是什么，甚至在想自己当初的决定是不是错了。”

为了改变现状，曾炜莹买了一辆自行车，开始了“里湖深度骑行之旅”——早上去办公室报到，或是在微信上同队长打过招呼后，她就跨上“坐骑”，穿行于里湖镇的大街小巷。先去企业或农户家里了解需求，再根据里湖镇农行网点的实际情况和客户沟通相关业务，晚上回到办公室整理客户需求和工作队的事务。

“一开始，里湖镇网点行长对我有点‘爱答不理’，毕竟我之前完全没有和客户对接的经验，完全是一个‘小白’，人家不信任我是正常的。”但曾炜莹身上有股拼劲儿。她几乎每天都去网点了解最新的贷款政策，厚着脸皮跟着经理和行长外出办业务。“人家看得到你的决心和干劲，知道你是真的想做事情，不是来混日子的，也就慢慢信任你了。”曾炜莹笑道，“通过驻镇，我们成了很好的伙伴和战友。”

曾炜莹（中）将当地产品成功上架销售平台，得到当地村民的认可

“成就感会让人‘上头’！”

曾炜莹身上那股要强的劲儿，让她逐渐找到了开展工作的办法。“成就感会让人‘上头’！”曾炜莹越战越勇，除了向个人发放贷款外，她开始向当地知名企业“出击”。

“里湖镇有很多优质农特产品，但很多都是做线下的。当地企业想做网销，不知道怎么做，我就主动对接企业，帮助他们上架。”正巧，广东省农行和广东东西部扶贫协作市场一起搭建了“千人驻镇线上农产品销售专区”，曾炜莹便主动对接，将当地的特色茶叶以及冻干果蔬等25件产品上架。

“我帮普宁市承美食品厂的18个产品上架到平台。从整理素材、对接平台再到最后上架，前前后后花了一个多月时间。现在打开广东东西部小程序，搜索‘承冠’，就可以买到我们普宁的冻干果蔬啦。”曾炜莹俏皮地说，“那段时间每天加班到很晚，但做成这件事情，让我成就感爆棚，也让我逐渐获得了当地的认可。”

“为了热爱而拼博！”

如果说帮助当地企业上线产品而自愿加班，是因为她的事业心、好胜心，那和工作队一起设计笔记本、参加广东金融青年IP形象设计大赛，则是她为了热爱而拼博的体现。

毕业于广州大学的曾炜莹，本科学的是金融学，但她从小喜欢画画，内心一直藏着个“画家梦”。这个梦想，在里湖镇再次生根发芽。“我设计了工作笔记本封面图案，给来访的客人介绍我们工作队和里湖镇。”

谈及画画，曾炜莹的眼睛都亮了。“我参加了广东金融团工委举办的金融青年IP设计大赛，经常从下午开始一直画到凌晨三四点，一点都不累！干自己想干的，我可以一直干下去！”

驻镇以来，曾炜莹的生活从过去的“两点一线”，变为了“多点串联”。“这样的生活更有意思，远离城市的浮华，在运用专业知识为乡村振兴事业燃烧青春、播洒汗水的同时，还能发挥绘画技能贡献一份力量，这种感觉很奇妙。”对她而言，参与驻镇，收获的不仅是一段工作经历，更是一段全面磨砺自己、寻获人生价值的成长之旅。

（唐瑞谦）

1800万元“贷”动近百农户扩产增收

——记驻湛江吴川市覃巴镇帮镇扶村工作队金融助理王彦超

近60场金融惠农政策宣讲及专题讲座，为全镇88名农户累计引荐贷款1800万元——这是来自中国农业银行广州分行的王彦超，在2021年以来投身湛江吴川市覃巴镇乡村振兴工作的“成绩单”。

作为驻覃巴镇帮镇扶村工作队的一名金融助理，三年里，他走遍当地阡陌山野，打通惠农贷款政策落地“最后一公里”，支持农户创业，助力乡村农业产业发展，被农户们亲切地称为“覃巴超哥”。“有（发展）需求就找覃巴超哥”已经成为当地村民和村干部的共识。

让惠农贷款落地 助农户扭亏为盈

2021年9月，初来乍到的王彦超来到六鳌村开展金融惠农政策宣讲，讲座结束后，村民谭勇找到了王彦超。

谭勇在村内租山地养鸡多年，小规模养殖销路窄，利润也不高，行情好的时候一年只能挣3万元，因此他一直在筹备扩大养殖规模。2020年行情低迷，他的鸡场亏了近10万元，手头资金所剩无几，王彦超的讲座让他看到了希望。

在王彦超的悉心指导下，谭勇成功办理了第一笔5万元的低息信用贷款。有了启动资金后谭勇很快行动起来，将养殖规模从原先的300—500只增加到2000只。同时，王彦超积极为他联系收购商，保障销路。2022年，谭勇的鸡场利润达到8万元。

在王彦超（左）的帮助下，谭勇（右）的鸡场每批养殖规模扩大到3000只

还清贷款和利息后，2023年1月，谭勇又请王彦超帮忙申请了一笔12万元的低息贷款，继续扩大鸡场规模。同年，谭勇顺利注册成立养殖专业合作社，鸡场年销售额达到40万元，扣除成本、还清贷款后还有10万元利润。王彦超还帮他联系了吴川一家预制菜加工企业。“和企业签订合作协议，以后销路就不用愁了！”谭勇激动地说道。

三年引贷 1800 万元　惠及农户 88 户

“有困难，找超哥！”在养殖户邓春锦发展山羊养殖遇到资金困难时，覃巴镇那碌村干部给出的建议是找王彦超。2024年春节过后，在那碌村干部的推荐下，邓春锦找到王彦超，希望能够申请惠农贷款，扩大养殖规模。

“他家具有成熟的养殖技术，牧场基本实现标准化管理。”王彦超在一番实地考察后，很快就帮助邓春锦申请到了15万元的惠农贷款，还为其申请了一套农行智慧牧场的监控设备。

资金到位了，邓春锦很快将养殖规模从200头扩大到400头，农行智慧牧场监控设备也在陆续安装。王彦超还协助他申报家庭农场，让他能够获得更多的政策扶持。

不是所有的贷款需求都能得到满足。王彦超说，农户申请惠农贷款，最大的阻碍是农户超龄、个人征信不达标以及经营流水证明缺乏等问题，“成功率大概70%”。他表示，尽管不能做到有求必“贷”，但是会做到有求必应，对于不能给予贷款的也会告知原因，并努力协助解决。

正是靠着这样的精神，王彦超为全镇88户养殖户和渔民累计引荐贷款1800万元。“每次看到自己帮助的农户通过金融支持做大产业规模，都会有很强的成就感。”王彦超笑道。

化身带货主播　拓宽土特产销路

除了开展金融服务，王彦超还积极参与覃巴镇的农产品品牌建设。

据王彦超介绍，工作队在考察的过程中发现，覃巴镇大部分农产品还处于粗放的管理状态，既没有产品包装，也没有质检报告，更没有营销思路。于是，工作队迅速行动起来，建立了区域公用品牌“覃农巴礼”，将覃巴镇农户和农企生产的产

2022年春，农行广州海珠支行在覃巴镇开展消费帮扶

品归集到这一品牌之下，在政府层面统一对外做品牌宣传推广。很快，覃巴镇16个产业基地形成产业联盟，全部打上“覃农巴礼”的品牌名。

经过工作队和当地政府的线上线下推广，覃巴镇农产品在云端的销路越走越宽。2022年，工作队在覃巴镇建立直播基地，开始尝试在短视频平台宣传推广“覃农巴礼”农产品，王彦超成了“带货主播”。此后，他还参加了第31届广州博览会、白云区农展会等多场现场直播带货，甚至把直播间搬进了农场和企业车间。

掌握新技能后，王彦超开始参与组织电商直播人才培训，分享个人经验，提高当地群众对电商直播的认知，带动越来越多的农户参与直播带货，拓宽云端销路。

（李国华）

创办励志奖学金　点燃孩子眼中的希望

——记驻茂名市电白区马踏镇帮镇扶村工作队队员杨文健

2022年5月7日，以驻镇帮镇扶村队员、驻村第一书记杨文健个人名义设立的“杨文健励志奖学金”颁奖仪式在茂名市电白区马踏镇长山小学顺利举办。几日后，一封封由受资助学生亲笔写下的感谢信先后经长山小学老师、长山村干部传递到杨文健手中。曾在部队待过几年，自带沉稳内敛气场的他见到信时，内心柔软的地方一下被戳中了。

创办奖学金的“种子”萌发了

2021年8月，来自自然资源部南海局的杨文健被赋予驻长山村第一书记的新身份。入驻后，杨文健与镇村干部、工作队一道协调各部门解决茂名港大道交通安全隐患；带领长山村“两委”干部修水沟、通水渠，为顺利农耕做好基础工作；组织返乡有志青年成立茂名市电白区南河种养专业合作社……

深入基层，熟络群众，是他的工作常态；尽己所能，应帮尽帮，是他的做事信条。

2021年10月的一次入户调查中，杨文健了解到村中孩子的家庭困难。“让我记忆尤深的是，有一个家庭，父亲去世了，母亲改嫁了，仅剩年幼的两姐妹与年近花甲的爷爷奶奶相依为命。”在村里，这样的例子不在少数。

作为自小在农村长大、通过读书“逆袭”的孩子，杨文健懂得“梅花香自苦寒来”的坚韧与不易，他希望通过自己的行动帮助这些孩子实现“读书改变命运”。从那一刻起，杨文健创办励志奖学金的“种子”就已悄然种下。

小奖励激发大能量

“不管是哪里的生源，只要在我村读书，且符合相关条件，均可考虑纳入受资助范围。”杨文健表示。励志奖学金由杨文健本人出资、学校统筹管理，实行专款专用制，按每年5000元的标准，共计发放10年，以期达到“表彰优秀、鼓励先进”的效果。2022年，长山小学春季学期奖励对象名单共有36人。

5月7日，以工作队队员、驻村书记名义创办的“杨文健励志奖学金”颁奖仪式在长山小学顺利举办，杨文健受邀上台发言。他表示，希望这个奖可以起到抛砖引玉的作用，吸引更多的贤达之士支持教育事业。

“您出身农村，小时候因家庭贫困，夏天经常打赤脚。但您坚信宝剑锋从磨砺出，梅花香自苦寒来……”“您说过，希望在我们心里种下一颗爱的种子，等我们长大成人，把爱传递出去，我牢牢记住了这句话……”颁奖典礼结束后的几天里，一封封由孩子亲笔写下的感谢信先后经长山小学老师、长山村干部传递到杨文健手里。

合力推进教育帮扶

大力推动教育帮扶，吸引社会各界资源力量参与到人才振兴、文化振兴中来，也是自然资源部南海局、广州海洋地质调查局、广东财贸职业学院等组团单位派驻的工作队孜孜不倦努力的方向。

2021年10月，工作队借助广东财贸职业学院的资源优势，设立乡村振兴人才培养励志奖学金，并为马踏镇籍新生颁发励志奖学金5万元。同月，广东首个镇（村）乡村振兴培训学院——广东财贸职业学院乡村振兴培训学院马踏镇分院、乡村振兴培训学院黄羌教学点顺利揭牌运作，负责组织开展基层财会人员培训、农科专家授课、农村电商等涵盖五大振兴内容的培训。

2022年3月，对口帮扶马踏镇石古湾小学的广州海洋地质调查局精选人员到校开展教育帮扶，进驻石古湾村小学，负责音乐、舞蹈等第二课堂活动以及学校教辅工

工作队为马踏镇籍新生发放乡村振兴人才培养励志奖学金

作。同年4月，工作队依托广州海洋地质调查局，在广州连线马踏镇23所小学，开展以“神奇的深海宝藏”为主题的海洋地质科普进校园讲座，共吸引当地110个班级、4200余名学生参加。

乡村振兴，教育先行。工作队将持续做好教育帮扶和人才振兴相关工作，为巩固拓展脱贫攻坚成果、实现乡村振兴打下坚实基础。

（黎祖瑜）

驻镇一周年之际　为乡村振兴写一首歌

讲述人

◆黄深甫　驻肇庆市德庆县九市镇帮镇扶村工作队队长，来自肇庆市纪委监委

“六月骄阳红似火，农村天地广又阔……”制作方发来歌曲音频成品，我闭眼倾听，歌曲创作之时以及驻镇一年以来的诸般情景、诸多感受涌上心头，随着音乐的节拍在脑海中盘旋萦绕。

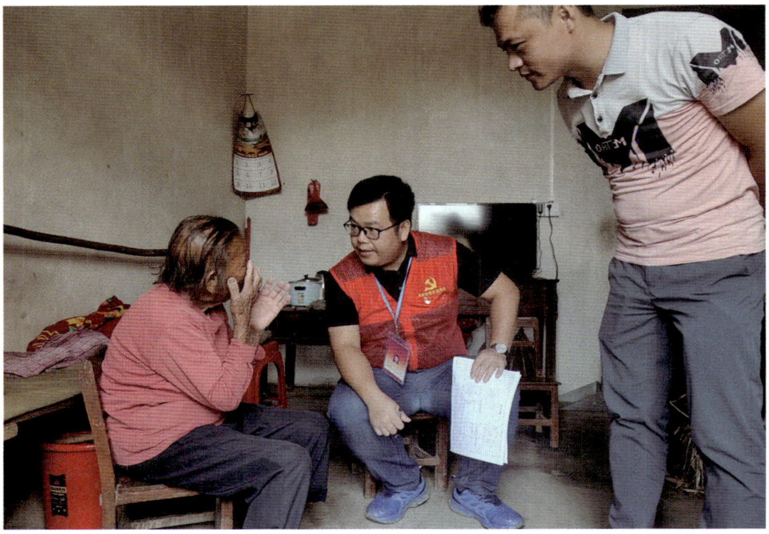

黄深甫入户与村民深入交流

2021年，我接到单位通知，说要选派一名干部到德庆县九市镇开展乡村振兴驻镇帮镇扶村工作。一番思虑并与家人商量后，我第一个报了名，并且通过考察，来到了农村这个广阔天地。

前来报到那天，正是稻谷成熟的时节，望着车窗外田野里的滚滚稻浪，我的心里充满了激动、欣喜与期待。从脱贫攻坚迈向乡村振兴，这是“三农”工作重心的历史性转移，能够成为第一批乡村振兴驻镇帮镇扶村干部，何其幸哉！

一年来，我们用脚步丈量九市镇，走遍了全镇14个行政村、102个自然村，遍访了400多户脱贫户。我们欣慰地看到，经过历任帮扶干部的不懈努力，所有的贫困家庭都稳定实现了“两不愁三保障”，彻底摘掉“穷帽子”。

一年来，我们见证和参与了乡村巨变，随着一个个驻镇帮镇扶村项目落实，全镇3.2万群众喝上了干净、安全的自来水，全部自然村内主干道铺上了宽敞、平整的水泥路面。帮扶资金带动了社会力量投入，广东国际生命科学基金会捐资100万元，时代公益基金会捐资30万元，中建基础设施勘察设计建设有限公司捐资20万元，助力改善九市镇办医、办学条件。

一年来，我们和镇村干部交上了朋友，我们并肩奋战在防汛抗洪的一线，共同体验基层工作的酸甜苦辣。我们深切地感受到，外来力量始终是有限的，只有激发

黄深甫走遍了九市镇每一个村

黄深甫得到了当地村民们的认可

起农民群众的内生动力，才能办好事、干成事。乡村振兴为农民而兴，乡村建设为农民而建，农民群众是最淳朴可敬的，只要我们待之以诚，他们必定还之以情。

万千思绪，浮想联翩，我一直想找一个表达的渠道和形式。接到组织实施乡村振兴音乐帮扶计划的通知时，我忽然有了创作歌曲的冲动。首先闯进脑海的，是"振兴路上有你我"这个歌名。提笔开了头后，思绪纷至沓来，一会儿工夫就写好了词；张口朗诵，曲调也有如神助，自然而然就完成了词曲。

为什么要起这个名称？因为我感觉乡村振兴是持久战而不是突击战，驻镇帮镇扶村是团体战而不是个人战。要实现乡村振兴的蓝图，离不开脱贫攻坚时期打下的坚实基础，更离不开全面振兴时期的接续奋斗；离不开党委政府的引导支持和干部的主动作为，更离不开群众的主体力量和社会资本的广泛参与；离不开基础设施的优化提升，更离不开文明面貌的全面改观。

振兴路上有你我，我之幸也；振兴路上有你我，未来可期也！

2022年6月8日

（杨俊鹏　整理）

在英德抗洪的7天6夜

讲述人
◆刘旭峰　驻清远英德市西牛镇帮镇扶村工作队队员，驻西联村第一书记，来自广州市增城区人力资源和社会保障局

绿树荫浓夏日长，楼台倒影入池塘。2022年的六月，是不平凡的六月。

2022年6月21日至27日是我人生最难忘的几天，清远英德市西牛镇遭遇超百年一遇的特大洪水，西牛镇社区和西联、赤米、小湾、高道等村受灾严重，位于连江边

洪灾现场

的西联村首当其冲。至23日，西联村水位36.5米，超警戒水位5.5米，全村20个村民小组，其中有18个被淹，部分房屋被洪水淹至二楼，1800多名群众、1600多亩农作物受灾。

工作队发放物资

21日，水位逐渐上升。我同村“两委”干部一起查看低洼地带的民房、鱼塘、水库、桥梁处汛情，挨家挨户通知村民储备物资，让他们腾空一楼，转移到高处，同时在低洼地带和危险地带拉设警告线以警示险情。

22日，洪水汹汹来袭，淹没西联村主干道，漫过农田，侵入民房，许多民房的一楼及楼梯被彻底淹没，村民只能往二、三楼等待救援。

转移90多名群众的过程中，发生了许多难忘的事情。张屋村张伙培是一位老人家，双目失明、行动不便，他的房屋是平房，必须转移，但他一直不愿走。天灾无情，眼看洪水就要淹没房子，我们帮他整理了衣物就背着他往外走，听见汹涌的水声，他才同意转移。转移过程中，他提出让我们折返，帮他带出家中的一包米和一桶油——他是脱贫户，这些于他而言是宝贵的物资。最终，我们将他与物资都成功转移到了安全地带。

23日，烈日高照，水位却升至36.5米！西牛镇遭遇有记录以来第二高水位。此时，许多受困群众饥肠辘辘。我坐上村民自制的铁船，和村干部带足1000多件物品一轮轮地派发，为受灾群众送矿泉水、八宝粥、面包、杯面，及时解决他们的缺水缺粮问题。

其间，我和部分村干部收到了村民的求助信息——有村民家出现了小朋友发烧

工作队开展灾后清理工作

腹痛、老人家高血压而家中没有应急药物等情况。村委立即启动应急预案，通过镇政府、卫生站、其他村委收集药物，并申请使用专业冲锋舟送药，及时为18户村民送药品，解决了他们的燃眉之急。

关键时刻见担当。整个抗洪期间，不会游泳又怕水的我，带领队友与村干部一起防洪救援7天6夜，累计转移群众180余人，派发物资2000多件，用实际行动让党旗在抗洪一线高高飘扬。

百年一遇的洪水，给西联村带来了严重影响。受灾的玉米、花生、水稻等农作物1600亩，房屋、汽车、家具因灾受损70多万元，许多村民损失严重。洪水退去，我同村干部积极开展灾后工作，为120多户困难群众送去必要帮助，并开展了卫生消杀、复耕复产等工作。

（陈　静　张伟参 整理）

访专家能手　寻致富翘楚

讲述人

◆利　朋　驻茂名高州市石鼓镇帮镇扶村工作队队长，来自珠海经济技术开发区港口事务局

驻镇工作是什么样的？下地头，进厂区，拜访专家，寻找致富能手……我想，我们的目的就是努力探寻一条“加工在镇、基地在村、增收在户”，可持续、可复制、可推广的乡村振兴之路。

利朋（左一）与工作队队员走访乡村调研产业发展情况

自2021年7月13日开始调研以来，我和4名队员走遍了全镇155平方公里土地上的32个行政村，总行程2000余公里。工作队共开展50余场调研会，先后采访15名致富带头人，收回40余份调查问卷，撰写了3000余字的调研报告。

每个人都是带着热情来的，所以大家迅速转换角色，积极投入乡村振兴工作之中。工作队把调查研究作为开好局、布好阵的首要工作任务来抓，重点开展调查研究，用脚步丈量镇情、村情，用心体察民情、民意。

调研采用实地考察、面对面访谈、调查问卷等多种形式，按一二三产业梯次展开调研。旨在用地理气候、土质等科学资料为依据，以数据为规划支撑，深层次、多方面去了解现状，发现问题，谋划产业振兴之路。

我们首先拜访了当地农业推广站站长李亮，了解影响水稻种植的区位优势，并走访了三文田、沙坡、合丫埒、祥山四个粮食高产示范区。为了获取水稻种植的第一手资料，还到低坡、石鼓、上垌等9个省级专业村进一步调研。在调研的过程中，着重调研种植能手和行业翘楚，听他们讲种植、算成本、推市场。

经过调研分析，我们发现产业规模小、布局散、链条短是制约石鼓镇产业发展和持续增收的主要原因。找到根本问题后，我们开始完善石鼓镇的发展规划，振兴石鼓的产业思路慢慢清晰了起来——

利朋（右一）与镇领导、工作队队员到鱼片厂了解生产加工情况

一是加快产业融合发展，做好一到两个项目引领群众致富；二是积极推进灌溉水利工程的落地，使抛荒土地实现复耕复产；三是推进土地流转，使土地转入者提升种植效益，使土地转出者解放双手进入工商业；四是积极发挥农村经济合作社在土地流转过程中的重要作用，使流转之后的土地得到集约高效开发，与此同时提高村民风险防范意识，做好市场风险防范措施；五是积极参与防规模化返贫监测，杜绝出现规模化返贫情况的发生。

2021年8月22日

（傅杨清 整理）

村民的笑脸比任何荣誉证书都珍贵

讲述人
◆林光涛　驻梅州市蕉岭县新铺镇帮镇扶村工作队队员，来自广州市供销合作总社

我叫林光涛，之前在梅州市五华县潭下镇品畲村干了两年的扶贫工作。2021年7月14日，我离开品畲村，跟随驻镇帮镇扶村队伍前往梅州市蕉岭县新铺镇，开启了新的征程。

从精准扶贫的定点帮扶转战到乡村振兴的驻镇帮镇扶村，我感到十分光荣，这是广州市供销合作总社党组对我工作的肯定。

村民的笑脸是最美好的回忆

对我而言，在品畲村的两年时光，我一步步了解品畲、融入品畲、建设品畲，村民们一张张真挚温暖的笑脸，是比任何荣誉证书都更加珍贵的精神财富，也是我这辈子最美好的回忆。

当乡村振兴驻镇帮镇扶村的号角吹响，我选择再一次留在梅州。

这两次决定，家里人都很支持，特别是我的爱人。她认为驻镇帮镇扶村是广东的大战略，是造福百姓、行善积德的事，能够参与到这项工作中就是一份荣耀。

两年的精准扶贫，再加上三年的驻镇帮镇扶村，我和家人一直分居两地，我在梅州，妻儿在广州，对于家庭我亏欠颇多。

工作队走访乡村进行调研

来到蕉岭大镇新铺镇

来到蕉岭县新铺镇，我感到这是个很有历史沉淀的古镇。一条石窟河由北向南穿过新铺镇，河两边是一排老房子，青瓦、黄墙、石路……仿佛在诉说着当年新铺作为码头集镇的故事。

在这里，我感受到了浓郁的客家风情、山区村民的热情、真挚温暖的友情、干事创业的激情。

工作队正式入驻的当天，镇长罗伟春就带着我们围绕新铺镇步行一圈。他一边走一边详细介绍镇里的发展规划，心中装着一个充满无限希望的新铺。

在7月火辣辣的太阳下，大家走得汗流浃背，但心里却是高兴的。因为我们感受到了镇干部身上干事创业的活力，这将是我们未来开展工作的强大助力。

在新铺镇的这段时间，我们通过与村委干部及当地群众座谈，了解各村民生、资源、产业等方面情况，为下阶段发掘帮扶项目，拟定帮扶工作方案收集第一手资料。

在推进乡村全面振兴的开局之时，就有这样你追我赶的势头，十分难得。村干部和村民有干劲，我们也要全力以赴。接下来的三年，希望我们工作队能为建成宜居宜业美丽新铺做出自己的贡献。

2021年8月1日

（林尔涵　林晴晴 整理）

驻在山水竹乡 如竹子般扎根

讲述人
◆陈远华 驻肇庆市广宁县古水镇帮镇扶村工作队队员，来自佛山市顺德区委、区政府办公室

山清水秀、风景宜人、民风淳朴，这是肇庆市广宁县古水镇给我们的第一印象。2021年7月16日，工作队正式入驻古水镇，这是驻镇帮镇扶村工作的开始，对于我们而言，也是一个值得纪念的日子。

帮村里卖完滞销的 1500 斤西瓜

入驻之后，经过一段时间的走访调研，我们基本掌握了古水镇的各项情况，并按照古水镇委镇政府的发展规划和设想，帮助各村（社区）制定“一村一特色”“一村一产业”的发展规划。在调研过程中发现的困难，我们也尽力去帮当地解决。

8月3日下午，我们在什洞村调研时了解到，村里1500斤古水西瓜面临滞销。次日上午，我们就召开工作会议，研究解决这一问题。我联系了顺德区机关事务管理局和顺德区有关镇（街道），得知情况后他们迅速行动，推动消费帮扶。在他们的支持下，当天下午，1500斤西瓜顺利卖出，避免了农户的损失。

顺德派驻干部赴怀集广宁新兴驻镇帮镇扶村启程仪式

滞销西瓜的顺利售出，化解了什洞村村民的忧虑，村民脸上是肉眼可见的喜悦，什洞村党支部书记黎贤花对我们的帮助表达了衷心的感谢，此次古水西瓜的“紧急救援”成效深深鼓舞了工作队。

在实地调研中，我们还得知村中有30亩左右的土地已丢荒近半年，队友苏江贤主动联系其组团单位——佛山市新城开发建设有限公司，反映了什洞村存在的困难，希望借助公司在花卉种植养护方面的优势，寻求合适的种植项目，盘活这些土地发展产业。此后，该企业发挥自身优势，逐步为什洞村引进项目、提供技术支持、拓宽销路，进一步提高村集体经济收入。

期待做大做强竹子专业镇

古水镇是广宁县西部的重要城镇，是广宁县“竹子之乡”的主要产区，素有“竹子走廊”之称。依托丰富的竹子资源，古水大力发展竹艺加工业。在调研过程中，我们也发现了当地竹子产业发展存在的困境。

受经济环境、用工成本、人才流失等方面的影响，古水镇竹子行业逐渐出现颓势，竹子加工企业由原来的260家锐减至90多家。用工成本高，人手不足，导致传统工艺逐渐流失；生产成本高，使得竹子加工企业利润微薄；融资难，直接影响企业转

工作队实地调研

型升级；销售难，企业利润空间不断受到挤压。

我们希望争取上级的政策和资金扶持，并争取切实可行的项目资源，寻求多种渠道的支持，来进一步发挥竹子专业镇的优势，打造特色产业。有了创业激情，我们必将汇聚乡村发展的正能量，努力把古水建设成岭南魅力山水竹乡。

2021年10月18日

（黎祖瑜　整理）

公交车开进了偏远山村

讲述人

◆涂岳武　驻韶关南雄市邓坊镇帮镇扶村工作队队长，来自韶关市人民政府办公室

在邓坊镇走访调研中，我们工作队了解到，当地民众迫切需要解决出行问题。

兰田村、茶头背村和里源村是邓坊镇的三个自然村，地处邓坊镇的北部大山深处，距离镇区较远，缺乏公共交通工具。没有私家车的村民只能集体包车出行，极为不便。

中巴车以圩日班的模式运营，有效解决了村民的出行难题

“大家出行的时间不统一，集体包车很难约到一起，有些村民一个月只能出去一次。”在调研过程中，兰田村的廖支书向我们反映了这个问题。

交通是社会经济发展的重要基石，三个偏远村和邓坊镇之间的人、物交流，是当前需要解决的首要问题。三个村子地处大山深处，人口分布少而散，这也是公交系统未能正常运行的主要原因。这些问题该如何解决？工作队该如何发挥帮扶作用？

在结束兰田村调研行程后，我立即组织队员们投入公交路线考察和设定工作中，根据乡道和人员分布情况规划公交出行路线，确定发车点和停车点，确保满足村民乘车的便利性。

结合经济考虑，我们将每月3日、6日、9日三个圩日作为兰田村、茶头背村和里源村的公交运行时间，实现圩镇市场开放日和村民出行采购生活必需品、出售农副产品需要的有效衔接。

9月3日，邓坊圩至兰田（犁牛坪）镇通村线路正式开通运营，解决了当地群众出门难的问题，得到了村民的高度认可。

9月6日，我们乘坐了第一辆班车，检查公交运营的情况和成效，征求村民的意见建议。

村民坐上了新开通的公交车

“我要把昨天在山里捉的蜂蛹拿到镇上去卖。现在有公交车，到镇上只要8块钱，太方便了。”一位村民跟司机闲聊。我和队员们看着公交车上座无虚席，倾听着大家的欢声笑语，感到非常高兴。

经过这次帮扶工作，在《乡村振兴驻邓坊镇帮镇扶村五年规划》中，我们提出了以“公路+”模式不断完善镇村交通网络的计划。我们将以“公路+产业”模式建设现代农业产业路、旅游路、通自然村路面硬底化等工程，让邓坊镇产业蓬勃发展，使“四好农村路”延伸为当地农民致富增收的“加速带”，更好促进乡村振兴。

2021年10月11日

（温志勇　李小兰　林尔涵 整理）

我们的“造血”计划

讲述人

◆李　硕　驻茂名市电白区那霍镇帮镇扶村工作队队长，来自广州铁路监督管理局

驻镇一个多月以来，工作队全面摸查镇上的基本情况，为日后开展帮扶工作夯实基础。我们了解到，镇上山地多，人均耕地少，产业发展不成规模，经济基础比较薄弱，青壮年劳动力流出率较高。

“工作队来到镇里，是要来‘造血’而不是‘输血’的。”我们达成共识。帮扶工作绝不仅是简单的资金帮扶，而是要做好思维唤醒、产业规划、人才培育等方方面面的工作。

所谓扶人先扶志。大家奔走在乡间，动员村民齐心协力搞发展。

搞产业要打草稿真演算

乡村振兴关键在于产业振兴。我们要以实际行动，把产业规划从“理想蓝图”变成看得见摸得着的“现实画卷”。

每到一个村，我们就为村干部和村民们深入分析村里发展产业的优劣势。当谈论具体产业方案时，我们拿出草稿纸，运用算数算账方法进行演算，为村民计算不同产业发展方式的投入成本、利润等数据。

驻镇帮镇扶村工作队下乡调研

2021年上半年指天椒行情惨淡，与往年相比收购价跌幅近90%，农民收入极不稳定。我们告诉村干部，可以将指天椒深加工为价格更稳定的特色辣椒酱，不仅能保障村民的收入稳定性，还可以实现增收。他们听后深受鼓舞，表示要大力策划产业振兴，号召村民撸起袖子加油干。

“村民有了产业规划，有了知识技能，想要搞创业、谋发展，还要在金融政策方面予以支持。”队员吴建彦也有自己的思路。他兼任金融助理，负责村民创业的金融贷款业务。

农村信贷担保创新是金融支农的重要举措。通过简化信贷流程、降低信贷标准、降低信贷利息等方式，工作队努力为有意向创新创业的村民提供金融支持。大家多次走访村里，宣传农村金融信贷政策，有村民听后跃跃欲试，还计划着几户联手合作创业。

大胆设想　小心求证

“我们本地有很多特色农产品，如茶籽、橄榄、沙姜、指天椒等，但这些资源还没被完全盘活。”队员廖磊指出，镇上农产品以初级形态居多，要实现农业产业的升级转型，必须发展深加工，提升农产品的经济效益。

那么，如何挖掘那霍镇本土农产品资源特色，做出有竞争力的深加工产品？廖磊建议，可以将茶籽深加工成茶籽油，纯天然、绿色环保，味道也别有风味；也可以参考那霍镇特色茶油鸭，推出茶籽油鸭掌、鸭脖、鸭翅等休闲零食小吃。

队员们还提出，深加工产品形式还可以更加多样化，如利用茶籽油的抗氧化活性，生产面膜、洗面奶、茶油精华等护肤品，把茶籽油跟橄榄菜结合，加工成多种风味的橄榄菜等。

我们鼓励和动员村民："事在人为，乡村振兴要靠大家一步一个脚印走下去。"

2021年8月25日

（黎祖瑜　整理）

六一前夕　赴校园足球场的击掌之约

讲述人

◆陈　锐　驻肇庆市广宁县木格镇帮镇扶村工作队队长，来自肇庆市人力资源和社会保障局

六一前夕，我组织组团单位青年干部到广宁县木格镇中心小学探望四年级（2）班的小朋友，将青年干部捐赠的书籍、雨伞、环保袋等带给他们。

工作队为学生们送上礼物

工作队与学生们结缘于一场足球活动

我们在老师指引下来到课室，刚踏入课室门口，一个小平头男生就开心地喊：“哇，陈锐叔叔！”随之夹杂欢声笑语的掌声就“哗”一下响了起来。

“这班小同学不是盼望你们经常送来小礼物，送来书籍文具，而是急切地想知道外面世界的样子。”老师告诉我，当学生们看到年轻干部，他们追求和探寻外面世界的愿望就变得更加热烈。

学生们坐得非常端正，极力去表现最优秀的一面，我知道，此时他们对我的期待已胜过千言万语。

我立马小跑过去和小平头再来一次击掌，随之告诉大家，借六一儿童节来临之际，乡村振兴驻镇帮镇扶村工作队前来探望，希望同学们学习生活能够有所收获，期待不远的将来大家学有所成，和我们一道建设美丽家乡。

老师把我拉到一旁说，这帮孩子和他打赌，说陈锐叔叔一定会再来看望他们，因为此前有过约定。

约定源于三月在校园足球场的一次击掌。当天，一群寄宿学生看见有大哥哥过来学校参加足球比赛，在生活老师带领下前来球场为我们加油鼓劲。

学生们脸上挂着开心，也带着好奇。大家交流时，他们整齐划一地坐过来。从交谈中得知，他们都是四年级（2）班的学生，开始晚自习之前，特意来观看我们的足球活动。

我告诉他们，工作队从入驻木格镇的第一天起，就立志为木格镇的乡村振兴而努力，希望同学们在校期间认真听讲，努力好学，争做优秀少先队员。为勉励他们积极进取，我答应抽空再来学校看望他们。

再次感激这次约定，虽然只有匆匆十来分钟的约见，但是离别时不舍、期盼、渴望的眼神，足以让我在乡村振兴帮扶工作中奋发作为。我也要为他们、为木格镇的父老乡亲交出满意的答卷。

2022年5月30日

（杨俊鹏 整理）

时间会给我答案

讲述人

◆黄江波　驻清远英德市连江口镇帮镇扶村工作队队长，来自广东省委办公厅

驻清远英德市连江口镇帮镇扶村工作队

2022年3月15日

行程：清远—佛山—广州

8:04　粗石坑村宿舍前集合，前往佛山市中医院接小豪出院。

10:26　与小豪家长一起为佛山市中医院赠送锦旗，参加医院座谈会。

11:10　与佛山市中医院商讨村医培训计划实施流程。

14:12　前往佛山市南庄镇紫南村，实地考察在紫南村合作投资的鳜鱼工厂化养殖项目场地。

16:20　与紫南村潘柱升书记见面讨论，包括连江口镇各村村干部到紫南村党建培训、鳜鱼工厂化养殖产业合作项目等结对共建方案细节。

18:41　前往广州，看望从下步村来的小丽家庭，准备明早送小丽家庭至广州市妇女儿童医疗中心就诊。

2021年6月29日，我很荣幸成为省委办公厅、恒健控股公司乡村振兴驻镇帮镇扶村工作队首任队长，进驻清远英德市连江口镇开展帮扶工作。这是我从脱贫攻坚的战场回到省委办公厅机关短暂工作9个月后的再出发，深感使命光荣，责任重大。

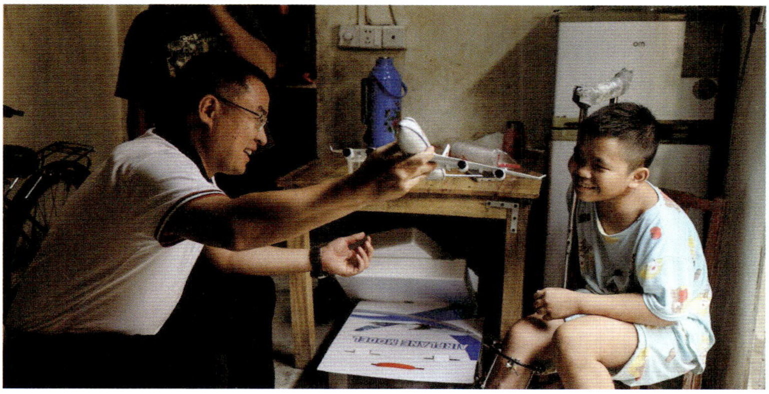

小豪做完手术后，工作队多次前往探望

我是一名从大山里走出来的农家孩子，回想当年的农村生活，我曾亲眼看见一些没钱治病的乡亲在绝望和痛苦中离去，很多成绩还不错的小伙伴因为上不起学而不得不走上更艰难的路。从那时开始，医疗和教育的重要性就在我的心底打下了深深的烙印。

经过党的多年培养之后，有机会再回到农村，我对这两项工作格外重视。因为那里的村民，就像我当年的父老乡亲，那里的孩子们，就像是当年的我。我知道他们在想什么、在盼什么。

我是一个被现实束缚的理想主义者，很多时候都在不断与自我冲突又不断与自我和解，总想在有限的时间里努力多做一些工作，为此，我和我的队员们总是处在忙碌和紧绷的工作状态，我的一些想法、一些做法也曾被人诟病为“个人英雄主义”，然而，我不想退缩。我始终认为，只要内心是无私的，初衷是阳光的，结果就不会差到哪里去。我也始终信奉，任何事情都是干出来的。

三年的驻镇时光不算短暂，120公里的距离也不算遥远。可不知不觉9个月时间已悄悄溜走。我们的梦想能实现多少，其实内心也没有底。当我们离开这里的时候，我们会留下些什么，我的队友会怎么看我，我的同事会怎么看我，连江口的老百姓又会怎么看我？就把这一切，都交给时间去作答吧。

2022年3月15日

（池奕霏　整理）

日记里的黄花镇

讲述人
◆毕华峰　驻清远英德市黄花镇帮镇扶村工作队队员，来自中国农业银行广州分行

今天是1月16日，下着小雨，室外温度只有12℃。经过前期的金融宣导和沟通协调，作为农行驻黄花镇的金融助理，我迎来了大湾支行和英德支行一行，我们会合后前往村里为村民办理业务，进行农户建档并办理个人贷款相关事宜。

上午第一站是新民村，村支书陈子伟早早在村委会等着，见到我们非常高兴，“近几年，西瓜产销两旺，村里准备扩大生产，急需资金支持，农行能下来办理业务，真是一场及时雨呀！”本次，大湾支行和英德支行营业部总共来了六个人，我们很快进入了紧张的工作状态，在小雨中踩着泥泞的乡间小道，分别到田间地头进行实地调查，考察田地的种植、收成和销路情况。

村民陈先生这次报名申请办理惠农e贷，站在一大片西瓜田上，他高兴地畅谈对未来的希望，种西瓜周期短、见效快，去年的价格也很好，今年如能扩大生产，一定会有更好的收益！但是没有资金，做什么都形成不了规模效应，而农行兄弟的到来，为他解决了大问题。不知不觉间，新民村所有农户的建档个人贷款手续已经办理完毕。临行前，村支书紧握着农行同事的手，说道：“有了农行的金融支持，更加坚定了我们发展农业产业的信心，今后的乡村振兴之路定会越走越宽！”

离开了新民村，中午没有片刻休息，我们一行人又马不停蹄赶往明迳社区和

城下村，冷风还在吹，雨淅淅沥沥，但村民的热情让人感受不到一丝的凉意。大家很踊跃，现场提出了各种疑问，都得到农行员工的答复。农行资料录入组和现场调查组密切配合，高效运转，很快就为他们办完了现场的手续。村民彭先生感激地说道："平时交通不便，较少去银行办理业务，这次农行来村里现场办理贷款业务，足不出户就能够得到金融支持。"村民梁先生在办理业务时说，他在镇里有商铺、养殖场，还有建材生意，生活虽富足，但要做大做强，资金远远是不够的。"农行将金融支持送进村里，在银行和乡村之间搭起了一座桥梁，让我们有机会深入了解金融政策，更有信心将自己的事业做大做强。"大湾支行何行长表示："助力乡村振兴是农行的使命和担当，支行平时人手紧，工作任务重，但只要村镇有需要，我们义不容辞。"

办理完最后一笔业务，天色已晚，雨还没有停，气温也更低了。难别的是村民兄弟，不舍的是农行情怀！同事们已分别返回大湾镇和英德市。对我而言，今天还是一个特别的日子，农历十二月十四日，我母亲的生日。漫步在回宿舍的路上，给母亲打了个电话，"妈，今天还不错，受理了12笔个贷业务！"母亲感到很高兴，她说这就是她最好的生日礼物！

2022年1月16日

讲述人

◆程愿桦　驻清远英德市黄花镇帮镇扶村工作队队员，高校志愿者

在接连几日的雨天过后，我像往常一样在早晨七点多起床，一缕阳光射进房间，像一束亮闪闪的金线，看样子这将会是一个暖融融的周末。

来到黄花镇已经四个月了，我在进行驻镇工作的同时，也兼着共青团委员的工作，平日里会组织志愿活动，将镇上的青年劳动力都动员起来，开展人居环境整治行动。在收拾好手头上的工作后，我心想，天气这么好，可以趁此机会去村里走一走，巡一下村里的河岸。

一顿简单的午饭后，我坐上同事的小绵羊电动车，朝着村子的方向前行。道路两旁的植物接受着来自大自然的馈赠，长势喜人，齐刷刷的绿叶为我们遮挡了部分太阳。快到小河边时，已经能够听见细细的流水声，脚上踩着的泥土还带有前几日被雨水拍打过后的湿润。虽然我很不喜欢下雨，但因为黄花镇常年缺水，连续降雨对村民们来说自然是非常宝贵的。我沿着河岸一直走，除了泥土被踩出乱糟糟的印子，夹了些纵横交错的杂草，其他污染河岸的垃圾已经基本没有了。原以为春节过后，恐怕会留下一大片节后的狼藉，但这样的情况却没有发生。

平日里我积极组织大家参与“河小青”护河志愿行动，除了以身作则保护河岸环境，还让大家多多宣传垃圾治理等人居环境整治政策。看着清澈流淌的小河倒映着蓝天，在河岸边也再闻不到因为垃圾堆积而散发出的臭味，这种种现象都在回应着我，我们所做的点点滴滴都是值得的。

环境如水，发展似舟；水能载舟，亦能覆舟。爱护人居环境，发展美丽乡村，亦是振兴乡村！

2022年2月27日

讲述人

◆曾稷田　驻清远英德市黄花镇帮镇扶村工作队队员，来自广州市增城区生产力促进中心

上午9时，在黄花镇党委委员陈传惠、农办主任王岸辉的带领下，驻镇帮镇扶村工作队一行4人来到溪村村了解脱贫户李水全危房改造项目的进度情况。

2021年8月中旬，工作队会同乡村振兴办到各村开展防返贫动态监测工作，发现溪村村脱贫户李水全双眼患有严重眼疾，带着两个6岁的孩子（龙凤胎），仍然住在泥砖房内。于是，我们找到村干部李招培和社工详细了解李水全的家庭情况，几年前的一场车祸导致李水全视觉神经严重损伤，失去了劳动能力。不久后，其妻子也离开了家，李水全只能靠领取低保金来维持家庭生活。经过工作队与乡村振兴办的

多次走访摸查，按程序把李水全一户纳入防返贫监测对象，并通过多渠道为其寻求帮扶措施，尽力做好“扶智、扶志”帮扶，引导他树立坚强的生活态度，教育好两个活泼的小孩，让他们健康成长。李水全家通过危房改造，即将住进新楼房，已有爱心人士表示愿意资助两个小孩读幼儿园。

得知我们来访，李水全拄着拐杖缓慢地走过来向我们道谢，他已经多次将“千千万万地感谢你们”这句话挂在嘴边。过往，他给我的印象是沉默寡言，不太愿意和我们交谈，更不想回答涉及他生活各方面的问题，神态疲惫不堪，充满自卑感和无助感。这次我们在他身上看到了另外一个“李水全”，脸上洋溢着笑容，精神抖擞。

李水全说，房子改造事宜一直都是他兄长帮忙打理，现在已经到了内墙批荡阶段，完工之后，装上水电就可以入住。我们随后与他的兄长作了详细交流，并叮嘱溪村村党总支书记李焕多给予支持，做好房屋建设的监管工作，达到入住条件并验收通过后，我们马上按要求把泥砖房改造的款项划拨到账上。大家还表示，入住新房子时，愿意为他送上一些家具和必要的生活用品，力所能及提供更多帮助。听到这些话，李水全十分感激，表示以后会重新振作起来，教育好孩子，让他们懂得感恩，长大后回馈社会。

脱贫摘帽不是终点，而是新生活、新奋斗的起点。我们要抓住新时期全面推进乡村振兴的机遇，充分把握好国家的方针政策，在积极争取社会各界支持的同时，结合村情发挥优势，在乡村振兴的前进道路上努力不让任何人掉队。

2022年3月9日

（戴弯弯　整理）

给新婚妻子的一封信

写信人

◆林　湇　驻梅州市平远县东石镇帮镇扶村工作队队员，来自广州市统计局

吾妻晓敏：

见字如面！

我终于结束了在东石镇一天的忙碌。月色入户，我思绪万千。白天的奔波忙碌倒能冲淡离愁，可夜深倚窗望月时，心中难免泛起阵阵涟漪。尤其望着空中朦胧的新月，宛若你笑起来时月牙般的嘴角，美好又甜蜜。

坐在东石镇宿舍的桌前，我不禁提笔给你写下这封信。还记得6月28日晚8时，正在布置婚房的我们收到单位发来的消息，我幸运地成为驻镇帮镇扶村工作队的一员。

接到任务时，我的心情既激动又忐忑。激动的是很荣幸能参与到乡村振兴这项伟大的事业中来，忐忑的是因深感责任重大，有些惶惶不安，更对新婚不久的你有太多的不舍。可是你却全力支持。你说："你放心去，家里还有我。"你的一句话，让我觉得既安心又感动，心里的忧虑也消散了许多。

你放心，你给我的力量与信心，我都会揣在心里带到远在404公里外的梅州市平远县东石镇来，带到这3年的驻镇帮镇扶村工作中来。

7月8日，工作队成员们会合后，我们带着昂扬的士气奔赴乡村振兴一线。汽车行驶

工作队成员合照

在进入东石镇的332省道。一路上，村居错落有致地排列在道路两侧，村容村貌焕然一新，镇里的市集熙熙攘攘，人们一副悠然自得的模样。

平远县各级领导同志对我们的到来期盼已久，满满的热情、完备的保障都让我们感受到广梅之间浓浓的亲情，让我对接下来的工作开展信心百倍。

进驻东石镇后，广梅指挥部副总指挥林满山第一时间看望慰问了工作队队员，关心队员的生活和工作情况，与县领导和镇领导沟通解决了工作队的实际困难。工作队在队长乔治的带领下团结协作、互帮互助，大家都在以最快的速度适应岗位、角色的变换，紧张有序地投入到前期的脱贫不稳定户、边缘易致贫户及基本生活严重困难户的摸查调研工作中去。

闲时，我们一起学习、讨论，当地领导提出“围绕一个目标，提出一个规划，组建一个团队，谋划一批项目，用好一笔资金，制定一个方案”等建议。我和队友们都决心为东石镇巩固拓展脱贫攻坚成果同乡村振兴有效衔接，贡献一份来自广州的青春力量。

我们相信，基层工作条件简陋，但能看到群众因为我们的努力工作而展露的笑脸，一切都是值得的。

我在这里一切都好。

今朝农村天地广阔，吾辈青年大有可为。

我会牢记嘱托，把对你的思念转化为驻镇帮镇扶村工作的动力，奋力为推动乡村全面振兴事业添砖加瓦。

你在广州好好照顾自己，就是对我最大的支持。勿念！

夫：林淯

2021年7月18日

后记

严 亮

2021年6月始，广东创新探索乡村振兴驻镇帮镇扶村工作机制，将乡村振兴驻镇帮镇扶村工作作为巩固拓展脱贫攻坚成果、全面推进乡村振兴的重要举措，从镇级层面统筹镇村产业发展、基础设施建设、公共服务优化等，部署全域全覆盖推进乡村全面振兴。

三年来，全省动员7000多个组团单位、1000多个工作队、1.7万多名人员积极投身其中，大大激发了镇村发展活力。尤其实施“百千万工程”以来，广东驻镇帮镇扶村工作队主动融入、全面参与，带动产业、技术、人才、资金等流向镇村。这是功在当代、利在千秋的举措，其成效有目共睹。

在这场万名干部下基层的活动中，南方报业传媒集团组建工作队，驻扎潮州文祠镇，南方农村报社也选拔出优秀员工，光荣加入其中。除此以外，南方农村报社派出采编团队，全面跟进与报道全省驻镇帮镇扶村工作队的工作，三年时间，采写报道的文章上千篇。翻阅、梳理这些报道，不难发现驻镇帮镇扶村工作成效显著，积累的经验尤为值得推广，遂有集腋成裘、汇集成册、以防散佚的想法。

《乡见如故　万象更新》一书分为三篇：上篇纵览工作队三年来的工作“答卷”，总结出实战经验成果。中篇以优质的案例为主旨，展现驻镇帮镇扶村工作的横切面，或聚焦产业发展，带动村民致富；或关注民生大小事，为村民纾困解忧；或帮扶农村建设和治理，打造和美乡村。下篇则以工作队队员的自我讲述为主，以“我”的视角、“我”的经历去呈现工作队的日常工作和生活，深入乡村肌理，贴近农民生活，讲事讲人讲真情，有血有肉，可亲可信。

记录是为了铭记，铭记是前行的底气和力量。此可视为本书出版的价值和意义。

《乡见如故　万象更新》一书在编辑过程中得到了各位方家的指导和帮助，在此致谢。同时，我代表本书编委会，对奋战和曾经奋战在一线的广东驻镇帮镇扶村工作队同志，致以崇高的敬意。

（作者为南方报业传媒集团编委，南方农村报社党委书记、主编）